JN274639

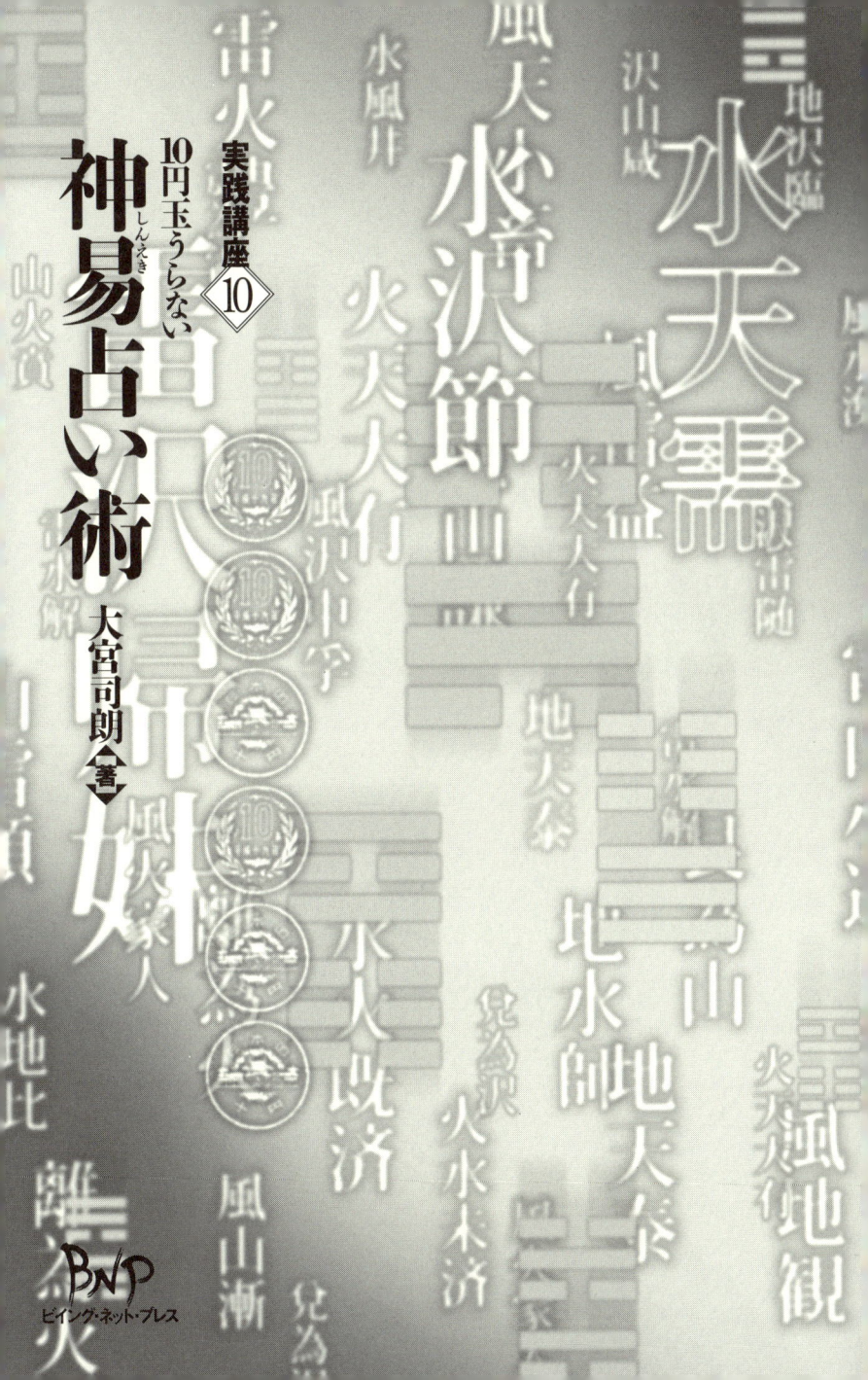

実践講座⑩

10円玉うらない

神易《しんえき》占い術

大宮司朗〔著〕

BNP
ビイング・ネット・プレス

簡単にできる占い方

ここではすぐにも占ってみたい人のために最高に簡単でやさしい占い方を説明します。

十円硬貨六枚と本書さえあれば、あなたは、いつでもどこででも簡単に神易の神聖な世界に触れ、自分の運勢や指針を占え、あなたの人生をより豊かなものにすることができるのです。

①十円硬貨六枚、そのうち一枚は他の十円硬貨と区別がつくように、とくに光ったものを用意してください。
②十円硬貨六枚を両手の平に包み、軽く目を閉じ、悩み事や願い事など占いたいことを思い浮かべ、軽く振って混ぜます。
③次に左の手の平を下にして十円硬貨を受け、眼を閉じたまま右手でどれか

らでも一枚ずつ硬貨を取り、机に下（手前）から上（向こう側）に並べていきます（上から下ではなく、下から上なので注意してください）。

④並べ終わったら、目をあけ、四～五ページの「ページ早わかり表」を開きます。表の右端（または左端）のタテの列に描かれた三枚の十円硬貨のイラストは並べた硬貨の下から三枚の硬貨に対応し、上段のヨコの行に描かれた三枚の十円硬貨のイラストは四枚目から上の三枚の硬貨に対応しています。並べた十円硬貨と表裏同じものを選び、タテヨコ交わった升目《ますめ》に書かれているページ（三ページあります）を開きます。

⑤その三ページの中から、あなたの並べた六枚の十円硬貨の中と、光っている硬貨の位置が同じものが、あなたの占いの結果です。

欄外に書かれた〈成功への鍵〉は、あなたが守るべき大きな指針が書かれていますから、これも活用してください。

さらに神易の神髄に触れ、より深遠な神の教えを得るには、もちろん一四頁からの本文を参照して、実占したほうがよいことはいうまでもありません。

ページ早わかり表

上卦＼下卦	乾(天)	兌(沢)	離(火)	震(雷)
乾(天)	乾為天 30〜32頁	沢天夬 156〜158頁	火天大有 69〜71頁	雷天大壮 129〜131頁
兌(沢)	天沢履 57〜59頁	兌為沢 201〜203頁	火沢睽 141〜143頁	雷沢帰妹 189〜191頁
離(火)	天火同人 66〜68頁	沢火革 174〜176頁	離為火 117〜119頁	雷火豊 192〜194頁
震(雷)	天雷无妄 102〜104頁	沢雷随 78〜80頁	火雷噬嗑 90〜92頁	震為雷 180〜182頁
巽(風)	天風姤 159〜161頁	沢風大過 111〜113頁	火風鼎 177〜179頁	雷風恒 123〜125頁
坎(水)	天水訟 45〜47頁	沢水困 168〜170頁	火水未済 219〜221頁	雷水解 147〜149頁
艮(山)	天山遯 126〜128頁	沢山咸 120〜122頁	火山旅 195〜197頁	雷山小過 213〜215頁
坤(地)	天地否 63〜65頁	沢地萃 162〜164頁	火地晋 132〜134頁	雷地予 75〜77頁

上卦 ＼ 下卦	☷ 坤（地） ⑩⑩⑩	☶ 艮（山） ⑩⑩	☵ 坎（水） ⑩⑩	☴ 巽（風） ⑩
☰ 乾（天）	地天泰 60〜62頁	山天大畜 105〜107頁	水天需 42〜44頁	風天小畜 54〜56頁
☱ 兌（沢） ⑩	地沢臨 84〜86頁	山沢損 150〜152頁	水沢節 207〜209頁	風沢中孚 210〜212頁
☲ 離（火） ⑩	地火明夷 135〜137頁	山火賁 93〜95頁	水火既済 216〜218頁	風火家人 138〜140頁
☳ 震（雷） ⑩⑩	地雷復 99〜101頁	山雷頤 108〜110頁	水雷屯 36〜38頁	風雷益 153〜155頁
☴ 巽（風） ⑩	地風升 165〜167頁	山風蠱 81〜83頁	水風井 171〜173頁	巽為風 198〜200頁
☵ 坎（水） ⑩⑩	地水師 48〜50頁	山水蒙 39〜41頁	坎為水 114〜116頁	風水渙 204〜206頁
☶ 艮（山） ⑩⑩	地山謙 72〜74頁	艮為山 183〜185頁	水山蹇 144〜146頁	風山漸 186〜188頁
☷ 坤（地） ⑩⑩⑩	坤為地 33〜35頁	山地剥 96〜98頁	水地比 51〜53頁	風地観 87〜89頁

神易占い術

目次

沢火革　たくかかく——174
火風鼎　かふうてい——177
震為雷　しんいらい——180
艮為山　ごんいさん——183
風山漸　ふうさんぜん——186
雷沢帰妹　らいたくきまい——189
雷火豊　らいかほう——192
火山旅　かざんりょ——195
巽為風　そんいふう——198

兌為沢　だいたく——201
風水渙　ふうすいかん——204
水沢節　すいたくせつ——207
風沢中孚　ふうたくちゅうふ——210
雷山小過　らいざんしょうか——213
水火既済　すいかきせい——216
火水未済　かすいびせい——219

神意をうかがい、
人生を豊かにする神易秘占

一、神易とは何か

「易」というものを読者はご存じでしょうか。儒教の経典のうちの一冊である『易経』に記されているものです。それは東洋の各種の占いの中枢に位置する重要な占術です。しかもそのなかには、哲理、倫理、心理、経済、政治など人間の生活にかかわることから、大は宇宙、小は極微の微粒子の世界に至るまでの全てが含まれていると考えられています。まさに森羅万象《しんらばんしょう》宇宙いっさいの過去現在未来の有り様を的確に表すものなのです。

易は約六千年の昔、中国の伝説上の皇帝である伏羲《ふっき》の時代に創られたとされています。伏羲は森羅万象を乾《けん》（天）☰、兌（沢）☱、離（火）☲、震（雷）☳、巽（風）☴、坎（水）☵、艮（山）☶、坤（地）☷の八つの要素の集合によるものとし、八卦《はっか》といわれるものをつくりました。ご覧のようにこれは、陰を表す符号である⚋と陽を表す符号⚊の二種類からなり、それぞれ三つの符号を組み合わせたものです。さらにこの三つの符号からなる八卦に八卦を重ねて六つとし、六十四とおりの組み合わせ、つまり六十四卦をつくり、あらゆる事象に応ずるものとしたのです。この六つの符号の組み合わせたものを大成の卦《か》といい、それぞれの符号を爻《こう》といいます。

伏羲が易を創始して以来、その後の聖人は易を至宝のものとし、王道の基礎としました。紀元前一二世紀頃、周の文王がその意義をいっそう明らかにするために、易の各卦に卦辞《かじ》（彖辞《たんじ》）という総論を付し、さらにその子供の周王が六十四卦のそれぞれの爻つまり、合計三八四の爻に爻辞《こうじ》（象辞《しょうじ》）といわれる解説を施しました。その後これに、春秋時代の人孔子がさまざまな解釈を加えたというのが通説です。

ところが江戸時代の国学者である平田篤胤《あつたね》によると、易は本来日本の神が創出したものだということです。ちなみに篤胤は、時代を経るにつれ変わってしまった神道を本来の姿に戻すという復古神道を提唱し、明治維新という王政復古の大原動力となった人物とされています。しかもそればかりではなく、篤胤は明治、大正、昭和の古神道家たちに多大な影響を与え、古神道といわれるものの本源をなすテーマを積極的に研究し提唱した人物なのです。

篤胤によると、伏羲は古く中国においては、太真東王父《たいしんとうおうふ》、扶桑大帝《ふそうたいてい》、東王公《とうおうこう》、木公《もっこう》、あるいは庖犠《ほうぎ》氏などとも呼ばれていますが、彼こそは我が国の神である大国主神《おおくにぬしのかみ》がかの国の人々を扶養し、人の道を教えるためにしばらくその地に渡られたときの仮の名であるといいます。蛇足《だそく》ですが、大国主神とは、稲葉の白兎《しろうさぎ》で有名な大きな袋をしょった神、俗に大黒様と呼ばれている神様です。

すなわち古神道では、易は神がつくられたものとされており、それ故本書では神易というのです。

そもそも神易とは、古くは太占《ふとまに》、また大真道《ふとまち》などと書いて、その大本は日月星辰《にちげつせいしん》の運行、森羅万象の生成変化などを支配する天地の法則に則《のっと》って、天神である皇産霊神《みむすびのかみ》が教え伝えたものです。何か事をなすにあたって、あるいは人知をもってしては悟り難いような問題に直面した場合など、この神術をもって天神の意志をうかがうのです。するとこの神術は、霊妙な力を発揮して、いかなることであってもその裏に内包する吉凶禍福を未然に知らせ、定め行うべき方向を誤ることのないように教えを垂れてくれるのです。まさに神の尊い意志を感得する秘法なのです。この神易によって得た神示を慎んで実行すれば、影が形に付き従うように、必ず身を立て、家を起こし、災いを避け、福を得るなどその祥福は限りないものがあるのです。

この神術を用いたことでよく知られているのは伊弉諾《いざなぎ》、伊弉冉神《いざなみのかみ》です。神代《かみよ》の昔、天津神《あまつかみ》の命を受けて、この二柱の神は天沼矛《あまのぬぼこ》をもって国々を修理固成《つくりかため》られました。このとき不都合なことが生じたので、天津神の御教えを乞《こ》うために、太占によって占われたのです。そして、その教えに従って国生み神生みの大業を果たされたのでした。

ところで、この我々の住む世界には様々な現象が生成しています。天には晴天と曇天があり、気に陰陽があり、年に豊作凶作があり、時候に寒暑があり、日に昼夜があり、万物に栄枯盛衰《えいこせいすい》があり、また人に貴賤《きせん》があり、賢愚《けんぐ》があり、強弱あり、善悪あり、人生に苦楽あり、禍福あり、生死あり、すべて正不正善悪混淆《こんこう》しています。神によって生み出された世界であるなら、すべてを善なるもの正なるもの美なるものであればよいのに何故そうなのでしょうか。

これは人類が霊魂を練り鍛《きた》え、自らの自由意思で正道を好み、不正道をさけるようになれとの神の意志から出たものなのです。しかし人間は情けないことに、神が定められた正しい道、踏むべき道は、清明な心を持っていれば明らかに悟りえるものであるにもかかわらず、しばしば迷妄《めいもう》の雲に覆《おお》われて事の善し悪し神の御心が分からないこともまあるのです。そのため、それを窺うための手段として、神術を人間に伝えられたのです。

神易は森羅万象の背後にひそむ神秘を解明し、未来を予測し、またどのように対処すべきかを的確に教えてくれるものですが、けっして難しいものではありません。非常に簡単で一度その深遠なる原理を理解すればあとはどのようにも展開して、書物などはなくとも各自の力量次第で自然にその神の御心を解明できるところのものなのです。とはいえ、本書は誰にでもすぐに占うことができることを優先しましたので、そのような原理は省略したことをご了解下さい。

ともあれ普通の占いでは、過去はどうであった、未来にどんな事件が起きるなどということをたとえ的確に知りえても、凶運から逃れる術を教えてくれるものはほとんどありません。しかし本書に記された神易こそは、その卦を得た場合の心がけ、行動の指針を与えてくれ、凶運を吉運に、吉運を大吉運に変化させるコツを読者に教示するものなのです。

二、卦の出し方、実占例

正式に神易を執り行おうとするならば、神籬《ひもろぎ》（神霊を祀るための設備）を立て、御《み》饌《け》神《み》酒《き》種々のものを献じて、祝詞《のりと》を唱え、著《めどき》（占い用の棒）を用いて卦を出すべきなのですが、ここでは十円硬貨を用いて卦を出す方法を説明しましょう。

❶まず静かな部屋の整頓された机の上（机などが用意できないときは適当な大きさの清浄な紙などを用いること）に十円硬貨六枚（そのうち一枚は他の十円硬貨と区別がつくように、とくに光ったものを用意する。もしない場合はよく磨いて使うとよいでしょう）と、この『神易占い術』を準備して座ります（図①）。できるなら

①

ば机の上には他に何ものっていないほうが望ましいのです。もちろん神棚のある人はその前に適当な大きさの机をおいて行うほうがよいことはいうまでもありません。

十円硬貨の表（平等院鳳凰堂が描かれているほう）が陽⚊、裏（年号が書かれているほう）が陰⚋となります。

❷次に右の手に十円硬貨六枚をのせ（図②）、左の手を握手するようにその上にかぶせ、額の前にその手を位置します（図③）。

❸次に眼を閉じ、鼻でゆっくりと呼吸しつつ、悩み事あるいは願い事を思いうかべ、そして「我に教えを垂れたまえ」と何度か深く念じます。

❹次に左の咒文を三度唱えます。

斗《と》於《お》保《ほ》於《お》可《か》弥《み》依《え》弥《み》多《た》米《め》

❺次に左の咒文を三度唱えます。

②

③

麻《ま》古《こ》刀《と》毛《も》弓《て》古《こ》弊《へ》留《る》烏《う》羅《ら》磨《ま》嗟《さ》菩《ほ》耳《に》嗟《さ》吉《き》久《く》 宇《う》羅《ら》抖《と》乃《の》加《か》微《み》夜《や》麻《ま》知《ち》迦《か》那《な》弊《へ》満《ま》世《せ》

❻さらに三度「宇《う》羅《ら》抖《と》乃《の》加《か》微《み》夜《や》麻《ま》知《ち》迦《か》那《な》弊《へ》満《ま》世《せ》」と唱えつつ、強く両手を額の前で揺り動かし、十円硬貨を混ぜます。

❼次に左の手の平を下にして十円硬貨を受け（図④）、眼を閉じたまま十円硬貨を下（手前）から上（向こう側）に並べていきます（上から下ではなく、下からなので注意してください）（図⑤）。

下から三枚目（下の三枚）までを下卦《げか》、四枚目から六枚目（上の三枚）を上卦《じょうか》といいます。また一番下の一枚目を初爻《しょこう》、下から二枚目を二爻、三枚目を三爻、四枚目を四爻、五枚目を五爻、一番上の六枚目を上爻《じょうこう》といいます。

④

⑤

❽次に得られた卦が六十四卦の「ページ早わかり表」（四〜五ページ）のどれにあたるかを調べます（図⑥）。

　下から三枚の下卦が一番右（または一番左）のタテの列に、四枚目から上の三枚の上卦が一番上のヨコの行にのっています。あなたが並べた十円硬貨の下卦と同じ組み合わせをタテの列から探し、上卦の同じ組み合わせをヨコの行から探し、その二つが交わった升《ます》目《め》に記された

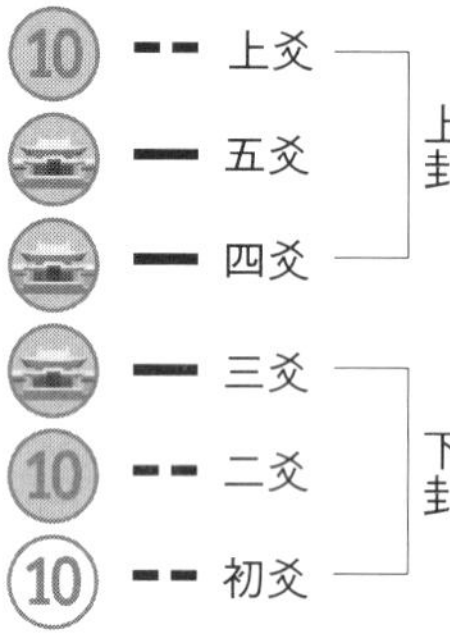

⑥

ページを開きます。そこには初爻から上爻までの六つがのっていますが、その中であなたが並べた十円硬貨と光っている十円硬貨の位置の同じものが今回のあなたの卦です。

そこには運勢やどんな心がけでどのように行動すべきかが記されています。そのとおりに実行しさえすれば必ず吉運がもたらされるというわけです。

◉また、それぞれの卦の欄外には「成功への鍵」というその卦のキーポイントが書かれています。これを行動の指針として活用してください。これを守り努力すれば吉に、もし反すれば凶となるでしょう。

◆心構えと注意

①神易で悩み事や願い事を占う際は、たくさんのことを一回で占おうとせずに、原則としてそれぞれのことを別々に一つずつ占ってください。

②同じことをよい占示が出るまでなどと何度も占ってはいけません。出た卦を疑って二度三度占っても、神は何も教えてくれません。もし占うとしても日時を改めてなすべきです。

◆活用の実例

それでは実際にどのように判断するか実例をいくつかあげてを説明しましょう。

《例1》

たとえば恋人について占いたいとします。そこでこれまで説明してきたやり方に従って、十円硬貨を下から順に並べると、と出ました。

これを「ページ早わかり表」で調べます。表のタテの列で下から三枚の十円硬貨のイラストを見ると一番上段の☰乾（天）のところ、また表のヨコの行で四枚目から上の十円硬貨のイラストを見ると、右から三番目の☲離（火）のところです。よってそのタテ、ヨコの交わった升目を見ますと䷍火天大有《かてんたいゆう》69～71頁と記されていますから、それは六九～七一ページにあることが分かります。そこでその頁に行って、六枚の硬貨のうち光っているのが下から五番目にあることに注意して、十円硬貨のイラストを見ると、七一ページの上段にある火天大有の五爻であることが分かります。そこには［愛情運］に「男女のもつれが生じやすいときなので言動には注意。女性は勝気に過ぎないこと。自分の身近に恰好な相手がいても、よりふさわしい相手が少し離れたところにいることが多いときです。あせらずにそうした相手が出てくるのを待つのがよいでしょう」と記されています。つまり、いまそばにいる人以上に、もっと自分にふさわしい人が、まだ縁がなくて、少し離れたところにいることが多いので、じっくりとかまえていきなさい、ということですね。

さらに〈成功への鍵〉には「悪事を禁止し、善事を押し進めて、自らの神性を発揮するようにしなさい」とあります。ですから恋愛運を高めたいのなら、悪いことをなくすようにして、良いことを進んで行い、自分の内に秘めた良い点を発揮するように努力してください。それができれば吉、反すれば凶になるでしょう。

《例2》

また次に、現在受験で悩んでいるとします。そこでこの神易によって神の教えを得ようとして、十円硬貨を下から順に並べて、

と出ました。

これを《例1》と同じようにして一覧表で調べると火雷噬嗑《からいぜいこう》という卦であり、それは九〇～九二ページにあり、さらに六枚の硬貨のうち光っているのが下から四番目にありますから、十円硬貨のイラストを見ると、九一ページの火雷噬嗑の四爻であることが分かります。そこには「諸事運」に「自分の定めた計画は少しぐらいの障害があっても継続することで好結果を得ます」と記されています。つまり困難にめげず努力をすれば合格するということです。

もっともこの卦のように直接受験について書かれていない場合もありますが、どのようにすればよいか必ずヒントと指示がありますから、卦の神意をくみ取り、それに従ってください。

〈成功への鍵〉には「自分のすることが、道理にかなったものであるように努力をすること」とあります。受験に成功するためには盲滅法《めくらめっぽう》な努力ではなく、考え計算して進めてください。そうすれば努力は報われ吉となるでしょう。反すれば悪い結果となります。

《例3》

もう一つ実例をあげてみましょう。会社の人間関係で悩んでいるとします。そして神易では、十円硬貨を下から順に並べて、

と出たとします。

これは一覧表で調べると艮為山《ごんいさん》という卦であり、一八三～一八五ページにあることが分かります。さらに六枚の十円硬貨のうち光っているのが下から六番目ですから、十円硬貨のイラストと照らし合わせ、一八五ページ下段の艮為山の上爻であることが分かります。そこには［総体運］に、「……身を慎んで、堅実に努力し、変動しないようにしていれば、吉祥が訪れ、それができないようであれば凶との暗示。何かを求めて動くようだとそれを得ることができず、落ち着いて待っているとかえってそれを得ることのできるときです。外だけを飾って内に誠のない人は運気が落ちそう」とあります。つまりこの場合には直接的には書かれていませんが、会社における人間関係をどうこうしようとするのではなく、身を慎んで誠をもって努力すれば必ず人間関係は解決すると敷衍《ふえん》して考えることができるわけです。

また、〈成功への鍵〉には「自分の立場にふさわしくないことは思わず、本分を守り、なすべきことをなしなさい」とあります。この教えを守らず分をわきまえない無理は人間関係も壊れ、身の破滅となり、守れば必ず吉となるというのが易の啓示というわけです。

右の例を参考にして各自、自分の持つ問題の解決法をこの神易で得ていただきたいものです。ちなみに、あえて例示しませんでしたが、その日、その週、その月、その年の全般的な運勢については「総体運」を見て判断し、「成功の鍵」にもとづいて行動するようにすれば、凶を吉とし、吉を大吉とすることができるでしょう。ともあれ、この神術によってもたらされた教えを厳粛な気持ちで受け取り、実行するときには、人間関係、名誉栄達、必ずどのような問題も解決し、災いを避け、福を得るなどその祥福開運は間違いないことを断言しておきます。

神易占い術

成功への鍵　いっさいのことに積極的に前向きの姿勢で対処し、怠《おこた》ることなく努力すること。

初爻

[運命の数と色]　3・8・青

[総体運]　まだその時を得ていないことが多いとき。なそうとしていることはいいことでその実力もあるのですが、もう少し時期を待つのがよいのです。みだりに進むときは、散財する恐れ。目上の人に背《そむ》き争ったり、咎《とが》めを受けやすいので注意が肝要。人の集まることがありそう。自分の考えを押し通そうとせずに、他の人の意見を取り入れるようにして吉。

[愛情運]　男女がこっそりと忍び会う暗示があります。思いがけない出会いがあったり、女性は大勢の男性に囲まれることもありそう。男性は女難にあいやすい兆《きざ》し。慎《つつし》むことが必要かも。いい相手でもいまはあまり積極的にアプローチすべきではありません。

[諸事運]　新しい仕事、移転、新築など時期尚早《しょうそう》との啓示。ギャンブルとか、相場などには手を出さないほうが賢明。盗難、交通事故に注意する必要。目の前の利益だけを考えず、天が日夜運行するように励《はげ》み努めることを心がけていれば次第に吉祥《きっしょう》がやってきます。

二爻

[運命の数と色]　2・7・赤

[総体運]　運気盛大となる兆《きざ》し。暗夜に灯火をともすように喜び事のあるときです。積極的に自分の実力を発揮して昇進発達できるときなのです。水魚《すいぎょ》の交わりと言いますが、人との交わりを厚くし、志を同じくして努力するときは大吉運を得るでしょう。自分の威を誇ってよからぬことを企《たくら》み、あるいは正しからぬ望みを持つようですと凶災を招きます。

[愛情運]　ステキな人との出会いがありそう。相手に自分と合わせてもらおうとせず、自分から相手に合わせていくことが大事。自分の考えを押し通そうとせず、相手の気持ちをよく考慮することが肝心。ただ誰にでも色目を使っていると他から悪口が聞こえてきそう。

[諸事運]　仕事や勉強なども達成する機運。すぐに十分な成果をあげることができなくても努力が重要。印や証文などで間違いが生じやすいので注意が必要。病気などにかかると軽いようでも次第に悪化する傾向にありますので要警戒。試験、勝負運などは吉。

三爻

[運命の数と色] 4・9・白

[総体運] 一生懸命にやっていれば、問題などが生じても障《さわ》りはないとき。どうも怠けたい気持ちになるときですが、努め励《はげ》むことが大切で、そうしてこそ誉《ほま》れや利を得ることができるのです。物事を改めたり、いい悪いを断じたりする気持ちが生じやすいのですが、小さなことでしたら吉ですが、大きなことは控《ひか》えるのが賢明。怠《おこた》るときには吉運の去る暗示。

[愛情運] 女性はどうもいささか奔放《ほんぽう》になりがち。男性は出会う相手が奔放であったり、性格的に強いことが多いので注意が必要。小まめに恋人に対して、プレゼントをしたり、デートに誘《さそ》ったりといったケアが大切なとき。油断をしますと他の人に心を移すかも。

[諸事運] 旅行などは途中でハプニングが起きそうですが、つつがなく楽しいものになりそう。目上の人に対する礼儀を忘れないようにして吉。お腹《なか》を冷やしたり、呼吸器を痛める暗示があるので注意。移転や転職などは控えるのが賢明。努力して願望がかないます。

四爻

[運命の数と色] 3・8・青

[総体運] 幸運が目の前に待ちかまえています。積極的に進むことでその運をつかむことができるでしょう。決断せずに迷っているとおしくも好機を逸《いっ》することになります。自分で自分を縛《しば》ることなく自由な発想でいくのがよいのです。少しくらいの差《さ》し支《つか》えが出てきても気にせずに進めることが肝心。ただそのことの利、不利をよくわきまえて行動しないと悔《く》いあり。

[愛情運] 声をかけようか、どうしようかなどと考えている間にチャンスを逸してしまいます。少しくらいの障害があっても思い切ってアタックして吉。男性は女性に振り回されそうな暗示。ささいな口争いから二人の間に暗雲が生じかねませんので、注意すること。

[諸事運] 遠方に電話で連絡をしたり、出かけたりすることがありそう。仕事はわずかな障害さえ抜け出ることができればグンと伸びるとき。勉強も苦手な部分をうまくクリアすれば格段に進歩するとき。住居移転の気持ちが起きてもしないほうが吉。腹痛に注意。

成功への鍵 いっさいのことに積極的に前向きの姿勢で対処し、怠《おこた》ることなく努力すること。

成功への鍵 いっさいのことに積極的に前向きの姿勢で対処し、怠《おこた》ることなく努力すること。

五爻

[運命の数と色] 2・7・赤

[総体運] 非常に好運のときです。いままで努力してきたことが報《むく》われていい結果を得ることができるのです。新たに何か始めるとか、これ以上に広げるとかするのではなく、いま得られる成果を大事にすることが大切です。行動するにあたっては目下の信頼できる人の助言を活用することがポイント。人により外見はよくても心中に憂《うれ》いを生ずる恐れ。

[愛情運] チャンス到来。まだプロポーズをしていないならばいまが打ち明ける絶好のとき。新しい出会いなどもありそう。どこに行ってもなぜかモテモテになりそうなラッキーな暗示。恋人のいない人は知り合いなどからの紹介でうまくいく可能性大。

[諸事運] 仕事にしろ、交渉にしろ大きな成果をあげられそうな予感。自分の部下とか、友人などの意外な助けがありそう。模擬《もぎ》テストなどがあればかなりの高得点を得られそう。女性問題、書類、押印などで問題が起こりそうな懸念《けねん》。眼疾《がんしつ》、頭痛などにも注意。

上爻

[運命の数と色] 4・9・白

[総体運] 何事も進むのはよくなく、退き守るべきとの啓示。新たに何か始めないほうがいいし、これまでやってきたことも、この辺で見切りをつけたほうが結果的にはよい。高い地位にある人なども、地位ばかり高くて、平安を得ずらいときです。慎重に行動しませんと刃物などで刺されかねない暗示もあります。人から疑いやそしりを受ける兆《きざ》し。

[愛情運] どうもあなたの理想が高すぎるよう。このままですと縁遠くなりそう。あまり、望みが高すぎる相手にいくらアタックしても、甲斐《かい》のないときなのです。縁談などがあっても、まとめないほうがよさそう。異性に対して、柔軟に、また温和な態度で接して吉。

[諸事運] 交渉や取引などはこちらから強硬に出ていくと話が壊《こわ》れがちです。旅行とか転居、建築などもできるだけ避けたほうが吉。証書とか印鑑などで間違いが起こりやすいので十分に注意すること。退職したり、引退などをする気であればちょうどいい時期です。

初爻

10 10 10 10 10 10

[運命の数と色]　3・8・青

[総体運]　善悪ともに長大となっていく暗示ですから、何事も初めが肝心です。また小事と侮《あなど》っていたことが大事となる兆《きざ》しも見られます。周囲があなたに服し、たくさんの人を抱擁《ほうよう》する暗示があります。願望は再三の努力でかないますが、最初に慎《つつし》むことが大切です。そうでないと後悔することになりそうです。大局を見るようにすることが鍵になります。

[愛情運]　小さなきっかけを大切にすることで大きな愛情を育てられる予感。交際している人がいる場合は、ささいな行き違いから別れ話に発展する恐れ。積極的なアプローチは避け、様子を見て吉。女性は甘《あま》い言葉にまどわされる兆しがありますから注意が必要です。

[諸事運]　旅行は吉。とくに南西や南方が吉の方角です。目前の利益に釣られると難にあいがち。病気は最初に十分に手当てをしないとぶり返す恐れがありますから要注意。納《おさ》めた商品に問題があって返される恐れ。新たな望みを抱きやすい暗示。

二爻

10 10 10 10 10 10

[運命の数と色]　1・6・黒

[総体運]　真面目《まじめ》に努力することで有終の美を飾れそう。この絶好の機会を逃さないようにわき目もふらず真剣に精進することが大切です。人との和を得ることができますし、人と共同で行うことでよい結果が得られるとき。多くの人の上に立つようになるとか、人を指導するような立場に立つようなことが多いでしょう。不正を行わず誠実に対処することが肝要。

[愛情運]　チャンス到来ともいうべきとき。態度の煮え切らなかった相手も、思い切ってアタックすれば、どうやら好結果を期待できそう。人から勧《すす》められたり、目上の人からの紹介されたような人とは良縁の場合が多いときです。色欲に溺《おぼ》れがちな暗示もあります。

[諸事運]　仕事は、人と共同したり、あるいは周囲とよく相談して行うのがベター。自分自身よりも人のために世話苦労がありそう。争論、盗難、足の病に注意が必要です。旅行などは西南の方角でしたら、同行者があったほうがいいし、東北の方角でしたら一人が吉。

成功への鍵　徳を厚くし、好き嫌《きら》いにかたよらず、大地のようにいっさいのものを受け入れなさい。

成功への鍵　徳を厚くし、好き嫌《きら》いにかたよらず、大地のようにいっさいのものを受け入れなさい。

三爻

［運命の数と色］　5・10・黄

［総体運］　才能を秘めながら、なかなか他人に認められないときです。ただし、従順温厚な態度で実力をいっそう高める努力をすれば、能力を発揮する機会が到来するでしょう。その結果、地位や名誉を得ることができます。自分の才能だけを頼りにするのではなく、何事においてもよく人と相談するようにすると、あとあと吉運の期待が大となるでしょう。

［愛情運］　思い焦《こ》がれる人が現れそうですが、気持ちを相手に伝えづらいときです。あせらずに、信頼できる人に相談することでいい結果も期待できそう。少しずつ相手の気持ちを自分に向けることが大切です。性急にすると、後悔することにもなりそうです。

［諸事運］　商売人には意外と順調な時期。物事が理想どおり進まないことであせりを感じても、目的を貫《つらぬ》く努力を継続することで、先々の開運につながる啓示。転居や旅行は見合わせて吉。勉強は積み重ねが大切なとき。遺失物は箱、押入《おしいれ》などにある可能性があります。

四爻

［運命の数と色］　3・8・青

［総体運］　自分の才能や、希望などは表に出さないで内に包み込んでいたほうがよい暗示。かなり自分を律し慎《つつし》むようにしませんと他から非難されたり、攻撃されたりしがちです。どのようなことにも怠《おこた》ることなく真面目《まじめ》に努力していれば、とくに誉《ほま》れもありませんが咎《とが》もなく平穏《へいおん》です。積極的に何かにかかわったり、自分の意見を述べるようなことは慎むこと。

［愛情運］　ささいな言葉の行き違いが二人の仲を深刻にしそう。言葉には十分に注意して会話することが肝心。友だちから異性を紹介されても間に立つ人の問題でうまくいかず、もしうまくいくとしても、二度目の紹介のときになりそう。優柔不断な態度は禁物。

［諸事運］　願望、交渉、取引などは中途に妨げがあってものちにはかなう暗示。旅行なども少しはトラブルがあってもなんとか無事。ギャンブルは慎むほうがよい。人にお金を貸したり、投資したりすると財産を減らす恐れ。ケチと思われそうでも財布の口は閉じて吉。

35 坤《こん》為《い》地《ち》　五爻・上爻

五爻

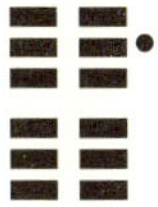

[運命の数と色]　1・6・黒

[総体運]　人とうまく調和していくことで万事順調に進む気運。自分の意見は少しおいて他の人の考えをよく取り入れて根気よく気長にやるのがよいのです。目下の人を上手に用いるか、あるいは目上の人に頼りにされる暗示もあります。一般に攻めの方針よりも守りの方針がよく、積極策よりも消極策のほうがいいことが多いのです。何事も穏健に進めていくのが得策。

[愛情運]　人の話をよく聞くことであなたの周囲に人が集まってくる暗示。自分の考えを相手に押しつけず、相手の望むことを察して、デートの場所や時間を設定するようにして吉。優柔不断はよくないのですが、一挙に決着をつけようなどとあせると全てを失いがち。

[諸事運]　仕事や勉強などあせらずじっくりと進めていくのがベター。旅行などは楽しいものになりそう。願い事は周囲の人の助けなどがあってかなうことが多い。欲を出して自分の専門外のことに手を出すと後悔の憂《うれ》い。気をつけないと親子の間に波風が起きます。

上爻

[運命の数と色]　5・10・黄

[総体運]　積極的に進みすぎると大失敗する兆《きざ》しが見られます。また何かといさかいの生じやすい気配。他から争いをしかけられても無視することがいまの時期は大切。万事慎《つつし》むことが吉運へのポイント。目立とうとせずコツコツ努力することでよい結果を得るのです。目上の人の意見に素直に従ったり、人に使われてその命令を受けて行動することなどは吉となります。

[愛情運]　女性の力が強すぎて波風が立つといった気運。情況をわきまえず積極的にアプローチすれば大失敗との暗示もあるので注意しなければなりません。グループなどで野山へのピクニックを試みることは吉となります。縁談などはまとまりにくいときです。

[諸事運]　相談事や交渉などは俗にいう暖簾《のれん》に腕押しで埒《らち》の明かないことが多いものです。強《し》いて結果を求めようとすればケンカやケガのもとになります。旅行などは西南の方角にいくのならば同行者がいると吉です。身体は胃や腸などに気をつけることが必要です。

成功への鍵　**徳を厚くし、好き嫌《きら》いにかたよらず、大地のようにいっさいのものを受け入れなさい。**

成功への鍵 困難を厭《いと》うことなく、策を立て実行するようにしなさい。

初爻

【運命の数と色】 5・10・黄

【総体運】 進もうとするが大きな川があって進むことができないという暗示。まだ時期尚早《しょうそう》で優れた才能を十分に発揮することができないとき。いまは軽はずみな行動をせず、どっしりと動かないほうがよい、と卦は教えています。時節到来を待ち、着々と準備だけは進めておくようにすることで運が開けます。

【愛情運】 相手を上から見下すような態度を控《ひか》え、少し下手に出てあげることが愛情を深めるためには吉。男性の場合には、もって回った話や、小難しい話ばかりをするのではなく、当意即妙《とういそくみょう》な軽い話も必要です。女性は、服装や化粧にいままでにない工夫をこらすと、恋愛運が向上することでしょう。

【諸事運】 勝負運は、一見有利に見えても、最終的には負けにつながります。願い事は、すぐには実現しませんが、時間がたてば成就《じょうじゅ》します。酒のうえでの失敗の兆《きざ》しがありますから、注意が必要です。水難の暗示もあります。水に関係する場所は要注意。

二爻

【運命の数と色】 4・9・白

【総体運】 運気いささか停滞気味。日常的な小さなことは整うのですが、大きなことは整いがたいときです。忍耐してときの来るのを待つのがよいのです。厄介《やっかい》ごとが起きたり、何事においても進退に迷うことが多いのですが、正当なことをなし、言語を慎《つつし》むようにすれば意外な喜びが舞い込む暗示があります。実力以上のことをせず節度を守って吉。

【愛情運】 すでにいい仲の人がいるのに他の人と過《あやま》ちを犯してしまいそうな暗示。想いをかけている人となかなかうまくいかず、身近の人で妥協してしまうこともありそう。男性は女難の憂《うれ》い。女性は奔放《ほんぽう》すぎますと失敗する恐れ。あせらずにじっくりといくのがよい。

【諸事運】 自分のなすべき仕事や、勉強などがありながら、雑事にかまけて、それを放棄しがちなとき。強情な近親者に無理を言われて困惑するとき。職業や住所などはこれまでを守るほうが賢明。足のケガに注意。自分の力をしっかりと蓄《たくわ》えるよう努力して吉。

成功への鍵　困難を厭《いと》うことなく、策を立て実行するようにしなさい。

三爻

［運命の数と色］　2・7・赤

［総体運］　一見よさそうなのですが内実の伴わないことが少なくない。現在、自分のやっていることは間違っていることが多い。よくよく反省して改めませんと後悔することになりそう。人にだまされたり、損を取り戻そうとしてかえって大損をしたりしがち。自分の力だけでやっていこうとせずに、年長の人とか、知恵者の適切な助言や援助を乞《こ》うようにするのが賢明。

［愛情運］　恋愛関係で悩みが生じそうな気運。怒りや嫉妬《しっと》の感情を抑《おさ》えないと二人の関係にヒビが入りそうな危惧《きぐ》。ある程度の関係で満足しないで、最後までいこうとするとすべてを失ってしまう懸念《けねん》。縁談などは親身になって世話してくれる人に頼むようにして吉。

［諸事運］　就職などは自分の力を過信しすぎると成功しがたい暗示。旅行などは十分に計画して実行しないと悔《く》いることに。願い事は産土《うぶすな》神社など神仏に祈願して吉。株、ギャンブルはもうけた味を忘れられずに続けると大損の暗示。火には注意する必要がありそう。

四爻

［運命の数と色］　4・9・白

［総体運］　進むべきか退ぞくべきかをまどいやすいとき。迷ってどっちつかずの状態になりやすいときですが、先方から願ってきたときにはすみやかに応じて吉。人に従って事を図《はか》るようにし、言葉を慎《つつし》むようにすれば、万事成就《じょうじゅ》して利運あるときです。どちらかといえば、自分から進んで何事かなすのはあまりよくありませんが、人に求められてなら吉。

［愛情運］　イベント会場などでの出会いがありそう。これまであまり異性運に恵まれなかった人にも運がめぐってきた感じ。何人かの相手から誰を選ぶか迷ってしまうほどになりそう。自分で選ぶのではなく、相手が求めてきたとき、それに応じるのがよいでしょう。

［諸事運］　仕事や取引などはこちらからもっていくのではなく、相手から持ち込まれたものなら引き受けて可。遠方への旅行、あるいは遠方との交渉、取引などがありそう。金銭的なことで人とトラブッたり、損耗《そんもう》する兆《きざ》しが見られますので予防のこと。住居の移転吉。

成功への鍵 困難を厭《いと》うことなく、策を立て実行するようにしなさい。

五爻

［運命の数と色］ 5・10・黄

［総体運］ 次第に吉兆に向かうとき。意のままにいかず苦しんでいたような人も、自分の力に応じたことをあせらずにやっていくことで、運気が上向きに変わってくるときです。小さいことなら手堅《てがた》くやっていけばうまくいきますが、大きなことには着手しないほうがよさそう。一人ですべてを引き受けてしまいがちな気運。褒《ほ》められたり栄誉を得る暗示。

［愛情運］ 食事を奢《おご》ったり、プレゼントをするなど、相手の気持ちを傾けさせる工夫をして吉。急いでは難しいですが、少しずつ印象をよくしていくことでうまくいきそう。自分が正しいと思っても、あまり頑《かたくな》に自己を主張しすぎますと二人の間にひびが入る恐れ。

［諸事運］ 願望は小さいことならかないますが、大きなことはあきらめたほうがよさそう。仕事や勉強など新規の計画に手を出さずにこれまでどおりにやるほうが吉。人の助けはあまり期待できないときです。金銭は小さい額ならなんとかなりそう。成績、賭《か》け事《ごと》不調。

上爻

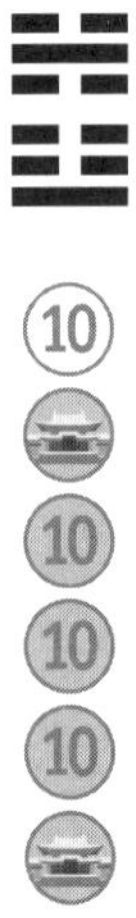

［運命の数と色］ 3・8・青

［総体運］ 進退動止ともに穏《おだ》やかではなく、変化が生じやすい兆《きざ》し。みだりに動けば損失や災《わざわ》いをこうむりそうですから気をつけること。もう少しすれば発展繁栄するチャンスがめぐってきますから、あせらずに我《が》慢《まん》することが大切です。万事についてこれからの希望の芽は出ているのですが、それが伸びて花開くまでにはもう少し先まで待たなくてはなりません。

［愛情運］ 思いを抱くような人が現れそう。急がずにじっくり愛を育てる心がけが大切。性急に関係を深めようとすると悔《く》いることに。人に知られないようにしてつきあうようなこともありそうな予感。二人の関係で悩んでいる人はいまがその頂点なので忍耐のこと。

［諸事運］ 財産や金銭のことで悩みを生じがち。遠方への旅行は水難に注意。取引とか訴訟は、相手に圧倒されがちですから、避けるのが賢明。転職とか移転などは、人の注意を聞かないと凶。思いがけない利益を得ることができそうな暗示。普通の生活を望むのが吉。

初爻

[運命の数と色] 4・9・白

[総体運] 万事人に従って行うのがよいとき。大問題、普通でないような事柄は難しいですが、日常的なことは自然と整ってくる。あまりよく規則などを知らなかったために、それに抵触するようなことをしがち。人から疑いを受けるようなことは避けるのが賢明。どうにもならない窮地《きゅうち》に陥《おち》っている人は、これまでののんべんだらりとした生活を止めて吉。

[愛情運] 親しい人たちと外に出かけることで恋愛運が上昇しそう。うぶすぎる人はガールハントやボーイハントの手ほどきをその方面にくわしい友人などに受けるのもよい。友人の恋人やさほど好きでもない人と親しく話などをしているといらぬ疑いをかけられがち。

[諸事運] 売買はそのよい時期を逸《いっ》しやすいときなので用心が肝要。商談、交渉などは相当の摩擦を覚悟する必要がありそう。派手にお金を使いすぎる兆《きざ》しがあるので少し倹約《けんやく》するように心がけて吉。勉強は一人でせず、その科目をよく知った人に教えてもらって吉。

二爻

[運命の数と色] 5・10・黄

[総体運] 徐々に盛運に向かう兆《きざ》し。かなりの困難に直面しても、才能があり、力量があるのですから、それに堪《た》えて、頑張るべきとき。時間がたてば次第に万事順調に運ぶようになっていきます。あなたの徳を慕《した》ってまわりに人が集まってくる暗示もあります。万事、穏《おだ》やかに、明るい気持ちで対処するようにしていると自然に幸いがやってきそうです。

[愛情運] つきあってきた相手を捨てて、新しい相手に乗り換《か》えたい思いが生じがちですが、そんなことをすれば凶。浮気などせず、誠実にこれまでの相手と交際していくべき。こちらから接近したのではなく、相手から言い寄ってきたのなら、それに応じて吉。

[諸事運] 願望、取引、ギャンブルなどどれもうまくいく暗示。ただし契約書などはよく確認することが大切。住居とか家業などについて心配事が生じやすい気運。団体のトップとか人を支配する地位などにつくことは吉。教師になったり、家庭教師などを雇うにも吉。

成功への鍵 徳を養い、無知を賢明に変えるように努力しなさい。

成功への鍵 徳を養い、無知を賢明に変えるように努力しなさい。

三爻

[運命の数と色] 3・8・青

[総体運] 不意に起こる災難に注意すべきときです。そのためには、食事を節制し、自分のなすべきことをキチンとなし、ささいなことで憤《いきどお》るようなことを慎《つつし》み、温和な態度でいることが大切です。自ら求めて何かを積極的になすようなことはできるだけ避け、心をしっかりと守って、殻《から》の蓋《ふた》をしっかりと締めて、誘惑に負けないようにすべきときなのです。

[愛情運] 女性は金持ちとか、ハンサムな人が他に出てくると心をそこに移しがちなときです。男性の場合には、女難の兆《きざ》しが見られます。恋人と口争いをしたり、出会った女性とか、お見合いの相手は、貞操観念が希薄な人が多いので気をつけなければいけません。

[諸事運] 財産を損じるようなことに出あいがち。願い事はなかなか達成せず、無理やり達成しようとすれば災《わざわ》いに変わる暗示もありますので要注意。交渉、取引などは進展をあまり望めません。変に疑いをかけられたり、口論をしがちですから、何事も慎重に。

四爻

[運命の数と色] 2・7・赤

[総体運] 思い切って行動しようにも、心中にいろいろと思いがあってなかなか決定することができない暗示。人にも話さず、一人で思い悩みやすいとき。人からの引き立てもなく、また自分も人に頼ろうとしません。しばらくは何事も整いませんが、正しい行いをなし、人に従順であるように努力していると遠からずよいことが起きることでしょう。

[愛情運] 相手との間に何か障害があってなかなかコミニュケーションがとりづらいとき。かたくなに自分の考えに固執《こしつ》して、うまくいかない暗示もあります。おたがいに誠実に対応するように努力すれば、近いうちにいいほうに変化していく兆《きざ》しが見られます。

[諸事運] 願い事はすぐには整いそうにありません。人に頼んだことならば、月を経てその半分ほどがかないそう。住居に関しては、新築、増築、移転したい気持ちがあっても十分に検討してからにすること。病気などは一人で悩まずに専門家に任せて吉。

五爻

【運命の数と色】　3・8・青

【総体運】　何事も人に従ってなすのがよいとの啓示。目上の良識ある人の教えを守り、目下の人の意見をも取り入れて進めば吉祥《きっしょう》を得る。功をあせって、自分の考えで押し進んでいくと敗れやすい運気なのです。これまで苦労があった人はその辛苦が解け散ずる機運にありますので、自分の才能が人に認められたり、上の人の手引きで大いに活躍できそう。

【愛情運】　旅行、特に船旅などで素敵なロマンスを期待できそう。虚栄虚飾《きょえいきょしょく》は捨てて、子供のように天真爛《てんしんらん》漫《まん》にふるまうことでチャンスが広がる天啓《てんけい》。この時期にくる縁談はだいたいまとまりやすい。二人の間にゴタゴタがあった人も問題は急速に解決に向かうはず。

【諸事運】　スポーツにしろ勉強などにしろ、よい指導者にめぐり合えるとき。子供のいる人は子供に関してよいことが起きそう。願い事などもかないやすい傾向にありますが、思わぬ散財には注意が必要。勝負事などは吉。商談、取引などは、途中の解約などに注意。

上爻

【運命の数と色】　5・10・黄

【総体運】　人の力になれるほど威勢《いせい》のよい反面、先の見通しを立てにくいときです。あくせくすると、かえって失敗の恐れがあります。何事も積極的に押し進めていくよりは、退き、守るようにして吉。また厳格すぎて敵を作りやすいときですから、ソフトな対応をするように心がけることが大切です。万事につき控《ひか》えめにして誠実を心がけないと、災《わざわ》いの憂《うれ》いがあります。

【愛情運】　相手はいくらでもいるのによくない相手とつきあって、後悔する懸念《けねん》があります。いまは相手をよく選ぶ必要があります。現在知り合う人とは、徐々に関係が進展する暗示。あせらずじっくりと愛を育てていくことが大切です。年上の人からの紹介は吉。

【諸事運】　旅行では、ケンカをしたり、盗難にあう危険。計画や事業は、積極的に進めないほうが安心です。落下の暗示があります。高所に登るときは注意が必要です。ギャンブル、勉強あるいは仕事などは、実力を過信すると、ギャフンと言わされる恐れがあります。

成功への鍵　徳を養い、無知を賢明に変えるように努力しなさい。

成功への鍵　困難に出会っても、あせらず、恐れることなく平然と立ち向かって時期を待ちなさい。

初爻

［運命の数と色］　3・8・青

［総体運］　何かを実行しようとしても障害があってできがたいときです。また無理に進んで事をなせば、困難に陥《おちい》って苦しまなければなりません。チャンスは遠からずしてやってくることを信じて、いまは何事も控《ひか》えて、普段の行動を継続し、変化を求めないようにしていることが大切です。悠然とした心を持ち、身を守り、妄動しないことが肝心。

［愛情運］　二人の間に問題が生じても、急いで対応を変えず、当分成り行きを見つめるほうが得策。パーティーやコンパ、海や山などでの出会いなどでも、自分のほうから何か仕掛けていくよりも、相手が誘《さそ》いかけてくるのを待つほうがよい結果を得られる暗示。

［諸事運］　新しい仕事、取引などは控えるほうが賢明。願い事はなかなか実現しがたいときですが、大事な願いであれば、じっくりとその時期を待って吉。風邪《かぜ》、足の痛みなどが生じやすい兆《きざ》しがあるので注意。就職、転業などは急いでなすとひどい目にあいそう。

二爻

［運命の数と色］　2・7・赤

［総体運］　これまであったゴタゴタは解決の時期に来ています。何があってもあせらずに待っていれば時間が解決してくれ、かえって結果もよいときなのです。お金も時間もなんとなくあり、そのため悪い人物とつきあい、よからぬことに手を出すなどして、人に注意されるような傾向があります。ケンカや口論の兆《きざ》しも見られるので不注意な言動は慎《つつし》むことが大切。

［愛情運］　プロポーズはあせらないこと。機がいまだ熟していないのです。強引に自分を売り込んでも後悔することになりがち。自分のよさがなんとなく分かるような手段をこうじて時期を待つことが肝心。服装なども地味なものだけではなく時には派手にしてみて吉。

［諸事運］　仕事や勉強などあせらずジックリとやっていくこと。食べ物を食しても、それが自分の血となり肉となるのは時間がかかるものです。交渉や談判などで長い時間がかかってきたものは解決の兆し。書類や証文などでのトラブルが起きがちなので要警戒。

三爻

【運命の数と色】 4・9・白

【総体運】 余計なことには手を出さないようにして、節度を守るようにしていけば小事は吉。あまり大きなことに着手するようなことをせず、自分の分限に止まるようにしたほうがよいとき。時期を待てば好転していくのに、あせって急進すると思わぬ妨げにあいます。意外な幸運を期待できますが、口論などの起こりやすい暗示があるので言語を慎《つつし》んで吉。

【愛情運】 自分からアプローチするのでなく、相手の出方を待ってから行動して吉。あまりあせって強引にアタックするとせっかくのチャンスをつぶしてしまうはめになりがち。飲食の暗示があるので、喫茶店やレストラン、居酒屋などに誘《さそ》ってみるのもよいでしょう。

【諸事運】 寒気で体を冷やしたり、悪い空気のところにいて身体を損《そこ》なう暗示がありますから、部屋などの環境には気をつけること。話し合いなどは自分から積極的にいくと落とし穴に陥《おちい》る恐れ。親切めかして近づく人には用心との啓示。吉凶は節度の如何《いかん》にあり。

四爻

【運命の数と色】 4・9・白

【総体運】 不慮《ふりょ》のできごとが頻発《ひんぱつ》。しばらくは運気が落ち込む傾向にあります。いまの時期は、軽々しく進むと艱難《かんなん》に陥《おちい》る兆《きざ》しがあります。時が至り運が開けるときを待つべきです。ただし、ただ待つばかりでなく、できうるならば力のある人に相談し、その助力を得て活路を見出せというのが卦の示しです。不正に手を染めず、人と和するようにすれば困難は避けられそう。

【愛情運】 たがいに疑心暗鬼になりがちなときで、口論したり、絶交状態になったりする兆し。イライラした態度で話すことは避け、温和な態度で相手に接することがポイントです。たとえいろいろと話があっても、婚姻などはなかなかまとまりづらい気配があります。

【諸事運】 住居変動の兆しがあります。ただし、いまは動かないほうがよさそうです。願望など、すぐにはかなわないので、時を待つことが大切。また金銭面では少し困ることもありそうです。旅行などはあまりしないほうが吉。取引、交渉などは慎重に進めること。

成功への鍵 困難に出会っても、あせらず、恐れることなく平然と立ち向かって時期を待ちなさい。

成功への鍵 困難に出会っても、あせらず、恐れることなく平然と立ち向かって時期を待ちなさい。

五爻

[運命の数と色] 5・10・黄

[総体運] 多くの人から親しまれ、また尊敬される兆《きざ》し。どのような望み事でも遠からず達成する気運。万事、しっかりと目的を定めて、計画し、着実に実行していくときはやり遂げられないことはないでしょう。誠の心を持った人と親しみ協力していくようにすれば、財産を増やし、人に尊敬される暗示。ともすれば遊びがちになりそうなので注意。

[愛情運] 婚期が遅れていたような人はめでたく話がまとまるとき。またこれまでなかなかうまくいかなかった人にもチャンスが訪れそう。恋人同士はその関係がいっそう深まるような運気。チャンスを広げたい人は、食事とか、お酒などに誘《さそ》うのがよいとの啓示。

[諸事運] 交渉とか取引はうまくいきそうな気配。病気の人は、食事を節制するかしないかがすみやかに治るか治らないかの鍵になりそう。宴会などが続きやすい兆しがありますが、少しセーブする必要。旅行や試験などは吉運。不正不義の人に近寄らないこと。

上爻

[運命の数と色] 3・8・青

[総体運] 機運が動き、意外の発展をみせたりするとき。その機にうまく対応していけば、吉運を得ることができましょう。親しい友達や親類などがいましたら、相談するのがよいのです。身分不相応の望み事をなしますと、労多くして功がないばかりではなく、災《わざわ》いを招くことになりそう。無理難題などを吹っかけられてもそれと争わないのが賢明です。

[愛情運] 縁談話がいくつも持ち上がったり、いろいろな人から誘《さそ》いがあったりして、決めるのに迷ってしまうとき。チャンスはけっこう生じますが、どちらかといえば、自分から積極的に働きかけるより、相手が働きかけてくるのを待って応じるのがよいでしょう。

[諸事運] 問題が生じても、助けてくれる人が現れて吉を得ることができるとき。話し合い、取引などは、相手が言ってくるのを待って応じるのが得策。遠方の人との取り組み、交わりなどが生じそう。口舌《こうぜつ》、絶交の暗示がありますので、言動には注意。万事退くに吉。

初爻

[運命の数と色] 4・9・白

[総体運] 物事が分かれ定まり、改まる気運。万事最初が大切なときです。すべてその初めにおいて無謀なことをせず、礼儀を厚くするようにしていれば、小さなもめ事はあっても順調に進展する運気。目上の人を立て、その言葉に素直に従うようにし、自分だけの考えで行動することは慎《つつし》むようにすれば、悪いほうにいくことはなく、のちに喜び事がありそう。

[愛情運] あまり一人の異性に固執《こしつ》してはダメ。周囲にもっといい人がいるはずです。目を他に向けることが必要。二人の間にいざこざが起きることもありますが、慎み深く誠実に行動していれば、好転するはず。誰それを好きだなどと人前で言わないほうが吉。

[諸事運] ケンカをしやすい傾向がみられますが、小事が大事になりかねませんから、なるたけ和解の道を選ぶのが賢明。自分に不相応な仕事に着手したり、計画を立ててしまう暗示。無理か無理でないかを人と相談したり熟慮《じゅくりょ》して吉。遠方から手紙や、旅行の兆《きざ》し。

二爻

[運命の数と色] 5・10・黄

[総体運] 失敗してから目が覚《さ》めるのでは遅い。中途で志をひるがえすのは残念でも、省《かえり》みて利がないようであったら強情を張らず止めることも大きな勇気です。素直な態度で事を柔和《にゅうわ》に図《はか》るようにすれば近いうちに目的を達成できるでしょう。自ら争いを引き起こす傾向にありますので慎《つつし》むことが肝要。どうしても必要でしたら目上のしっかりした人を介して解決を。

[愛情運] パーティーや、催《もよお》しなどでも新しい出会いが期待できそう。ただ相手の考えることと自分の考えることに大きな相違のあることが多いでしょう。冷静に考えれば到底だめな相手に、贈り物をしたり、豪華な食事を誘《さそ》ったりして物心両方の打撃《だげき》を受ける暗示。

[諸事運] 訴訟、口争いなどは極力避けたほうがよいとき。下痢とか脚部《きゃくぶ》の痛みの暗示。無理に何か成功させようとする傾向にありますが、かえって大きな損失をもたらすことが多いのです。勝負、試験などはもう少しツキ不足。信仰する神様のお守りを持って吉。

成功への鍵 争いの起こる前に、あるいは起きたならば、原因を正し、適当な処置をとりなさい。

成功への鍵　争いの起こる前に、あるいは起きたならば、原因を正し、適当な処置をとりなさい。

三爻

[運命の数と色]　3・8・青

[総体運]　他から唆《そそのか》されて不平を言ったり、背《そむ》いたりしがちな兆《きざ》し。また人が集まり、密《ひそ》かに会合して、何か事を謀《はか》る暗示。自分の分をわきまえて、人間として恥《は》じない行動をするようにしていれば、災難を免《まぬが》れることができますが、そうでなければ凶。目上の人から、疑いを受けたり、また咎《とが》めにあう兆し。神仏を祭祀《さいし》することで運気が向上との啓示。

[愛情運]　相手の移り気が原因で恋人との間に何かもめ事が起きそう。縁談などもその相手は移り気な傾向があるので注意すること。もとつきあっていた相手とよりを戻すような可能性大。相手のみかけではなくその内面性を判断してつきあうようにして吉。

[諸事運]　仕事ではあまり新しい企画は立てないほうがよいとき。昔の仕事に戻ったり、もとの主人を立ててあげるようなことは成功しそう。口争いやケンカなどをしやすい運気なので慎重に行動すること。住居の移転などの暗示もありますがよく考えてすること。

四爻

[運命の数と色]　3・8・青

[総体運]　物事解散し改めるの意。気持ちを改めて、本来の務めをコツコツとやるとよいのですが、どうもそれができない気運にあります。軽率に事を謀《はか》りがちですが、慎《つつし》むようにし、自分の本務に楽しみを見出し、それに専心するように努力するのが運気改善の鍵となるのです。人に従うようにし、時世に遅れないように工夫することなども肝要です。

[愛情運]　なかなかうまくいかなかった二人は問題が解消する予感。二人の世界だけに閉じこもらず、友人、知人などともつきあわないと後悔する恐れ。さまざまな行き違いから、絶交、離別などの暗示が見られますので、防ぐように警戒する必要があります。

[諸事運]　転居、家屋の修理などを考えやすいときですが、みだりに行わないほうが賢明。遠方への旅行、仕事などは得ること多し。金銭的に損失の恐れ、注意が必要。えてして探すものは東南の方角にあります。交渉、取引は相手の言い分を聞いてあげるほうが吉。

五爻

[運命の数と色] 2・7・赤

[総体運] これまで問題のあった人はそれが解決するとき。また多年望んできたことなどもそれを実現するチャンスのとき。何事も躊躇《ちゅうちょ》逡巡《しゅんじゅん》せずに積極的に立ち向かって吉。他からの妨げなどもそれを解消するのに最適な時期です。目下の人に注意する必要があるとき。部下がいる人は部下に、後輩がいる人は後輩に悶《もん》着《ちゃく》を起こされないように用心すること。

[愛情運] 二人の間にこれまで結婚へのなんらかの障害物があった場合、それを取り除くことができそう。人と争ってでも、好きな相手を自分のものにするくらいの意気込みが必要なとき。仲のよかった二人は、ささいなことでケンカしやすいので口を慎《つつし》むことが大切。

[諸事運] 仕事とか、勉強の上での問題が解消しそう。訴訟ごとなどは自分に有利に展開する暗示。発熱する病気に注意すること。旅行などはよい思い出を作れそう。紛失物は高いところとか、神棚《かみだな》、仏壇《ぶつだん》などを捜《さが》すこと。交渉はまとまりそう。賭《か》け事《ごと》、試験など吉。

上爻

[運命の数と色] 4・9・白

[総体運] 心中に憂《うれ》いを抱く暗示。何かことが成就《じょうじゅ》しても、すぐにそれは破れ、たまたま喜び事があっても、憂いは去らず、少しばかり得るところがあってもまた損失があるというとき。つまらぬ見栄《みえ》をはったり、義理とか人情なども無視して、自分の考えを押し通そうとしがち。自分がすべてをとるのではなく、人にも面目や利を与えることで凶が避けられます。

[愛情運] 自分のことだけを考えて相手に対する思いやりが足りないことが多い。体裁《ていさい》だけを飾っても相手の心を引きつけることは難しそう。たとえ一時はうまくいきそうにみえても、あなたの本質が見抜かれて結局は別れることになりそう。真心が大切です。

[諸事運] 仕事とか、勉強などは労力のわりには成果が少ないとき。訴訟などはたとえ勝っても費用倒れになりがち。交渉とか話し合いは、理屈では勝っても相手にされなくなる憂い。呼吸器系統の病気に注意すること。人に対して温和に、何事も正直が鍵。

成功への鍵 争いの起こる前に、あるいは起きたならば、原因を正し、適当な処置をとりなさい。

成功への鍵 寛大な度量をもって多くの人々を抱擁し、養い育てるようにしなさい。

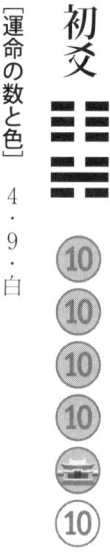

初爻

[運命の数と色] 4・9・白

[総体運] 万事、最初が肝心なときです。初めから大きなことをしようとせず、小さなことをしっかりとやっていくことで吉運が増大します。たとえ悩み事が生じても、言葉を慎《つつし》み、人と和合するように気をつけて行動することで解消するでしょう。先の見込みをしっかりと立て、守るべき規則を作ってそれを遵守《じゅんしゅ》するようにしないと失敗する恐れ。

[愛情運] 新しい恋が始まる予感。相手との調和を考えるようにして行動すればよい関係に発展しそうです。縁談の話などはよく調査してみないと危ない面があります。一人の人が多くの人を相手にしている暗示がありますから、複数の人との交際が始まるかも。

[諸事運] 会社にしろクラスにしろ、内部の統制がとれていないことが多いので、規則を定めて吉。神仏を祭ったり、社寺に参拝して開運を得られるとき。取引、交渉は手順を踏んでいきませんと悔《く》いることになりがち。仕事や勉強などのしっかりとしたプランが鍵。

二爻

[運命の数と色] 5・10・黄

[総体運] 万事が有利に展開していく気運。これまで遅滞《ちたい》していたようなことにも目処《めど》がつきそうです。目上の引き立てとか、周囲の信用なども増してきそう。成り行きに任せるのではなく、適当な方策を立てて努力することで、あらゆる面で光明が見出せるはず。人を支配するような地位についたり、人に頼まれて重要な役割を果たすときでもあります。

[愛情運] たくさんの異性に囲まれていい気分になれるかもしれません。繰り返し積極的にアプローチしていくことでうまくいきそうな予感。結婚話などは性急に取り決めると後悔しそう。グループ交際などにはあなたが周囲に押されて動かなければならないことも。

[諸事運] 一度よいことがあると三度よいことがありそう。現在していることがすぐに利益につながらなくても、努力すれば吉。転職、就職などはなんとか決まりそう。食中毒に注意する必要がありそう。これまで暇《ひま》がなくてなかなかできなかったことに専念して吉。

三爻

［運命の数と色］ 3・8・青

［総体運］ 家庭外で問題が起きそうな兆《きざ》しがあります。また、本来助け合うべき人々が適正な場所を得ることができず、親密さを欠きがちなときです。いまは自分の力と障害の難しさを正確に把握し、守り慎《つつし》むことが運を損《そこ》なわない最大の秘訣です。無理に行動すると、必ず大きな損害や失敗をして後悔することになるでしょう。自分の器量を過大評価しがち。

［愛情運］ 自分を省《かえり》みず、あまり高望みばかりしていると恥《はじ》をかきそうな恐れ。友人の恋愛にもお節介は禁物。植物が人知れずいつの間にか生長するように、じっくりと愛情を育てるように努力すべきときです。また、混雑する場所でのデートは避けたほうがベター。

［諸事運］ 金銭にはなぜか不自由しそう。ギャンブル運もあまりよくないので避けることが肝要。病気などは軽くみるとひどい目にあう兆しがあります。十分に注意する必要がありそう。諸事、分相応に妥協し、年上の人に相談して決定することが大切との啓示。

四爻

［運命の数と色］ 3・8・青

［総体運］ 何事もよく熟慮《じゅくりょ》して、進むべきか退くべきかを決定すれば大過《たいか》ないときです。一般的にいまは一歩退いて気力を養い、時期が来るのを待って動くのがベターです。自分が企業とか団体のトップの座にあるならば、意地や誇りにこだわらないことが大切です。後輩とか目下や部下の利害をよく考えて行動することで、吉運は招来されることでしょう。

［愛情運］ 自分のメンツのためにおたがいに意地を張ると別れ話にもなりかねません。相手の気持ちを冷静に判断して対応しなければならない、と卦は教えています。積極的なアプローチはけっこうですが、よく自他の状況を判断してから行動することが肝心です。

［諸事運］ なりゆきから自分にふさわしくない分野のことに手を出して進退きわまる、という事態が起きそう。行動にはくれぐれも注意してください。部下のいる人の場合、横領《おうりょう》などに気を配る必要もあります。ギャンブル運もなく、避けたほうが賢明です。

成功への鍵 寛大な度量をもって多くの人々を抱擁し、養い育てるようにしなさい。

成功への鍵　寛大な度量をもって多くの人々を抱擁し、養い育てるようにしなさい。

五爻

[運命の数と色]　1・6・黒

[総体運]　他から自分の権利を害されたり、やることを邪魔《じゃま》されたりしがちなとき。問題解決にふさわしい人を選んで、その人に万事を任せるのが吉。私利私欲にふけり、自分の力量とか能力を省《かえり》みずに行動したり、不誠実な行いをするようであると災《わざわ》いが生じやすい兆《きざ》し。人から損害などを受けていた人は、一人の確かな人に交渉を任せれば、その賠償《ばいしょう》を得やすい。

[愛情運]　二人の間に邪魔が入ったり、変な噂《うわさ》を立てられたり、中傷《ちゅうしょう》されやすい気運。これを防ぐには適当な人を選んでその解決にあたらせるとよいでしょう。人によっては、愛欲に溺《おぼ》れやすいとの啓示もありますので、少し身を慎《つつし》むことも大切。さもなければ凶。

[諸事運]　住宅災害、病難、水難などの暗示。商売をしている人ですと、計算をごまかされたり、商品が傷《いた》んだりといったことが生じがち。十分注意が必要。願い事は二兎《にと》を追って一兎《いっと》を得がたいとき。一つにしぼることがポイント。交渉などは情勢の変化を待つこと。

上爻

[運命の数と色]　5・10・黄

[総体運]　物事が一段落する気運。少し気を緩《ゆる》めがちになるときですが、その緩みに乗じて破れが生じやすい暗示もありますから、気持ちを引き締めることが大切。人に対する処遇で失敗して苦い目にあいやすいとの啓示もありますので、心して人に対すること。人に何かを頼んでその成功したときの報奨《ほうしょう》に注意しないとあとあと災《わざわ》いになりがちですから注意すること。

[愛情運]　これまでアタックしてきた人とはそれなりの仲になれそうな気配。自分の趣味とか考えを相手に押しつけて、不仲になるとの暗示がありますので、心あたりのある人は注意。縁談などがあれば、必ずしも吉とは言えませんが、なんとかまとまりそうな傾向。

[諸事運]　願望などは成就《じょうじゅ》しそうですが、今後を十分に警戒していませんと落とし穴に陥《おちい》る危険。交渉などは成功しそうですが、そのあとの細かい作業であとに禍根を残しがち。仕事は不適任な人に任せる兆《きざ》しが見えますからご用心。ケンカとか口論に注意。

初爻

[運命の数と色] 3・8・青

[総体運] なかなか自分の思いどおりにいかず苦労するとき。しかし、いまから志を立てて、まことの心を尽くして努力すれば、のちには事がなるとの啓示。ただたいがいの人はそれがないために事の成就《じょうじゅ》を望めないことが多い。誠の心を尽くして、人と交わりを求めれば、自分とは親しい関係にない人でもついには動かされて心を開いてくれるはず。意外な吉事あり。

[愛情運] ライバルはあなたより家柄がよかったり、いい学校を出ていることが多い。いまはだめそうに見えても誠意を持って接しているうちに友人や先輩、上役などの助力でうまくいく暗示。急激に相手の気持ちをつかもうとしても難しそうな気運が見られます。

[諸事運] 仕事、勉強など急激な成果を期待せず、気長に努力して目的を果たすことができます。意外な損失があったり、足などを痛める兆《きざ》しが見えますので注意。遠方から来客があることが多いのですが、これを歓迎して吉。人により現在の住所から離れる暗示。

二爻

[運命の数と色] 1・6・黒

[総体運] 誠実に人と親しむときには遠からず吉運がやってくる兆《きざ》し。現在のあなたのやっていることは時勢にかない、道にかなっているはず。よその花はきれいかもしれませんが、心を他に動かさずに、一生懸命に現在やっていることに専念するのがいいでしょう。よい相談相手、助力者の得られるときですから、万一の場合には信頼できる人に頼ることで吉を得ます。

[愛情運] 恋人がもてすぎてジェラシーに駆られたり、交際の相手を選ぶのに悩んだりしやすい暗示。女性に縁談があった場合には、相手の男性には他に意中の人がいないか確かめる必要。他に好ましい異性が出現しても現在の相手があなたにふさわしいことが多い。

[諸事運] お酒の飲みすぎ、盗難、水難の暗示があるので要注意。住むところを変更しやすい兆し。転業や転居はできるだけしないほうがよい。やむを得ない場合にはよい仕事、よい風水の住居などを専門家に相談して吉。表立っての工作より秘密の工作がよいとき。

成功への鍵 進んで人と親しみ、意を通じ合うように努力しなさい。

成功への鍵 進んで人と親しみ、意を通じ合うように努力しなさい。

三爻

[運命の数と色] 5・10・黄

[総体運] やるべきときではないのに何かに着手したり、自分の性格には向いていないのにやってみたりとちぐはぐな行動が目立つとき。またそういうことを唆《そそのか》すような人物が周囲に現れるときです。自分の本分を守って、止まるべきところに止まるようにすることで、煩悶《はんもん》、憂《うれ》いを生じさせないですむでしょう。甘《あま》い話に乗らず、交遊関係を反省すること。

[愛情運] 旅行、宴会などで周囲に異性が集まり、モテモテになりそうな機運。ただ気をつけないと、配偶者や婚約者とは違った人と深い関係をもったり、自分にそぐわないような人との関係が生じやすい。婚約にあたっては相手に隠れた異性がいないか確認が必要。

[諸事運] 足腰を痛める暗示がありますので旅行などでは気をつけること。会社とか団体における顧問的な人と親しい人は注意。その人によって迷惑をうける暗示。事業の拡大などはしないほうが賢明。交渉や取引などはよくよく相手を選んで行わないと窮《きゅう》することに。

四爻

[運命の数と色] 4・9・白

[総体運] 目上の人の引き立てを受けて順調に事の運ぶとき。また自分より目上の人のために誠意を尽くすことで大きな見返りを期待できるときでもあります。気をつけないといけないのは親しさに馴染《なじ》んでつい礼儀を欠きやすくなること。また何事も急いでやるほうがよく、延ばし延ばしにすると不利になります。人の出入り、集まりなどが繁《しげ》くなりにぎわう暗示。

[愛情運] 遊楽地、飲み会などで親密な関係を作るチャンスが多くなりそう。みんなが注目する異性と他の人よりも一歩先んじて親しくなれそう。女性の場合には不倫の関係に陥《おちい》りやすいとき。婚姻の話などがもちこまれたならば十中八、九はまとまります。

[諸事運] 試験や仕事、交渉なども真っ正面からぶつかっていくつもりで有利に展開。できうるならば目上の人の助力を仰《あお》げばいっそうよい。酒食宴会などの機会がかなり多くなり、自分も楽しめそう。ただしそれなりに節度を守らないと後悔の憂《うれ》い。商売は繁盛《はんじょう》。

五爻

[運命の数と色] 5・10・黄

[総体運] 運気は快調。周囲の人々から尊敬の眼差しで見られる啓示。何かの企画や部署などのリーダーになる兆《きざ》しが見られます。社長や先輩など目上の人に従って事を実行するときは必ずよいことが期待できます。求めることは自分の地位や能力に応じたところのもので満足すべきです。遮二無二《しゃにむに》なんでも欲張って追い求めるようだとよくない結果となりがちです。

[愛情運] 相手には隠《かく》し事が多く、こちらの気持ちも定まりません。相手には他につきあっている人がいる可能性がありそう。自分の気持ちも他の異性に惹《ひ》かれがち。とかく複雑な愛情関係が生じやすい傾向。男性は女難に注意することが必要なとき。結婚などは吉。

[諸事運] 交渉や契約などは時期を失して停滞するようなこともありますが、心配は無用です。遠からず吉兆があります。高いところには登らぬこと、墜落《ついらく》の暗示。願望などは手違いがあってすぐには整いません。勝負事は強気に出て吉。試験などは好成績。

上爻

[運命の数と色] 3・8・青

[総体運] 一見すべてはうまくいっているようなのですがさまざまなところで不満が残りそう。万事自分より目上の人のいうことに従い、その人の権威を用いて事を謀《はか》れば吉。立身出世を望むのはよいのですが、不誠実なやり方で進んでいくようですと労多くして功はないとき。最初に注意を怠《おこた》ることがあれば失敗の兆《きざ》し。方針をしっかりと定め、進むことが大切。

[愛情運] 異性と知り合うチャンスが多いとき。ただし、自ら相手と親しもうとせず、偏狭不遜《へんきょうふそん》な態度でいるようだと孤立して声をかけてくれるような人もいないありさまに。自らを反省して自分勝手だったと思う人はわがままを抑《おさ》えることを心がけて交際し吉。

[諸事運] 勉強や仕事など最初にしっかりやってこなかったことのツケがめぐってきそうな予感。悪友とは断固として手を切ることが開運のもと。願い事などは簡単に成就《じょうじゅ》しそうに思えるのですがなかなか難しいとき。ギャンブルなどはたいがいは勝運。旅行は吉。

成功への鍵 進んで人と親しみ、意を通じ合うように努力しなさい。

成功への鍵 よい書物などに記された徳のある行いを学び、徳を修めるように努力しなさい。

初爻

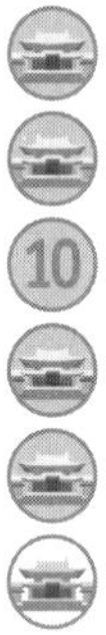

【運命の数と色】 3・8・青

【総体運】 人により永い間の不運が打開されるとき。一度は手を出してみるが思い返して、元に戻って失敗しないですむ暗示。進もうか止まろうかなどと逡巡《しゅんじゅん》しやすい傾向。猪突猛進《ちょとつもうしん》するときには損をしたり、失敗しやすい懸念《けねん》。まだ時期でないことが多いので、思い立ったときから、五日、あるいは五週間後まで待つのがよい。人に従って動けば障《さわ》りがありません。

【愛情運】 女性はその慎《つつし》み深いところが見初《みそ》められたりすることがありそう。声をかけようか、かけまいかなどと迷うときにはアタックしないほうが賢明。時期の到来を待つべきでしょう。どちらも心は優《やさ》しいのですが優柔不断で仲がなかなか進展しない暗示。

【諸事運】 住まいや職場を変えたい気持ちが動くとき。願望は人の意見を聞いて事を計れば吉。旅行したい気持ちが起きがちですが、船に乗るような旅は避けたほうがよい。人を疑い、自分も疑われる兆《きざ》し。風邪《かぜ》などには注意。人を利用しようとするとかえって損失。

二爻

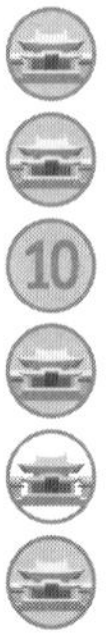

【運命の数と色】 2・7・赤

【総体運】 人と和するようにし、誠実であれば、思いがけない幸運が舞い込んだり、繁栄が期待できそう。しかし、利欲に迷ってみだりに進んだり、よからぬ人に付き従いますと思いがけない損失をこうむる恐れ。各自自分の現在なすべきことに専念するのが吉。目下の人と一緒《いっしょ》に発展する兆《きざ》し。妨げがあったときには、中途でも止まるほうがよい結果をもたらします。

【愛情運】 男性は女性への愛に惹《ひ》かれて失敗しそうな危惧《きぐ》。家庭のある人は家庭を大事にしたほうがいまは賢明。恋人のいる人は自分の家に招待したり、手作りの料理をふるまって吉。あまりあなたの定める基準が高すぎて、好意を持っていてくれる人を無視しそう。

【諸事運】 友人などの忠言は耳に痛いことでも聞き入れて吉。事を企《くわだ》てようという気運にありますが、邪魔《じゃま》があったら無理しないこと。旅行などは楽しいものとなりそう。女性は家事を大切にして吉。捜《さが》し物は他のものも一緒に見つかることが多い。相場は注意が肝要。

三爻

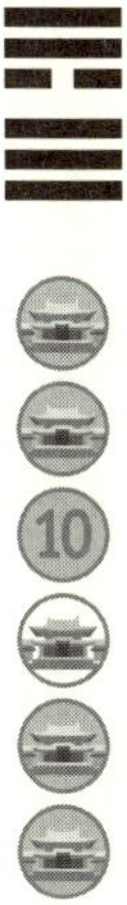

[運命の数と色] 4・9・白

[総体運] 言葉を慎《つつし》むようにし誠実に努力している人には意外な幸運がやってくる暗示。ただし強気一点張りの人などでは、自分の前に大きな障害があるのにそれを無視し急進して失敗することが多いとき。また自分の意見が上の者から抑《おさ》えられて、それを我慢《がまん》できずにケンカなどをして辞表などを出し一時的に鬱憤《うっぷん》を晴らしますが、あとで後悔する懸念《けねん》。

[愛情運] 素敵な人と出会える暗示はあるのですが、強敵続出の憂《うれ》い。すでに結婚している人、また恋人のいる人においてはおたがい反目してしまう暗示がありますので、仲を壊《こわ》したくないなら、他の異性に色目をつかわず、言葉づかいやふるまいに十分な注意が必要。

[諸事運] 万事控《ひか》えめにして急進しないことが幸運の鍵。性急に事をなそうとすると思わぬ落とし穴に落ちます。旅行などは予約をしそこなったり、時間を間違えたり、ハプニングが起こりがちなので十分に注意。交渉などは急いでもまとまらない暗示。賭《か》け事《ごと》凶。

四爻

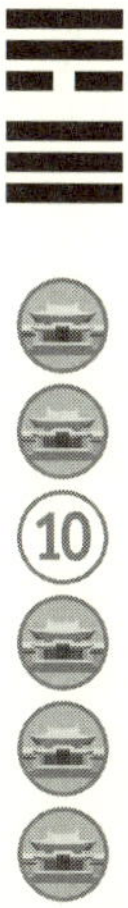

[運命の数と色] 4・9・白

[総体運] 自分の努力や実力が周囲から認められる気運。人のためにしたことがかえって恨みを買うようなこともありますが、真心をもって対するときには誤解も解けます。人の志望を妨げたくなるような兆《きざ》しがありますが、慎《つつし》みませんと災《わざわ》いをこうむります。従順で誠実な人は発展しますが、何かと忌《い》み嫌《きら》い、真心のない人は難にあう暗示がありますので注意。

[愛情運] 女性は少し奔放《ほんぽう》になりそうな気配。あるいは恋愛が実を結んでゴールインしそうな気配。男性は移り気な女性に出会いがちなとき。自分がかたくなな態度ですとせっかく好意を持ってくれた人もその気持ちを失いそう。素直に自分の気持ちを相手に伝えて吉。

[諸事運] 仕事や取引などは、周囲の人の助けを得ることができそう。交渉などは急がないほうが賢明。我《が》慢《まん》しないと口争いとか血を見るようなケンカの兆候。部下とか目下の者から非難されがちなので注意。財布の中身が軽くなりそうな予感。余計なおせっかいは凶。

成功への鍵 よい書物などに記された徳のある行いを学び、徳を修めるように努力しなさい。

成功への鍵　よい書物などに記された徳のある行いを学び、徳を修めるように努力しなさい。

五爻

[運命の数と色]　5・10・黄

[総体運]　万事、積極的に進めていって吉祥《きっしょう》を得ることができそう。どちらかといえば人と力を合わせていったほうがよいときですし、またその気になればよい協力者も得られるはず。ただし、あまりに無謀な計画を実行しようとしたり、自分だけがもうけようとしますと意外な禍《わざわい》を生じることもあります。誠実な人であれば自分も栄えてまわりの人も栄えるとき。

[愛情運]　あまり恋愛経験のない人も甘《あま》い恋の体験をしそうな予感。これまで友達としてつきあってきたような二人はいっそう親密な関係になりそう。口争いの暗示が見られるので口を慎《つつし》むことが必要かも。一対一での行動よりもグループでの行動がよいとき。

[諸事運]　耳あたりのいいことを言う友達を重視して、本当にいい友人を失いやすい兆《きざ》しがあるので注意。人の申し出を断ったり、自分一人だけでやろうとすると後悔しやすいとき。物や人がたくさん集まる暗示が見られます。褒《ほ》められたらその半分くらいに考えて吉。

上爻

[運命の数と色]　1・6・黒

[総体運]　これまで不遇であった人は道が開けてくる啓示。順調であった人はいまがピークですから、これ以上は望まずに一歩身を引いて成り行きを眺めること。新たに何かを積極的に押し進めていこうとするのはよくありません。小さな損を惜しみますと大きな損をしがちなとき。ゴタゴタしていたことは自然と解消されるとき。人に恵み施《ほどこ》せば吉運が来ます。

[愛情運]　出会う相手がかなり摺《す》れていることが多いでしょう。せっかくのチャンスを逃しやすい暗示なので時期を逸《いっ》しないこと。控《ひか》えめな態度が相手に好感を与えるとき。友人などに恋のキューピッドを頼んでもかえって妨害されることになりがちなので注意。

[諸事運]　人の嫉《ねた》みから陰口などをたたかれて難を受けやすいのでご用心。人に依頼していることなどは、撤回《てっかい》したほうが吉。高い所から落ちたり、頭の飾りものなどを落としやすいので気をつけること。自分のなし遂げたことを人に任せて有終の美を飾るのが吉。

初爻

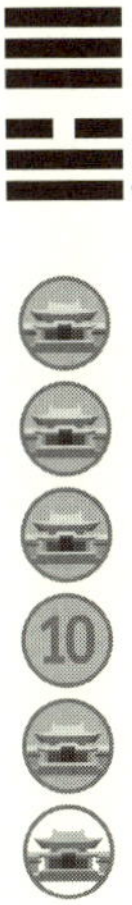

[運命の数と色]　1・6・黒

[総体運]　まわりの助けはあまり期待できないとき。急進は避けて徐々に進むように心がけること。意思が弱いようですと人のために妨げられる暗示がありますから、自分の道は自分で切り開いていくという独行の強い精神で努力することが大切。強欲に過ぎる人は思わぬ災難に出あう恐れ。完璧を期すことなく、自分の出せるだけの力を出すことで成功しそう。

[愛情運]　他人からいい相手を紹介してもらおうなどの甘《あま》い考えはいまは捨てたほうが賢明。だめで元々、集まりや旅行先などで気軽に人に話しかけてみよう。親しい人とのケンカとか誤解が起きやすいので注意が肝要。若い人はかなり年の離れた人と不倫の兆《きざ》し。

[諸事運]　慣れない仕事や、自分の才能に適していないことに手を出して失敗する憂《うれ》い。自分の趣味に専念したり、素質を伸ばすよう努力することは吉。落とし物をしたり、思わぬ損害をうけやすい兆しが見られますので要注意。移転の計画は見合わせたほうがよい。

二爻

[運命の数と色]　3・8・青

[総体運]　順序手続きを踏んで事を行えば吉。後先のことも考えずにあわてて事に取り組みますと問題が起きやすい運気。万事自然に任せて、あまり無理にしないように心がけるのがよいのです。何かを止めたり、また現在の地位などから退くようなこともかえっていまはよいときなのです。普通とは考えの違った人とか、優れた人には好運の時期となりそう。

[愛情運]　旅先や集まりなどで出会いがあっても、あまり積極的に働きかけずに、成り行きに任せるのがベター。結婚話などは無理に進めようとしても相手がまだその気ではないことが多い。相手が気軽にオッケーできるようなことから誘《さそ》いをかけるようにして吉。

[諸事運]　なんであれ、利害を度外視して行動し、それが受け入れられないのならば、潔《いさぎよ》く退くことが吉。取引、交渉など自分が表に立って行うより背後にいて指示するのが賢明。旅行などをしたくなる兆《きざ》し。熱の出る病気に注意。正しければ吉、欲に迷うと凶。

成功への鍵　**長幼上下の礼儀を守り、上にある者も下にある者も、それぞれの道を行いなさい。**

成功への鍵 長幼上下の礼儀を守り、上にある者も下にある者も、それぞれの道を行いなさい。

三爻

[運命の数と色] 4・9・白

[総体運] 勢いに乗じて猛進すると、かえって他のそしりを受けたり、事を誤って災《わざわ》いを生じやすい。自分の力を過信して、手に負えないようなことを引き受けたり、無用の手出しの結果、見当外れのことをして失敗する兆《きざ》し。初めの喜びが、後の憂《うれ》いとなりやすい。礼儀を失することで損することが多いので、どのような人にも礼儀を忘れないことが肝心。

[愛情運] 火遊びが過ぎると痛い目にあいそうな危《き》惧《ぐ》。焼餅《やきもち》を焼かれて悪い噂《うわさ》を流されないように注意。女性は相手をなめてかかっていると、そんなことをする人とは思わなかったのにということになりそう。男性は誤解を受けるような行動は慎《つつし》んだほうが賢明。

[諸事運] 勉強は自分の弱点の教科、内容に取り組んで吉。職を変えたいような気持ちが起きても、変えずに頑張れば吉。旅行は水難、怪我などに注意。威張りくさったり、よからぬ算段をもってする交渉は凶。神社、仏閣などに参拝したり、仏壇《ぶつだん》、神前を祭るのは吉。

四爻

[運命の数と色] 3・8・青

[総体運] いろいろとゴタゴタや危《あや》ういことなどの起きそうな兆《きざ》し。しかし、万事畏《おそ》れ慎《つつし》む方針で行動するようにすればついには吉。出過ぎたこと、自分の力にあまることはしないほうが懸命。何かとその上下を区分し、また改めることもありそうですが、それをなす適当な時期をよく見定める必要がありそう。人を尊敬することで自分も尊敬される運気のとき。

[愛情運] 人には話せない隠《かく》れた関係などが生じやすいとき。とくに女性は色情面で問題が起きやすいので十分な注意が必要。これまで自分に振り向いてくれなかった人がその熱意に負けて振り向く暗示。デートの前にはそれなりのマナーを少しは心得ておくこと。

[諸事運] 旅行にはあまり出かけないほうがよさそうですが、頼りになる人が一緒《いっしょ》ならば吉。盗難にあいやすい意があるのでくれぐれも用心のこと。仕事などは警戒しないとトラブルに巻き込まれやすい。勉強などは成績アップの好暗示。ギャンブルなども吉運。

五爻

【運命の数と色】　2・7・赤

【総体運】　人とよく和するようにしていれば吉兆が見られます。調子がよいことに安心し、増長して進みますと危険。他人に厳しくなりがちな傾向にありますが、小さな過《あやま》ちまでも叱《しか》っていますと恨みなどを買いそう。内輪がゴタゴタとしやすい暗示がありますから、調和を心がけること。ささいなことは干渉せずに目下の人に任せることでうまくいくことが多い。

【愛情運】　美人とかハンサムな人との出会い。あまり潔癖《けっぺき》になりすぎますと相手はいなくなります。人間だれでも欠点はあるのですから、小さな欠点は寛大に許してつきあってみましょう。自分にとってはいい人なのですが、周囲の人とうまくいかない人と交際しがち。

【諸事運】　家のなかで不和が起きやすいので心すること。重要な仕事などを任されて、あまりその遂行だけを考えているとギズギスしがち。部下に対しても後輩に対しても少し寛大になる必要がありそう。さもないとすべてが御破算《ごわさん》になる恐れ。神仏に祈願して吉あり。

上爻

【運命の数と色】　4・9・白

【総体運】　自分の歩むべき道を正しく歩んできた人は吉祥《きっしょう》の見られるとき。そうでない人は自分の行いを省《かえり》み、また人の行いをよく見、人の意見を聞いて行動することで吉運に向かいます。人より先に何かをなすよりも人がなしたあとでなすほうがベター。周囲には温和に接し、対立するような問題もできるだけ穏《おだ》やかに収《おさ》めるようにしませんと意外な破綻《はたん》。

【愛情運】　人によっては新しいロマンスが生まれる兆《きざ》し。いままで仲がもつれていた人はそれが解消しそう。結婚話は再縁の場合が多い。うまく相手が見つからない人は、自分の性格とか態度を反省し、異性に人気のある人物の行動を観察して真似てみることも必要。

【諸事運】　お祝い事があったり、飲食のにぎわいがある気運。水難、呼吸器系の病気に気をつけること。失《な》くしたものなどはいままで何度も捜《さが》したようなところから不意に見つかることがある。口論などが生じがち。神仏に祈願することで開運につながるとき。

成功への鍵　長幼上下の礼儀を守り、上にある者も下にある者も、それぞれの道を行いなさい。

成功への鍵 周囲の人々の生活を助ける気持ちをもって行動しなさい。

初爻

[運命の数と色] 3・8・青

[総体運] 天地交わって陽気の長ずる暗示。運気の勢いが増し、万事好調です。何をするにしても、善悪にかかわらず他の人と連携してやる傾向にあります。一般に自分より優れたりっぱな人と共同して何かをなせばよい結果を期待できるときなのです。ただし結果を急ぎ独断でなすようですと意外の散財や心労などがありそう。引き立てられて出世する兆《きざ》し。

[愛情運] 思いがけない恋の予感。兄弟や親戚から紹介された異性と意外にいい関係になりそうな気配。また人に隠《かく》れた恋をしそうな雰囲気。男女とも一時の激情に押し流されそうな兆しがあるので注意が肝心。結婚話などは初婚にしろ、再婚にしろうまくいきそう。

[諸事運] 仕事や勉強などよい仲間とともに行動してよい結果を得ることのできるとき。交渉などは速戦即決であまり深追いしないほうが吉。才能を認められて他から引き抜かれる可能性大。試験や勝負事なども運気は快調なのでかなりの好結果を期待して可。

二爻

[運命の数と色] 2・7・赤

[総体運] いまはまことに順調ですが、ひと月ほどたつと人知れず苦労を味わうことになる気配が見られます。自分の浅知恵で行動するようなことを慎《つつし》むと吉。論争が生じがちですが、慎重に対処すること。災難から逃れられるばかりでなく、あとになって幸運を得ることができるとの啓示があります。

[愛情運] 男性にしろ女性にしろ、異性と心を通わせるチャンスです。仲間の集まり、飲み会などに積極的に参加してみましょう。愛情運を高めるには、女性は少し控《ひか》えめにし、男性は少し威厳《いげん》を保って吉です。婚姻は、つきあい始めたばかりのケースを除き、まとまりかけているならば一気に決めるのがよいでしょう。

[諸事運] 寛大な気持ちを持つことで吉となるでしょう。適材適所で人を用いると、大いに成功するとの啓示。怒りっぽい人の場合、失敗につながる暗示があり、大きな気持ちを持つように工夫することで回避することができそう。座禅、鎮魂《ちんこん》、ヨガなどもよいでしょう。

成功への鍵 周囲の人々の生活を助ける気持ちをもって行動しなさい。

三爻

［運命の数と色］ 4・9・白

［総体運］ 地の気は下ろうとし、天の気は昇ろうとして天地の気が交流し、陰陽和合する暗示です。運気盛んで勢いがあります。どのようなことにも忍耐と努力を継続し続けることで、予想外の好結果が得られます。誰に対しても、何に対しても、従順な対応が吉となるでしょう。ただし「陽極まれば陰となる」というように、運気は次第に下降する恐れもあります。

［愛情運］ その気があるなら、すてきな異性と交際することも夢ではありません。ただし、移り気だと本命の人とうまくいかない暗示です。イベントなど人の集まる場所へ積極的に参加することで、恋愛運が向上。相手の誕生日などにはプレゼントを心がけて吉。

［諸事運］ 移転、転業などの機運が濃厚に見られます。腰の痛み、喉の変調に注意が必要。有名な神社や仏閣に参拝すると、吉運招来できそうです。自分に過ぎた望みは、急いで追わず、時の至るのを待つようにすれば、必ずかなう兆《きざ》しがあります。

四爻

［運命の数と色］ 3・8・青

［総体運］ 何事も調子にのって破れを生じやすいとき。それだけの実力がないのに偉ぶってみたり、余計なことに手を出すことが大きな原因。まず自分の力を知ることが大切。人の力量を素直に認め、それを信頼して事にあたらせることで好結果が得られるでしょう。深く考えずに軽率に行動しますと後悔しますから、熟慮《じゅくりょ》して断行することが大切です。

［愛情運］ 高望みしてあまりうまくいかないとき。うまくいっても、自分や相手の神経が不安定になったりしがち。ねらう相手は少し自分より低めにするくらいがちょうどよいとの啓示。結婚話などは、相手は聡明だけれども、少し性格が軽率な人が多い。

［諸事運］ 転業したり、仕事を新たに始めるのは避けたほうが賢明。願望などあまり大きすぎるとかないそうもありません。住居を移転したくてもみだりに動かないほうがよさそう。口論やケンカの兆《きざ》しが見られますが避けること。謙虚にふるまって吉。

成功への鍵 周囲の人々の生活を助ける気持ちをもって行動しなさい。

五爻

〔運命の数と色〕 1・6・黒

〔総体運〕 運気は少し下降気味。積極的に事を進めるときではありません。じっと時期の来るのを待つことで吉運到来。やたらに何かを実行しようとすれば、うまく進展せず、災難も降りかかります。自分を偉く見せようと見栄《みえ》を張ったりすると、あとで苦しくなってくる暗示。少し表舞台から引き下がり、仕事を他に任せて自分の研究などをするには吉。

〔愛情運〕 陰陽の気の交錯する卦ですから男女が親しく接する機会がありそうです。男性の結婚はあまりまとまりませんが、女性の場合は身分の違いなどがあってもまとまる気配。政略結婚などが仕組まれそうですが女性ならば吉。絶交する兆《きざ》しも見られますので注意。

〔諸事運〕 新規に何かを始めようとか、拡張するとかは止めておいたほうが無難。表面に立つと失敗しやすいとき。かえって自分の信頼できる部下などに任せてうまくいくときなのです。旅行は見合わせたほうが吉。ギャンブル運は下降気味。訴訟などは不可。

上爻

〔運命の数と色〕 5・10・黄

〔総体運〕 じたばたあがくことをせず、運命に身を任せ、少しでも被害を少なくすることを考えるべきとき。心に野望は秘めていてもそれをすぐに実現することは困難。小さなことですと何とかなりますが、それでもすぐには整いません。これまでの信用などが地に落ちて心のままにはなりがたいとき。いま少しのあいだ運気の転換をじっと待つことが賢明。

〔愛情運〕 天地の気が交流して陰陽が和合するように、男女の間に親しい関係が生じやすいとき。もっともぐずぐずしていてせっかくのチャンスを逃してしまったり、これまでいい関係を作り上げてきたのに、つまらぬことで無にしてしまいがちなので注意が肝要。

〔諸事運〕 会社や団体などの内部の統制がとりづらくなってくるとき。志望することなどはすでに期を逸《いっ》した傾向。逆にこれまでの職を辞め、志望を変える好機。頭痛、手足の病気などに注意。神仏にお参りして祈願したり、あるいは祭祀《さいし》するようにして開運の兆《きざ》し。

成功への鍵 自分の能力を隠《かく》し、正しいことであってもむやみに主張しないようにしなさい。

初爻

[運命の数と色] 3・8・青

[総体運] 目上の人のいうことをよく聞き、自分のなすべきことを誠実になして時を待つのが吉。ただし自分の才能を過信してみだりに大きな望みを起こして、性急に事をなそうとすれば災難にあう暗示。自分の失敗から人に咎《とが》められることなどがありそうなので予防が大切。意思を強固に保って道理にはずれた人々に与《くみ》しないようすることが開運のもと。

[愛情運] たがいがあまりに老成しすぎて激しい恋愛感情に到らないことが多いとき。相手の気持ちを引こうと無駄な努力をするより、いまは自分の内的なものを磨《みが》くことを心がけたほうが吉。二人の間の意思の疎通が難しいとき、つまらないことでのケンカに注意。

[諸事運] 友人などの失敗、ケンカなどに巻き込まれそうな懸念《けねん》。竹や木などで足をケガしそうな暗示がありますので注意が必要。仕事や学校などを変えたい気持ちに襲われることもありそうですが我慢《がまん》したほうが賢明。事業、交渉などは積極的に進めないほうが安全。

二爻

[運命の数と色] 1・6・黒

[総体運] 大きな波があったら、それに逆らわずそれに素直に乗っていくことで吉となります。自分から進んで何かをなすというのではなく、能ある鷹《たか》が爪《つめ》を隠《かく》すように自分の力を隠してこそうまくいくときです。普通の人は上の人に従い誠をもって尽くせば吉ですが、地位のある人などは目下の人が団結して迫ってくることがあり苦労がありそう。

[愛情運] 仲間を出し抜いて自分だけいい相手をつかまえようなどとすると失敗するばかりでなく、怨《うら》みをかいそう。相手とかなりいい仲になっているのに急に嫌気が差してきて、別れたくなり、訴訟にまで発展するようなこともあるので注意。口争いを避けて吉。

[諸事運] 取引、交渉などはケンカ腰にならず、温和に対することが肝心。さもないと逆襲をくらいがち。願い事は有力な人物に頼ってじっくりと時を待つ余裕があるのならかないそう。就職は、生涯の仕事とするつもりなら、いまは見合わせるのが賢明。

成功への鍵 自分の能力を隠《かく》し、正しいことであってもむやみに主張しないようにしなさい。

三爻

【運命の数と色】 5・10・黄

【総体運】 年配の人はいささか吉運があり、若い人は運が下降気味。また老若にかかわらず、万事積極的に進んでことを行うときはうまくいかず、退いて守るようにして吉となるとき。一般的に自分の力をよく見定めずに、滅多やたらと事を構《かま》えると恥《はじ》をかくことになる危惧《きぐ》。自分の周囲に悪いことをして隠《かく》している人がいそう。その人を発見して警戒して吉。

【愛情運】 異性に対して自分をよく見せようと見栄《みえ》を張りがち。ありのままの自分を出すほうがのちのち吉。人を心地よくする、さわやかな高原の風のような態度で接してみよう。タダ、チズコなど姓名中に「タチツテト」の音のある人があなたをハッピーにしてくれそう。

【諸事運】 成功するには手段を選ばないといった心境になりがちですが、たとえ成功しても後味の悪い思いをするでしょう。時期を待つことが得策。勉強などは表面上はうまくいっていそうでも本当の実力にはまだまだの状況。交渉などはいまは始めないほうが無難。

四爻

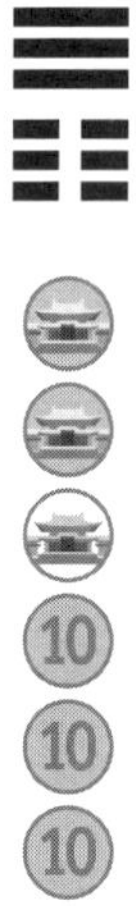

【運命の数と色】 3・8・青

【総体運】 次第に運が盛んになろうとしています。万事、人に逆らうことなく、年長の人、目上の人に素直に従い、自分勝手に行動することがなければ、吉兆が見られるでしょう。その幸運はあなただけではなく、あなたの周囲の人にまで及びそうな素敵な予感。誤った望みを持ち、人情に背《そむ》いて進むときには散財し、また悔《く》いを生じることもありそう。

【愛情運】 進展がなかった二人の関係に変化が生じる兆《きざ》し。ハイキングに行ったり、旅行したりなどしているうちに好結果が得られそう。結婚話などもあせってはだめですが、近いうちに吉報が入りそうな気運。外見だけでなく相手の本質を見きわめることが大切。

【諸事運】 仕事や勉強などの行きづまりにようやく曙《しょ》光《こう》が見えはじめるとき。就職運動などをしている人はそろそろ決まりそうな予感。鼻、胸や背骨などの疾患に注意。旅行などは吉。試験やギャンブルなどは好結果を期待できそう。失物《うせもの》は高い所を捜《さが》してみよう。

65 天《てん》地《ち》否《ひ》 五爻・上爻

五爻

［運命の数と色］ 2・7・赤

［総体運］ しばらく運気が停滞していた人も開運に向かう兆《きざ》し。「忍耐努力すれば幸運を握ることができそう。これまでいろいろと問題があった人も次第に解決に向かうことでしょう。人により社会における自分の地位が確立されてくる暗示もあります。ただ油断しますとせっかくの好機を失いがちですから、そのよい運を生かすように努力することが大切です。

［愛情運］ なかなかいい相手をつかまえることができなかった人はチャンス到来のときです。小さなチャンスも逃さないように十分に周囲にアンテナをはり、これだと思ったら迷わずアタックしてみてください。競争相手がいる場合でも辛抱《しんぼう》強く頑張ってみましょう。

［諸事運］ 会社などでは昇進が期待できそう。学生であれば、成績がアップすることでしょう。著名人にあったり、かなり地位の高い人に会う機会がくる兆し。目の病になりやすいので気をつけること。転職などは見合わせたほうが吉。就職は近いうちにまとまりそう。

上爻

［運命の数と色］ 4・9・白

［総体運］ いままでの苦労が報《むく》われるときです。これまで閉塞していた状態の人は道が開き発達する兆《きざ》し。まわりに人が集まり、自分を助けてくれる味方も得られます。飲食宴会などの機会が多くなりそう。長らく仲違《なかたが》いしていたような人との円満な解決への吉兆もあります。身辺での喜びを伴う移動がありそうです。すべて静かにゆっくりと進むことで好転。

［愛情運］ とうていダメとあきらめていたような恋愛が成就《じょうじゅ》しそうな気配濃厚。グループの集まりや飲み会などに誘《さそ》ってみることは吉。仕事先、旅行先などで思わぬ恋に陥《おちい》る兆し。自分は自分、相手は相手などと思わずに相手を理解し、自分を理解させる努力をして吉。

［諸事運］ 努力が実り、仕事や勉強での成果があがるとき。とくに勉強などは集中的に行えば好成果。交渉などもとんとん拍子にはかどります。就職活動をしていた人なども近いうちにかなう兆し。サイフの紐《ひも》を少しきつくしないと意外と出費が重なりそうな気配。

成功への鍵 自分の能力を隠《かく》し、正しいことであってもむやみに主張しないようにしなさい。

成功への鍵　道を異にしていても、同じ志を持っている人と素直で正しい心持ちで親しみなさい。

初爻

[運命の数と色]　5・10・黄

[総体運]　外に出て何かを謀《はか》るよりも内にいて謀るほうがベターなとき。何事も進むことよりは退くことを第一に考えたほうが賢明。独りよがりにならず、無欲の気持ちで周囲の人々と親しみますと幸運が舞い込んで来ます。ややもするとやろうとしていることが、その時期を失することがありますから、好機を逸《いっ》しないように気をつける必要がありそうです。

[愛情運]　家にいてばかりでは恋愛運は上昇しません。積極的に交際の場に参加するようにしましょう。交際上手な友人のあとをついていくのもよい。この時期、出会った異性とはうまくいかないこともありますが、結果的にはよいほうに向かうことが多いのです。

[諸事運]　家を出ようとする気持ちが起こったり、住居で苦労する兆《きざ》し。仕事にしろ、勉強にしろ、協力者を求めてやるほうがよく、一人でがむしゃらに行ってもよい結果は期待できません。取引、交渉などは自分が頑固《がんこ》だったり、優柔不断ですとまとまらない暗示。

二爻

[運命の数と色]　4・9・白

[総体運]　万事、自分の先輩やその方面に通じた人を助けとして、過激に走らないようにしていれば吉兆。ただし浅はかな考えで妄動するようですと後で必ず悔《く》いを生じそうな懸念《けねん》。目上の人の引き立てを受けて、それを周囲の人に嫉妬されるようなこともありそう。私情にかたよって公平を欠きやすいときなので、公明正大な気持ちでの行動が大切なとき。

[愛情運]　一人だけではなく複数の人との交際が生じやすいとき。気をつけないと本命との仲に亀裂が入りそうな気配。結婚などしている人は配偶者のほかに趣味の合う人などを求めて一緒《いっしょ》に遊んだりして誤解を受けやすい。ハラ、ヒミコなどハ行の音のある人に注意。

[諸事運]　自分の志望するところは、目標が高すぎたり好き嫌《きら》いが激しいためかなわないこともある。金銭面での損失、病難などに注意が必要。交渉などは自分の意見の矛盾をなくすようにし、間に入る人をよく選ばないと失敗しがち。口争い、ケンカは避けること。

三爻

［運命の数と色］　３・８・青

［総体運］　万事人の助けを得ることができて吉兆。ただしその行いが天命にそぐわないような不誠実なものだと意外な災難に出あいそう。自分の能力を省《かえり》みず、がむしゃらに世間的な利だけを求めて盲進するようだと悔《く》いを生じたり、目上の人や親などの怒りを買いがち。文句を言いたいことがあってもそれは胸に納《おさ》めて誠実に行動していれば運気が上昇します。

［愛情運］　あなたが思う人には他に心を寄せる人がいることが多い。下手にラブレターなどを書いたり、デートに誘《さそ》ったりすると恥《はじ》をかく懸念《けねん》。三角関係になりやすいときですが、競争相手を貶《おとし》めようと計略しても失敗するのが落ち。相手の気持ちになって行動して吉。

［諸事運］　交渉などに限らず、会社などで下手に権謀術数を用いるとかえって自分がその落とし穴へ落ち込む危険。住居などは移転しないほうが吉。旅行は控《ひか》えたほうが無難。あまり無謀な志望は止めて適当なところで満足することが大切。何事も人と協調して吉。

四爻

［運命の数と色］　３・８・青

［総体運］　誠実で柔和《にゅうわ》な人ですと地位が上がり、あるいは自分のやっていることでの大なる発展が期待できるとき。人によってはいまやっていることには無理が多く、望みはありませんので、思い切って他のことに転ずるのがよい。人に頼るよりは独力で地道にコツコツと進むことで吉を得ることができましょう。外部に働きかけるよりも内部を大切にして吉。

［愛情運］　求める女性にはライバルが多く、失恋しやすいとき。しかし失恋がバネになって、仕事や勉強に打ち込むことでかえって好結果が得られる暗示。地位のあるなし、容姿など、あまり外見で恋人を追い求めないこと。内面的に気が合う人がいるはずです。

［諸事運］　仕事にしろ交渉にしろ、早めに見切りをつけるのがよい。まごまごしているととんでもない目にあいそう。外に出て遊ぶことは少し控《ひか》えて家でじっくり、読書なり、勉強なりをするほうが吉。風邪《かぜ》、胃腸の障害などの暗示もありますので、注意が肝要。

成功への鍵　道を異にしていても、同じ志を持っている人と素直で正しい心持ちで親しみなさい。

成功への鍵 道を異にしていても、同じ志を持っている人と素直で正しい心持ちで親しみなさい。

五爻

［運命の数と色］　2・7・赤

［総体運］　いろいろと苦労のあった人もそれが解消する運気。目下の人の助けを得て、大きな問題も解決して幸運を得る啓示。現在うまくいかないことも打開の気運が兆《きざ》していますから、積極的に取り組むことでよいほうに向かいます。親しい人と口争いが生じやすい暗示がありますから軽はずみな発言は慎《つつし》むこと。たがいに融通しあってたがいに利益を得る暗示。

［愛情運］　悪い噂《うわさ》のある相手でもつきあってみるといい人のことが多い。グズグズせずに積極的にアプローチするのが恋愛成功の鍵です。イベント、各種行事など進んで参加してみましょう。好いたもの同士は紆余《うよ》曲折《きょくせつ》はあっても話がまとまる暗示があります。

［諸事運］　仕事は押し強く闘い取るつもりで行っていけば目安のつくとき。交渉、訴訟も勝ち目は十分。ただ無用の摩擦を起こしたり、恨みを買わないように気をつける必要あり。親しい人との別離の兆し。火災や眼疾にも注意したほうがよいでしょう。賭《か》け事《ごと》吉。

上爻

［運命の数と色］　4・9・白

［総体運］　古いものを捨て去って新しいことを実行するには最適のとき。ただし、軽率な行動は失敗につながりますので、熟慮《じゅくりょ》してから行動することが肝要ですし、うまくいっている人はこれまでどおりにコツコツと成果を積み上げていくようにするのがよいのです。自分から求めていくよりも、先方から求めてきて、それに応じるほうが好結果を生みそうです。

［愛情運］　自分のほうから積極的にアプローチするよりも、相手からの接触を待って行動するのがベターなとき。無理やり気にそまない人と合わせる必要はなく、自然にふるまうほうがよい。人の大勢いるところを避けてしまう傾向にありますが参加を心がけて吉。

［諸事運］　住居の移転や普請修理などの暗示。交渉などぜひまとめたいならば相手の要求を受け入れてしまうこと。争いに巻き込まれやすい兆《きざ》しが見えますのでご用心。ノンビリしたい気持ちになりがちなとき。賭《か》け事《ごと》、相場などは避けるのが賢明。割れ物に注意。

初爻

〔運命の数と色〕 3・8・青

〔総体運〕 これまで滞《とどこお》ってきたようなことが解決して吉に向かう気運。新たに事を謀《はか》り、物を改めるには適したときです。ただ一攫千金《いっかくせんきん》をねらう夢のようなことをしやすい傾向にありますので、そうしたことは避けるようにしなければなりません。つまらぬ誘惑に乗りやすく、また他より思わぬ迷惑をうけるようなことがありそうなので警戒が必要でしょう。

〔愛情運〕 熱烈な恋愛に陥《おちい》りやすい暗示。もっと冷静な気持ちで相手を見つめることが大切でしょう。プロポーズにあせりは禁物。結果を急ぐと究極のところで掌を返される恐れがあります。人によりこれまでの交際を見直して、新たに恋を捜《さが》したほうが吉との啓示。

〔諸事運〕 旅行などは楽しい結果になりそう。願い事も辛抱《しんぼう》すれば遠からず実現の暗示。うまい話には乗らないほうが賢明。金のあるのに任せて不要なものまで買ってしまいがち。自分の考えを無理に押し通そうとすると周囲の反感を買ったり、人からの非難の恐れ。

二爻

〔運命の数と色〕 2・7・赤

〔総体運〕 努力が報《むく》われて世間に認められたり、大きな仕事をなし遂げたりすることのできる暗示。努め励《はげ》むようにすればますます発展するときなのです。自分の才能を生かす工夫をすれば、どのようなことも成就《じょうじゅ》しそうです。ただむやみにはしゃぎまわり、妄動することは慎《つつし》まなければなりません。重要な役割などもよくこなして功をあげることでしょう。

〔愛情運〕 人から見初《みそ》められる暗示。結婚話などはまとまりやすいときですから進めるとよいでしょう。ただ口舌《こうぜつ》とか絶交などの意もありますから、言葉や行動に気をつける必要があります。婚約、結婚する人は、支度などがとても立派になることが多いでしょう。

〔諸事運〕 社長とか、委員長とか高い地位に抜擢《ばってき》されることが多いときです。交渉、取引などはこちらから積極的に働きかけたほうが成功するとき。文書の不備、火事に注意が必要。宗教的な方面、学術的な方面、文筆方面においていい結果が出ることが多いでしょう。

成功への鍵 悪事を禁止し、善事を押し進め、自らの神性を発揮するようにしなさい。

成功への鍵 悪事を禁止し、善事を押し進め、自らの神性を発揮するようにしなさい。

三爻

[運命の数と色] 4・9・白

[総体運] 運気は盛大でそれが周囲にまで及ぶほどですが、好事《こうじ》魔《ま》多《おお》しとも言いますから、心を引き締めて、調子に乗らないことが大切。公のため、人のためにお金を使うことで、運気が上昇しますが、出すことといえば、自分の舌も出すのが惜しいような態度ですと、他から怨《うら》みや、妬《ねた》みなどを受けて、自分を損《そこ》ない、人をも傷つけることになりそうです。

[愛情運] 三角関係などが生じやすい時期ですから、気をつけることが大切。いい相手と出会えないと感じている人は、自惚《うぬぼ》れが強かったり、あまり理想が高すぎるのではないかと自分を反省してみることも必要。親しい人と相背《そむ》く意が見られますので言葉に注意。

[諸事運] 寄付の依頼や、借金などを申し込まれやすい傾向。欲得から賄賂《わいろ》的なものを送るとあとで災難をこうむる恐れ。取引、交渉などは相手に利を与えることで、のちのち吉を得る暗示。物事の善悪、是非などはみだりに言わないほうが賢明。成績は期待できそう。

四爻

[運命の数と色] 5・10・黄

[総体運] 大きな望みであっても、あせらずにじっくりと取り組んでいけば、整うときです。しかし、あれこれと忌《い》み嫌《きら》い、強気で何かを一気になそうとしますと破綻《はたん》しやすく、物事をやり遂げることはできません。年長者や目上の人の信任を受けて権限を得る兆《きざ》し。人情の機微をわきまえていませんと、ずる賢い人に欺《あざむ》かれて、窮地《きゅうち》に陥《おちい》る暗示があります。

[愛情運] 恋愛運は上昇。恋人とも、初対面の異性などともうまくいくでしょう。ただあまり調子のよいのに安心して、無用なところで際立った行動をし、友人の恋人にまで手を出すようですと、問題を引き起こしやすいから注意が肝要。男女ともに色難にはご用心。

[諸事運] 賄賂《わいろ》を疑われやすい兆し。通常の贈答なども受け取る場合には注意が必要。胃や血に関する病を防ぐようにすること。訴訟、ケンカなどの兆し。避けるように努めて吉。重要な役目や、仕事を命じられても、すべて謙虚に、控《ひか》えめに行動すること。賭《か》け事《ごと》は吉。

五爻

［運命の数と色］　4・9・白

［総体運］　信義に厚い人ですと、多くの人の信頼を得て盛運の暗示。有力な目下の人の助けで、重要な事柄を成就《じょうじゅ》するようなこともありそう。度量なく、才の乏《とぼ》しい人においては、自分にふさわしくないような大望を抱いて、逆境に陥《おちい》る恐れがあります。誠実を主として、まっとうなことをなすのであれば平穏《へいおん》で悔《く》いることはないでしょう。上下の別を明らかにして吉。

［愛情運］　男女のもつれが生じやすいときなので言動には注意。女性は勝気に過ぎないこと。自分の身近に恰好な相手がいても、よりふさわしい相手が少し離れたところにいることが多いときです。あせらずにそうした相手が出てくるのを待つのがよいでしょう。

［諸事運］　仕事も発展し、勉強などもはかどるとき。願望は気持ちを曲げることなく、交際を広めるようにしていけばかなう好暗示。頭痛、眼疾、目まいなどの懸《け》念《ねん》。その身分、地位にかかわらず、後悔しないように事を図《はか》る必要がありそう。成績好調。賭《か》け事《ごと》も運強し。

上爻

［運命の数と色］　3・8・青

［総体運］　いろいろなことが非常に順調で盛運のとき。誠心誠意行えば、思いがけない助けを得て躍進することでしょう。ただし思いあがって勢いのままにふるまうと、凶災がやってくる啓示もありますので注意が肝要。上役とか先輩などの目上の人の助けを得ることが多い暗示。神仏に祈願して吉運を得る啓示。神社やお寺にお参り行くことをお勧《すす》めします。

［愛情運］　現在の交際相手との仲は、幸運の真っただ中。結婚の約束をするならいまがチャンスです。独身者は直接、相手に接近するより、先輩、知人を通したほうがよい結果を得られそう。人の集まる場所、飲み屋などで思いがけなくステキな異性と出会う予感も。

［諸事運］　願い事は、目上の人のおかげでかなう気配があります。志望、就職なども先輩、知人、親の手助けで整う意。紛失物は高いところ、意外なところから発見される暗示。ケンカとか訴訟などは、勝っても失うものが多い暗示がありますから心しましょう。

成功への鍵　**悪事を禁止し、善事を押し進め、自らの神性を発揮するようにしなさい。**

成功への鍵 へりくだって自らを低く、他を高くし、自らを少なくし他に多く与えなさい。

初爻

[運命の数と色] 2・7・赤

[総体運] 思いがけない災難がふりかかる暗示がありますので注意すること。人々の上に立つようなチャンスがあっても、下働きをしているほうが無難です。万事、謙遜にしていることで、災《わざわ》いも吉に変えることができます。ほとんどのことはこれまでやってきたことを着実に継続していくのがよいのです。むやみに急進したり、積極策に転じると破綻《はたん》を招きます。

[愛情運] もてている人は、それを鼻にかけているとひどいしっぺ返しにあいそう。婚姻の話などは少し先に延ばしたほうが無難。あまり急いで相手の気持ちをとらえようとしますと失敗しやすいので慎重に。夫婦や恋人同士だと、たがいに一歩ゆずる気持ちが大切。

[諸事運] 仕事や取引は意外な損失を受けやすいのでご用心。まずは下手に出ることがポイント。親しい人との隔絶の兆《きざ》し。言葉には気をつけること。手足に腫《はれ》物《もの》ができやすい暗示。旅行などはできるだけ避けるのが賢明。学問をする人にはいいことがありそう。

二爻

[運命の数と色] 3・8・青

[総体運] 目上の人の引き立てを受けて幸運に向かうとき。誠実にやってきており、慎《つつし》み深い人は、身を立てたり、発展が望めるとき。目上の人の言に従って行動することで吉運が将来しそう。自分のことだけを考えて妄動する人は、意外な妨げが生じたり、人にまどわされる危険があります。多少むかつくようなことがあっても短慮を戒《いまし》めることが吉運を保持する鍵です。

[愛情運] いい縁が生じやすいときですからチャンスを逃さないようにすること。ただし、グループ交際などで、人を押しのけて先駆けの功名をねらったり、自分だけがいい思いをしようとなどすると失敗しやすい。二人の関係がより深いものになっていく暗示。

[諸事運] 取引も仕事も好調の波に乗っていく端緒を得れそう。ただみだりに分外のことには手を出さぬ心がけが肝要。病難、とくに風邪《かぜ》、足痛に注意。住居の移転を考えている人には、自ずから適当な情報が入りそう。人に先立たず、付き従って好結果を得る啓示。

三爻

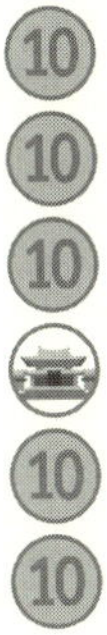

【運命の数と色】　5・10・黄

【総体運】　物事が遅々《ちち》として進展せず、心の中にいろいろと迷いが多いときです。しかし、慢心を捨て、小知小才を誇らず、へりくだって真心をもって万事を行うならば、何事もかなうのとの暗示もあります。何をなすにしても困難辛苦《こんなんしんく》は覚悟しなければなりませんが、それはやるだけの価値のある苦労ですから、最後まで貫《つらぬ》き通す辛抱《しんぼう》と努力が肝心です。

【愛情運】　男性は女性関係で問題を起こしやすい傾向にありますので注意。女性は家庭の問題で婚期を遅らせていることがあります。恋する相手がいるのなら、その人との仲が発展することはあなたにとってプラスとなることなのですからあきらめず頑張ること。

【諸事運】　仕事や勉強など、遅々として進まない感じがして、放《ほう》り出したい思いもするときですが、根気よく努力すれば、好ましい成果をあげることができそう。水難にあいやすいので注意。自分で事業を始めて成功する暗示。人の苦労を引き受けてしまうことあり。

四爻

【運命の数と色】　3・8・青

【総体運】　自分を控《ひか》えて、他の人を押し出すことでいい結果が生じるとき。自分の力を過信せずに、他の人の意見や才能をうまく用いるようにするとよいのです。重要な役などを勧《すす》められても、できれば自分は辞退して他の人を押すようにしたほうがあとあと吉祥《きっしょう》を得やすいでしょう。中途に障《さわ》りを生じやすいときですが、誠実であれば大きな悔《く》いはありません。

【愛情運】　異性を自分にだけ惹《ひ》きつけようとしないで、他の人のよさを褒《ほ》め、人にゆずるくらいの態度がこれから先の恋愛運を高めます。アプローチした場合に本命の相手ではなく、その友達のほうから気に入られてしまうようなこと起きがち。仲立ちを頼むのは凶。

【諸事運】　取引、仕事ともに新しいことに着手しないほうがよさそう。勉強などは、家庭教師とか、よく分かった友人などを頼んで吉。親しい人と争論の兆《きざ》しが見えますから、言葉づかいなどには注意すること。盗難、水難にもご用心。謙虚にすることで難を逃れます。

成功への鍵　へりくだって自らを低く、他を高くし、自らを少なくし他に多く与えなさい。

成功への鍵 へりくだって自らを低く、他を高くし、自らを少なくし他に多く与えなさい。

五爻

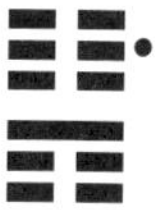

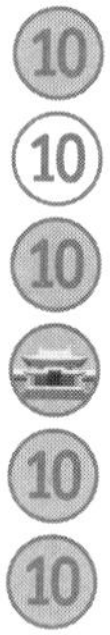

[運命の数と色] 1・6・黒

[総体運] すべてにおいて難しい問題を抱え、悩み苦しみが多い暗示。積極的に進むには基礎がしっかりしていないし、消極的では他から侮《あなど》られて衰退する運気。危なそうなことには決して手を出さないことが大切。よく自分を省《かえり》みて、温和で従順な態度でいることが肝心。へりくだって人の下にいるように心がけるときは、人の助けを得て吉祥《きっしょう》の運気をつかむことができそう。

[愛情運] もてている人は、それを鼻にかけないことが肝心。さもないと苦しい立場に追いやられそう。異性の交際相手がいない人は、自分で捜《さが》そうとせず、友人とか、先輩などに相談して、その助けを借りると吉。夫婦、恋人の間では、相手を立てることが吉への鍵。

[諸事運] 仕事、取引、勉強などは大きな成果を求めるよりも、まず自分の土台整備が大切。願い事は順調にかないそうもありません。かなっても大きな損失を伴いそう。腰、肩、背中などに痛みを生じやすい兆《きざ》し。人の助けがあれば海外などに行くことは吉。

上爻

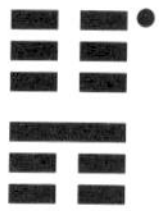

[運命の数と色] 5・10・黄

[総体運] 何事も進んで行う時期ではありません。よく情勢を判断して、好機を見逃さず、そのときに事を謀《はか》るべきときなのです。人によっては万事において妨げがあって、動こうとしても動けない状態に陥りやすいときです。辛抱《しんぼう》強く時の至るのを待って進退をなすことが大切。他から疑惑を受けやすいときでもありますから、そうならないように用心すること。

[愛情運] こちらから働きかけてもなかなか振り向いてもらえない暗示。また裏にあって妨害しようとする人などがいて、なかなかうまくいかない兆《きざ》しが見られます。急がずに好機のくるのを待つべきときなのです。二人の間に、浮気の暗示が見られますので注意。

[諸事運] 新しく仕事は始めるようなことは控《ひか》えたほうが賢明。勉強などはこれまでやってきたことを継続して吉。取引、交渉などは積極的に進めないほうがいいのですが、やむを得なければ、目上の人とか、実力ある人の助けを借りること。移転はしないほうが無難。

75 雷《らい》地《ち》予《よ》 初爻・二爻

初爻

[運命の数と色] 3・8・青

[総体運] 地の底に潜《ひそ》んでいた陽気が、表に出て振るい動く暗示。これまで不運に泣いていたような人でも徐々に幸運が近づいてくる喜びの卦ですが、現在は自分の実力以上のことをなし遂げようとして、かえって失敗の兆《きざ》しが見られます。時期を待ち、道理にかなった行動をすることによってこそ、運は開けるのです。たいがいのことは慎《つつし》んで退き守るようにして吉。

[愛情運] 二人だけの恋の喜びに酔《よ》っていると、思わぬ破綻《はたん》が訪れる兆し。独身の女性は、年上の人に愛されて一時は幸福になる暗示がありますが、いずれにしろ秘密、脱線などの傾向がみられますので、交際するにあたっては十分に注意が肝心。婚約などは避けて吉。

[諸事運] 虎《とら》の威《い》を借る狐《きつね》のように、親や目上の人の威を借りて勝手気ままに行動していると、シッペ返しをくらう兆しがあります。人混みや乗り物の中で盗難の暗示。人の面倒をみるのもけっこうですが、自分の本分を忘れないように心がけましょう。

二爻

[運命の数と色] 1・6・黒

[総体運] 運気が隆昌《りゅうしょう》に向かうとき。確固とした自分の信念をもって機敏に進退すれば必ず幸運をつかめるのです。ただしいまの時期は機会をとらえて進出するというよりは、どちらかといえば自分や周囲の破れをすみやかに発見して災難を防ぐという消極的なことが多いようです。嘘《うそ》や偽《いつわ》りが多かったり、怠《おこた》る気持ちがあるようですとせっかくの幸運も消える懸念《けねん》。

[愛情運] 趣味の集まりや、仕事先などで恋が生まれそうな予感。ただ甘美な生活に浸《ひた》ってばかりいますと後悔の憂《うれ》いがありそうなので、あまり溺《おぼ》れきってしまわず、自分というものを大切にすることが必要。人によると別れの暗示も見られますので要注意。

[諸事運] 計画はあせって実行しないこと。満を持してチャンスを待つ余裕が肝要。交渉、取引などは、いまは進めないほうが賢明。進めると物別れになりそう。酒、料理などをふるまって、先輩や上役などに取り入ろうなどとしてもかえって悪い結果になりがち。

成功への鍵 遊び楽しむことはよくわきまえて程々にし、先祖を祭りなさい。

成功への鍵　遊び楽しむことはよくわきまえて程々にし、先祖を祭りなさい。

三爻

［運命の数と色］　5・10・黄

［総体運］　何事も進むに利あらず退くに吉という啓示。身分不相応のことを望んだり、実力以上のことを望みすぎると失敗する兆《きざ》し。上ばかりを見て足元を見ていないためにぬかるみに足を取られて恥《は》ずかしい思いをすることが多いのです。十分に自分の実力を磨《みが》く努力をせずに、遊び呆《ほう》けているようですとあとで大きな後悔をすることになりそうな気配です。

［愛情運］　せっかく恋愛関係に陥《おちい》っても、急に心変わりしてしまう暗示。婚姻などは自分の理想が高すぎてなかなかまとまらない傾向。少し自分の身の程も考えて出直すこと。親しくしていた人と隔《へだ》たりが生じる憂《うれ》い。自分の誠意が足りないことが相手に見破られそう。

［諸事運］　仕事にしろ勉強にしろ、手を広げすぎの傾向。また現在の方針が少し誤っているために困難に陥りそうな予感。方針を改め、すこし範囲を縮小して堅実に進むことが開運のポイント。交渉、取引なども目標が的外れの傾向。遊びすぎの恐れ。すこし節制を。

四爻

［運命の数と色］　5・10・黄

［総体運］　信用を得て、大いに発展し、ことをなし遂げることのできるとき。頼りにされ、人以上のことをしなければなりませんが、それだけやりがいもあり、その実力もあるのですから、勇気をふるってひたすら進むことが大切です。目上の人を軽んじたり、私欲にとらわれると災《わざわ》いを招きやすいので注意が必要。最後まで意志を貫徹することが重要です。

［愛情運］　これはと思う相手がたくさんいすぎてかえって迷ってしまう暗示があります。世間の噂《うわさ》を気にしすぎると二人の仲はあまり進展しそうにありません。遊びや集まりなどであなたが目立ちそうな予感。うまく場を盛りあげることで好感度がアップしそうです。

［諸事運］　仕事は苦労すれば苦労しただけの成果があがるときですから、努力すること。これは学問についても同じことです。取引、交渉は方針を変えずに押し進めていくことで成功しそう。転業とか転職などは避けるのが賢明。成績は期待できますし、勝負運も吉。

五爻

[運命の数と色]　4・9・白

[総体運]　自分の思いどおりにならないのがかえってよいという変わった啓示です。何事も計画どおりには実行できず、自分の意見も通りにくいのですが、それが消極的な平安をもたらします。無理押しは大失敗につながるとき。神社やお寺への参拝、先祖供養などが不運を避ける、と卦は示しています。自分の先生とか友人を頼って事をはかって吉。

[愛情運]　男性にしろ女性にしろ、快楽に夢中になって身を破る、という卦。心あたりのある人は自重すること。また婚姻も、悪い評判、連れ子、小姑《こじゅうと》といったものが障害になって、うまく運ばない恐れがあります。デートにも支障が出そうなので要注意です。

[諸事運]　多くの人が集まったり、酒食の喜びがありそうな運気。ただし、暴飲暴食によって健康を損《そこ》なう気配もあるので気をつけるようにしてください。給料アップ、家業繁栄の兆《きざ》しがあります。お金が予想外に入りますが、盗難の暗示があるので注意すること。

上爻

[運命の数と色]　2・7・赤

[総体運]　意外な役替えや昇進などがある暗示。その人の正、不正によって吉凶に大きく違いが出るときです。正しい行いをしてきた人は、吉利を得ることができるはずです。華美を好み、不正なことに携《たずさ》わってきた人は用心しませんと悲哀の兆《きざ》し。また自分の好むところに惑溺《わくでき》して破滅に陥《おちい》る啓示がありますから、早く気がついて改める必要がありそう。

[愛情運]　年齢を考えずに若い女性に溺《おぼ》れたり、家庭をないがしろにしてしまう恐れ。この時期に出会う、橋田とか梨香とか木の字のついた人は多情な人が多く、自分が消耗してしまう懸念《けねん》。突然、思いもかけない人から好意の言葉や態度を示されそうなよい予感。

[諸事運]　趣味などにふけりがちですが、周囲の状況をよく判断して適度なところで抑《おさ》えるのが賢明。仕事や交渉は従来の行きがかりを捨て新たに策をこうじることが大切。転業、転宅など積極的に進めて吉。回復のかんばしくない病は医者を変えて好転することあり。

成功への鍵　遊び楽しむことはよくわきまえて程々にし、先祖を祭りなさい。

成功への鍵 まわりの人の考えが自分と違っても、静かに従って機の熟するときを待つように。

初爻

[運命の数と色] 5・10・黄

[総体運] 変化変動の多い気運。その変化にうまく乗っていくことで繁栄成功が約束されそう。人と積極的に交わるように心がけるのがよく、内に籠《こ》もりがちな人はせっかくのチャンスを失いがち。自分が率先して動くというのではなく、運気などが強い人の後についていくという方針のほうがベター。古い体制にしがみついているよりも新しい体制に従って吉。

[愛情運] 旅先などで意外な出会いがあります。男女のグループでの行動などに参加して、親しみを込めて対応されたり、好ましい相手を得るようなこともありそう。これまで深い関係にあった人は、二人の間に変化が生じやすい兆《きざ》しがあるので注意すること。

[諸事運] 会社や、グループ内などで方針が一転するようなことがありそう。内輪の人事などは刷新《さっしん》すべき絶好のチャンス。手ずるや援助者がないと、新事態に処していくのが難しい懸念《けねん》。交渉は新たな方策を考えるようにして吉。絶交していた人と仲直りの予感。

二爻

[運命の数と色] 4・9・白

[総体運] 万事に喜びの兆《きざ》しが見られます。目的のものが二つあり、どちらもよく見えるために迷うときですが、多くは身近なものに魅かれて、より大きなものを捨てることになりそう。また目前の利にまどわされて、永遠の大事を失いがちなときですから注意が肝要。年の若い急進派の人であれば用いられ、年取った自重派の人ですとあまり用いられない気運。

[愛情運] 自分としっくりあった相手でなく、他の相手と義理でつきあう羽目になりがち。女性ですと好ましい相手が二人現れると、人物的にしっかりした人よりも、若いチャラチャラした人を選んでしまう傾向。飲食の暗示があるので、好きな相手を食事に誘《さそ》って吉。

[諸事運] 家庭に人が増える暗示。口論をしやすい傾向。金属や石などで足を痛める危惧《きぐ》。口を慎《つつし》み、歩行などに注意。小人物は遠ざけ、大人物に接するように心がけて吉運を得る暗示。二兎《にと》を追うものは一兎《いっと》をも得ずということわざを思い出す必要がありそう。

三爻

【運命の数と色】 2・7・赤

【総体運】 どのようなことでも、熱心に願ってそれなりの行動をすればかなう運気。目の前にある小さな利益よりも、大局に立って将来の大きな利益を大切にするのがよいとき。むやみやたらに妄進《もうしん》することなく、目上の人に従うのが吉。物事が一新し、改まるようなこともありそう。万事誠意をもって動けば、相手も喜んで同調し、助けてくれるとの啓示。

【愛情運】 思い切って行動すればよい結果が期待できそう。どちらを選ぶかで迷うようなことがありそう。これまでの関係に拘泥《こうでい》せずに、より理想の相手を選ぶのが吉。目上の人とか、先輩などに間に立ってもらうのもいいでしょう。マンネリを解消することも大切。

【諸事運】 目的が二つあって迷うときには、その長短を比較して、苦労はあってもよいほうを選ぶのが吉との啓示。悪友とは縁を切って、いい友達を選ぶのが賢明。家の中を修理したり、新たな仕事や取引に着手することがありそう。長引く病は医者や薬を変えて吉。

四爻

【運命の数と色】 1・6・黒

【総体運】 求めなくてもさまざまなものが集まってくる運気。必要なもの、欲しいと思う人材、知りたい情報などが、積極的に働きかけなくても自然と集まってくるのです。とはいえ、ともすれば、あなたが徒党を組んで何かをしでかそうとしているなどと誤解されることもありますから、言動には注意すること。人の道にもとるようなことを考えますと凶。

【愛情運】 なんとなくもてるとき。友人のために交渉に行ったら、あなたが気に入られてしまったり、家族の見合いで自分が求められたりするようなことが起きがち。あなたのせいではないのに、あなたが他人の恋人を奪ったなどと誤解が生じることもあるのでご用心。

【諸事運】 本や骨董など自分が探していたものを見つけることができたり、人からゆずってもらえるとき。目上の人から、疑いの目で見られやすいときですから、その誤解を解くように注意すること。油断をすると初めの喜びが憂《うれ》いになることもあるので警戒が必要。

成功への鍵 まわりの人の考えが自分と違っても、静かに従って機の熟するときを待つように。

成功への鍵 まわりの人の考えが自分と違っても、静かに従って機の熟するときを待つように。

五爻

[運命の数と色] 3・8・青

[総体運] 多くの人から信頼を受けやすい暗示。誠の心をもって人に接するようにしていけば万事が成就《じょうじゅ》する気運にあります。人を疑いの目で見ていますと自分も疑いの目で見られて、何事もうまくいきません。目の前の利に心を動かされて、よく物事を見きわめずに軽率に行動するとかえって災《わざわ》いを招くことになります。目に見て手にはとりがたい状況に陥《おちい》る人も。

[愛情運] おたがいが手を取り合ってやっていくにはよさそうな気運。思い切って結婚とか婚約を決めるのは吉。人によっては気に入った相手がいてもその相手を自分のものにするのが難しそうな暗示。いますぐと急がずに次のチャンスに備えて準備して吉。

[諸事運] 会社では上役などの信頼を得て重大な仕事を任せられそうな兆《きざ》し。有力な先輩の援助を得られそう。取引や交渉などは話し合ってやっていくのに好都合な相手にめぐりあう兆し。病難の恐れ。精神に変調が起きたり、病気の人などは病状が大きく変化しそう。

上爻

[運命の数と色] 4・9・白

[総体運] 周囲の人があなたを助け動いてくれる好暗示。人により義理や人情に縛《しば》られて、自分のなしたいと思うことを自由にできないとき。万事誠意をもって行えば吉ですが、勢いに乗じて事を行おうとみだりに進むと災《わざわ》いをこうむる恐れ。かたくなに一つのことに固執《こしつ》すると思わぬ不運にあいそう。ややもすると成り行きに任せるしかない状況に追い込まれがち。

[愛情運] その気ではないのに成り行きから、さほど好きでもない人とつきあったり、結婚までしてしまう気運。あなたに奴隷のようにかしづいてくれるような人が出てきたり、逆に自分がかしづくようなことに。相手の自由を縛ったり、自分も縛られたりしがち。

[諸事運] 神仏や祖先を拝することで災難を逃れたり、幸運を引き寄せることができそう。用心しないと目上の人から咎《とが》めを受ける暗示。金銭的な損失を受けそうなので注意すること。新たな仕事には手を出さないことが賢明。不正の人は凶運に向かう兆《きざ》し。

初爻

[運命の数と色] 4・9・白

[総体運] 誠意ある行動をし、親に孝行したり、年上の人に従うことが大切なときです。守れば幸運招来しますが、反すれば凶災ある暗示です。思慮の浅い行動は禁物。前任者に過《あやま》ちがあれば、よく原因を分析して改めるよう努力すべきときです。何事もあまりに強引に押し進めようとしますと運気を損《そこ》なう暗示があります。人と和して進めるように努力して吉。

[愛情運] いまの時期に出会う人は、すでに異性がいたり、秘密めいた人が多いでしょう。深入りするのは禁物です。上司や父親が勧《すす》めてくれる相手は、再縁ならば吉。若い男性は、年上の女性からの誘惑がありそうな気配。マンネリの関係は精算して吉。

[諸事運] 釘《くぎ》や石で足を傷つける兆《きざ》しがあるので注意が必要です。口争い、ケンカの暗示。これまで損失でしかなかったことを利益を生じるようにもっていける気配。勉強は、先生や先輩の意見を聞いて吉。何事も、原因は外ではなく内の腐敗にあることが多いでしょう。

二爻

[運命の数と色] 5・10・黄

[総体運] 改革にあたって急いでは失敗しやすいとき。目上の人が頑迷《がんめい》でそれを直すのに苦労するとか、内部の腐敗が徐々に表に出てきて、手を束《つか》ねてぼんやりするようなことも起きそう。自分の計画が実現しそうでなかなかに実現困難なとき。むしろ少し後に引くようにして、誰に対しても温かみ、柔らかな態度で接するようにして、少しずつ好転するとき。

[愛情運] 性急に行動するとうまくいかない暗示。関係悪化の原因は自分にありそう。自分の相手に対する態度を反省して、もう少し時期を待つこと。いま出会う女性は自分の母親とうまくいかないことも多い。夫や子のいる女性が異性問題を起こしやすい危惧《きぐ》。

[諸事運] 仕事は内輪だけでも間に合うように少しずつ整理する方針がベター。遠方への旅行などは控《ひか》えるようにしたほうがよい。外部よりも内部に問題があることが多いから注意すること。勉強にしろ仕事にしろ急がずにじっくりとやり方を変えていくのが賢明。

成功への鍵 さまざまな事件がもちあがろうと、規律を正し、ほつれがあればほつれを直しなさい。

成功への鍵 さまざまな事件がもちあがろうと、規律を正し、ほつれがあればほつれを直しなさい。

三爻

[運命の数と色] 1・6・黒

[総体運] 何をやるにしても自分の考えを押し通そうとしてはダメ。いまは謙虚に周囲の人の意見を取り入れていくことでよい結果が期待できるのです。人に先んじて進むよりは、人の後からついていくようにするほうが現在はよい。あれこれ不満が生じそうですが、それを忍び耐えることで吉運に。ただし、しっかりとした信念があれば熟慮《じゅくりょ》し断行することも吉。

[愛情運] 新しい酒は新しい革袋にと言いますが、新しい恋愛をする前には、古い関係を断ち切っておかないとあとあと問題を生じそう。友人や目上の人の恋人を自分が引き継ぐことになりそうな予感。言い寄る人がいてもこちらが冷静過ぎてうまくいかない暗示。

[諸事運] 取引はこれまでの貸借を清算しなければならない兆《きざ》し。勉強などはこれまで怠けていた人はよほど頑張らなければその付けがあとでまわってきそう。疲れがどっと出やすい暗示があるので身体に気をつけること。気力を充実させ、努力するようにして吉。

四爻

[運命の数と色] 2・7・赤

[総体運] 物事が改まる意。改めて吉となることが多いでしょう。ただし、私利私欲で改めると必ず災《わざわ》いがあります。また、自分の実力以上の無理な変革は身を破り、財を損じて不名誉を負う危険が大です。あせらず、自重《じちょう》して好機を待つことも選択のひとつ。正義を行うべきときに優柔不断で軟弱な姿勢をとり続けるような人ですと、大きな災いが降りかかりそう。

[愛情運] 余暇ができたと、自由な時間に家でごろごろしているようではダメ。既婚者は、積極的に旅行や映画に行けば、二人の間に新鮮な愛情がよみがえるはずです。独身の人も、多くの人の集まる健全なところに出かけることで恋愛運が向上します。

[諸事運] 仕事や取引は、下手に動くと損害大。家は建て直すより、思い切って転居したほうが吉。火難の兆《きざ》し。火元には注意すること。貸し金の回収は難しいとき。ギャンブルは控《ひか》えて吉。奮起して勉強しないと成績下降の懸念《けねん》がありますから心してください。

山《さん》風《ぷう》蠱《こ》 五爻・上爻

五爻

【運命の数と色】 3・8・青

【総体運】 これまで問題があった人もそれが解消して盛運に向かうとき。自分の立てた方針がことごとく時期に適して進退ともに利がある気運。旧弊《きゅうへい》を一掃して生き生きとした気分になれる暗示。親交ある人と協力したり、また部下の助力によってよいほうに展開する吉兆。いまこそ、先人が残した破れをうまくつくろい、清新の気を入れることのできる好機なのです。

【愛情運】 これまでごたごたしていた男女関係を清算する機会が到来のとき。自分の似合《にあ》いの人との出会いがあり、交際が始まりそうな暗示。中年の人などは結婚の好機。なかなか進展しなかった関係を発展させるチャンスのとき。積極的にアプローチしてみよう。

【諸事運】 遠方への旅行なども無事に終わりそう。住居の移転などは自分の意思を貫《つらぬ》こうとせず人の意見に従って吉。願い事はすぐには成就《じょうじゅ》しませんが、最後には整う暗示。進まなかった交渉に目鼻のつくとき。遺産とか地盤が譲渡される暗示。友好を取り戻す兆《きざ》し。

上爻

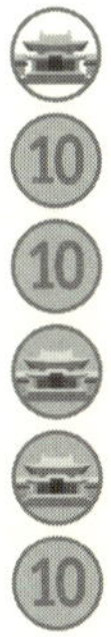

【運命の数と色】 5・10・黄

【総体運】 自分の力量をわきまえて、みだりに事をなすことを慎《つつし》むようにすれば、あとあと幸運が舞い込む気運。とはいえ、徳のある人の招きに応じず、一人孤高を守るようですと必ず危《あや》ういことになりそう。他人の言を取り入れず、自分だけの考えで世に処するときは万事成就《じょうじゅ》しがたいでしょう。温和で誠実であろうと心がける人は昇進発達がありそう。

【愛情運】 あまり男女関係に関して潔癖《けっぺき》になり過ぎるのも考えもの。もう少し気楽に異性とつきあう気持ちがいまは大切です。こちらが優柔不断ですと、せっかくあなたに好意を持っていた相手も態度を変えてしまいます。新たに出会う相手は奔放《ほんぽう》な人が多いときです。

【諸事運】 郷里に帰りたくなったり、何もかも投げ出したくなりがち。仕事にしろ、勉強にしろ、一段落するときですから、少しそれを忘れて遊ぶことも必要かもしれません。高い所から落ちやすい暗示。女性は髪飾りとか、イヤリングなどをなくしやすいので注意。

成功への鍵 さまざまな事件がもちあがろうと、規律を正し、ほつれがあればほつれを直しなさい。

成功への鍵 もし何らかの理由で相手を責めたいときでも、教えさとし助けるようにしなさい。

初爻

[運命の数と色] 1・6・黒

[総体運] 運気が次第に上昇。他の人々と力を合わせて進んでいくのがよいとき。一人だけで進むのは、時の運を知らないものであり、いい結果は得られません。人とつい争いを起こしやすいのですが、争えば破れることが多いときですから、和を大事にすることが大切。どう進むか迷いやすいときですが、二兎《にと》を追うものは一兎《いっと》をも得ずという格言を忘れないこと。

[愛情運] 結婚の話がいくつも出たり、二人の異性のどちらを選ぶか、迷ってしまうようなことがありそう。考えても自分で結論が出ないならば、目上の人の意見に従って吉。異性とのつきあいが苦手な人は、グループなどでの交際がいい結果をもたらしそうな予感。

[諸事運] 勉強などは友人と一緒《いっしょ》にすることで効果の上がるとき。いったん成就《じょうじゅ》したことが、すぐに破れやすい傾向にありますから気をつけること。取引、交渉など積極的に働きかけていくのが吉。集まりなどを中心になって仕切ることも多い。交通事故などに注意。

二爻

[運命の数と色] 3・8・青

[総体運] 陽気が伸び進んでいくという意ですから、何事も順調に進みそう。目上の人の引き立てがあります。多少もたついても願望は成就《じょうじゅ》し、幸運が到来することでしょう。ただ、陽が極まればまた必ず陰となるように、後日の衰運に備え、大地が沢の水を入れて極まりないのと同じように、よく人と和し、円満第一に陰徳《いんとく》を積んでおくことを心がけるべきです。

[愛情運] 恋人との愛情は深まっていきそう。婚姻などもじっくりと進めていけば、相手も動かされて話はまとまる予感。見合い話などは吉。街中を足で歩くという卦でもありますから、積極的に外へ出ていって恋愛のチャンスをつかみましょう。

[諸事運] 環境が落ち着かずあわただしくとも、理にかなった方法でやっていけば、学業、仕事など順調に進みます。希望もかないます。勝負運なども強いときで、賭《か》け事《ごと》をするならいまでしょう。ただし、調子に乗りすぎると最後に大負けの兆《きざ》し。引き際が大切です。

三爻

［運命の数と色］ 4・9・白

［総体運］ 万事 滞《とどこお》りなく進み、幸運が舞い込む運気。とはいえ、人と相和することなく、物事を甘《あま》くみるようですと失敗する兆《きざ》しもありますので注意が必要。何事をなすにも慎重にし、人を包容する気持ちが大切なとき。不運な人も、自己を省《かえり》みて、口先だけで実行せず、また傲慢《ごうまん》であったような人は、それに気づけば、改めることで運気は上昇するはずです。

［愛情運］ 結婚式、学園祭など人の集まるところで、男女ともにこれはという異性に出会いそうな好暗示。ただ妻子ある人など自分にふさわしくない人とつきあいやすい暗示があるので心しなければなりません。打算的につきあおうとしますとあとで後悔することに。

［諸事運］ 自分の企画に新しいアイデアを盛り込もうとする意欲はよいのですが、よほど慎重に実行しないと失敗しやすいとき。人から持ちかけられるうまい話は裏のあることが多いので警戒が必要。交渉は実力者の手を借りて行えば吉。人より何かを引き継ぐ暗示。

四爻

［運命の数と色］ 3・8・青

［総体運］ 万事、中途で滞《とどこお》りがあって、なかなか結果を出しづらい兆《きざ》し。やれば成功すること疑いなしということが、目上の人の反対で実行できないことなどがありそう。自ら事にあたるよりも、目下の人などにやらせたほうが功を奏することが多い。短気や軽率な行動は慎《つつし》んで、温和、また従順な態度で周囲に接していくように心がけることで難を逃れます。

［愛情運］ 男の場合は、年上の女性、あるいは目上の女性と関係が生じる暗示。女性の場合は年下、あるいは目下の男性にのめり込みそうな気配。男女共に情欲のために災《わざわ》いをこうむる啓示がありますので慎むことが肝心。婚姻の話などはまとまりやすいとき。

［諸事運］ 仕事、交渉などは、自分がやるよりも部下がいればそちらにやるせるほうが好結果。思いがけない行き違いなどがあって損失を受けやすいので十分にチェックすること。親しい人と絶交する意がありますので、気をつけること。腹部の病気に注意が肝心。

成功への鍵 もし何らかの理由で相手を責めたいときでも、教えさとし助けるようにしなさい。

成功への鍵 もし何らかの理由で相手を責めたいときでも、教えさとし助けるようにしなさい。

五爻

［運命の数と色］ 1・6・黒

［総体運］ 万事、盛大に赴《おもむ》く兆《きざ》し。自分は表面に出ず、目下の人や部下を表に立たせて何かすることで意外な成果をあげることができる気運。いっぺんに大きな成功を目指さず、一段ずつ積み上げていくつもりのほうがよい時期。上の人から大事なことを託されるようなこともありそう。ただし自分の実力以上のこと、分外のことに手を出すとのちに憂《うれ》いの恐れ。

［愛情運］ じっくりと口説いていけばうまくいきそうな暗示。パーティーなどには相手が興味をもちそうな話題とか余興などを用意しておこう。時には後輩とか、友人などに恋のキューピッド役を頼むことでよい結果を期待できそう。デートは支障が起きやすいので注意。

［諸事運］ 勉強、仕事など、一足飛びをねらわず、徐々に成果を得るように心がけて吉。由緒《ゆいしょ》あるようなところに出かける暗示。関節や骨などに痛みが生じる危惧《きぐ》。心あたりのある人は用心が肝心。いまなすべき自分の本分を尽くすことでのちのち喜びを得ることでしょう。

上爻

［運命の数と色］ 5・10・黄

［総体運］ 運気は盛大で、万事誠実に実行していれば、よいことが続きそう。できれば倹約《けんやく》をモットーとして、人の言うことは素直に聞くのがよい。人から敬遠されるようなことが起きても、腹を立てたり、消沈せずに、自分の目標に向かって、しっかりと進んでいけば、必ず幸運の女神が微笑《ほほえ》んでくれるときなのです。外に働きかけるより内を整えて吉。

［愛情運］ たがいに相手を待ち望む暗示があります。よくよくまわりを見渡せば、これまで縁がなかったような人にもよい相手が見つかりそう。何度もアタックしてもものにならなかった相手はしばらく声をかけずに時期を待つほうが吉。つきあっている相手には誠実に。

［諸事運］ 無理やりに願い事をかなえようとすると悔《く》いを生じそう。取引、商売などは人情を忘れず、誠実に対応していると利を得るでしょう。東北方面への旅行は吉運を招きます。人を救うためにお金を費《つい》やすことなどがあります。外だけではなく内をよく見ること。

初爻

［運命の数と色］　3・8・青

［総体運］　日常的なことにおいてはだいたい吉運のとき。しかし大きな問題に着手などすると手痛い目にあいそうな暗示。自分で大丈夫であると判断したことが見当外れになることが多いので、他の知慮ある人の意見を参考にすることが道を誤らないポイント。なまじ精神的なもの、大利を求めようとするよりも、目の前の小さな利益を追求するほうがいまは賢明。

［愛情運］　気持ちのフィットする異性に出会いそうな予感。飲み会や人の集まるところでも周囲の注意を集めそうな気配。誰とでもつきあってみるというのではなく、よく相手を見定めてから交際するようにすることが必要。見合いの話なども受けて吉。不倫に注意。

［諸事運］　交渉などは浅知恵を働かすと裏をかかれて失敗しやすい暗示。移転などをすることは吉。旅行はいろいろな名所などを歩いて見聞を広めるつもりだと吉。勉強にも仕事にも趣味にも心が分散して一つのことに集中できないときですが、それはそれで結果は吉。

二爻

［運命の数と色］　1・6・黒

［総体運］　小さなこと、内的なことにはいいのですが、大きなこと、外的なことに関してはかんばしくない暗示。目先がきかず、一部のことしか見なくて、失敗しやすい気運にありますので、大局を見て行動することが大切。新しいことに取り組んだり、大きなことに手出しをしないことが肝要で、軽率に進みますと取り返しのつかないことになりそう。

［愛情運］　二人だけの世界に入り込んで、周囲の目を意識しない傾向になりがち。あるいは他にもっといい人がいるのに、目の前の人しか見えずにアプローチしがちなとき。お見合いの話などは、たとえしてもまとまらないことが多い。夫婦仲は平穏無事《へいおんぶじ》。

［諸事運］　仕事は大局を見てなすこと。さもないと見込み違いで損害を受けそう。勉強なども、小さなことを一つ一つ覚えるというのではなく、大きな流れ、根本法則といったものをつかむようにして吉。取引、交渉はふいに障害が生じがち。食中毒とか風邪《かぜ》に注意。

成功への鍵　事件に接したら、人をよく見、その背後に働いている真実を見きわめるようにすること。

成功への鍵　事件に接したら、人をよく見、その背後に働いている真実を見きわめるようにすること。

三爻

[運命の数と色]　5・10・黄

[総体運]　何をなすにしろ、そのちょうどよい時期を間違えず、徐々に進めとの啓示、大きな利を得ることができます。ただし性急に成果を求めるとようですと元の木阿弥《もくあみ》になりかねない恐れ。独力で事をなし遂げようとする気迫《きはく》が大切です。人をあてにすると失敗する不安があります。新規事業は方針を十分に検討する必要があります。分相応に止まって吉。

[愛情運]　これまで素敵なパートナーのいなかった人も、その気で努力すれば、一生の伴侶になりそうな人に出会える暗示があります。旅行、サークル、飲み会など積極的に参加するのがよいでしょう。あこがれだけで選ばず、堅実な相手を選ぶようにして吉。

[諸事運]　仕事、取引、交渉などに限らず、研究、勉強なども着実に進めていって吉です。望み事は、かなう吉兆。自分を省《かえり》みず、功をなそうと騒ぎ進むと、うまくいきません。旅行などは楽しい思い出ができる予感があります。腰や胃の病気に注意してください。

四爻

[運命の数と色]　4・9・白

[総体運]　目上の人からの引き立てなどもあり、どこに行っても厚遇される幸運の兆《きざ》し。ただ周囲の状況をよく観察して行動すべきときで、何事も人の家にお客に行っているつもりで、事を荒立てないようにして治める気持ちが重要です。表面凶に見えて吉があり、一見吉に見えて裏面に凶を含むこともありますので、うわべだけでの判断は禁物です。

[愛情運]　チャンス到来。集まりなどでは他の人よりもあなたの存在が目立ちそう。服装やルックスだけで判断して交際を始めるとあとで後悔する懸念《けねん》。心の眼をよく開いて相手を観察することが大切。二人の仲に寒風が吹く暗示がありますので慎《つつし》むことが肝要。

[諸事運]　交渉、相談などはうまくまとまるのですが、ほとんど実益はなさそう。新しい企画などは初めは順調に進むようにみえますが、あとで暗い影を投げかける恐れ。結婚式、コンパなど何かの招待などは応じて吉。移転や旅行などは見合わせたほうが吉。

五爻

［運命の数と色］ 5・10・黄

［総体運］ 自分がいままでしてきたことの結果が善悪にかかわらず現れてくる啓示。部下とか後輩、目下の人の態度を見て自分の反省の糧《かて》にすべきときです。責任ある立場に立たされますが、少しでも気を抜くと大事に至る恐れがありますので自分の周囲に十分に気を配ることが肝心。人には誠意をもって接し、何事も誠実に行うことが開運のポイントとなります。

［愛情運］ 二人の仲がうわさになりそう。自分が受け入れるつもりでも相手がはっきりしない。逆に相手は積極的にきているのに自分がはっきりしない。自分の気持ちを再確認のこと。縁談などは相手とこちらの環境、身分などがあまり違う場合は見合わせたほうが吉。

［諸事運］ 交渉は相手から積極的に持ちかけてきても体よく謝絶したほうがあとあと難がありません。新たに高い希望をもって事をなそうとすれば破れやすいのでいままでどおりのことを守ったほうがいいのです。勝負事などは勝運あり。病などは悪化しがち、注意。

上爻

［運命の数と色］ 1・6・黒

［総体運］ あらゆることが順調に進展する吉運の兆《きざ》し。行いを正しく、真心で人と交際をすれば、自然と幸運が舞い込む吉卦です。他人に頼らず、自力で解決することが開運の秘訣。人の世話で多忙になる暗示。利害抜きに誠意をもって行えば、大きな成果が期待できます。調子がよいのに浮かれて、うっかりしていますと成ることも成らず、間違いも起きやすいので注意。

［愛情運］ 愛情運は決して悪くないのですが、相手に隠《かく》れた異性がいたり、強力な競争相手が現れる意があります。恋人づくりはトレンディな話題を用意して、パーティーやイベントなど、人の集まる場所に積極的に参加するようにすればチャンスが到来しそうです。

［諸事運］ 仕事、取引など、誠意をもって行えばスムーズにいく暗示。神社やお寺にお参りすることが幸運を招くでしょう。何かと出費が多くなりますが、結果は良好になります。これまでうまくいかなかった人とも真心をもって対応することでいい関係になりそう。

成功への鍵 事件に接したら、人をよく見、その背後に働いている真実を見きわめるようにすること。

成功への鍵　自分のすることが、道理にかなったものであるように努力をすること。

初爻

［運命の数と色］　5・10・黄

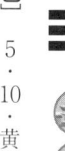

［総体運］　思いがけない幸運の暗示。親しい人の助けで道が開けていくとき。ただし、人と調和しようとしない人、心に邪念のある人、あるいは自分だけで何かを成そうとする人は、危難を招きやすい。この卦には小さな過失で切り抜ける暗示がありますから、よくよく注意を払って、大患に至らない前に対処する心持ちが大切です。従来の方針を再検討して吉。

［愛情運］　たちのよくない相手にひっかかりやすいとき。交際を始めても相手の行動をよく観察してつきあっていける相手かどうかをよく確かめるべき。不仲になっていた相手と偶然に出会う暗示。デートなどでは支障があって相手の遅れてくることが多い。

［諸事運］　現在のやり方は、仕事にしろ、勉強にしろ、遊びにしろ少し反省して直すのが賢明。この時期、腕や足が痛むようであれば、軽くても医者の診断を受けたほうが安心。つきあう相手を選ばないと意外な迷惑をこうむる恐れ。旅行などで神社仏閣などを尋ねて吉。

二爻

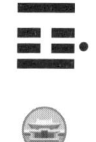

［運命の数と色］　4・9・白

［総体運］　身近に自分を脅《おど》かすような存在が出現したり、ややもすると争いを生じがちなときなので、用心が肝要。無理押しせずに根気よくやっていくことで問題は解決します。自分から強く出ていくと相手から手痛い反撃を食らいやすいとき。相手を与《くみ》しやすいと甘《あま》く考えて行動したりして失敗しがち。自分より目下の人から何かと迷惑をかけられそうな懸《け》念《ねん》があります。

［愛情運］　イベントや集会など積極的に出かけてみましょう。恋人との間がグンと進展しそうな予感。二人の間の障害になっていたものを取り除くように努力してみることも大切です。強引にアタックしては失敗に終わりがち。話題を豊富にソフトに迫る工夫が必要。

［諸事運］　遊びにかまけて仕事や勉強がおろそかになりがち。計画を立てても食い違いが出やすいとき。柔軟に対応することでマアマアの結果に。金属とか石などで足を傷つけやすいので注意。交渉などは強引にまとめようとしないほうが吉。ギャンブルは注意。

三爻

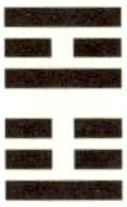

[運命の数と色] 2・7・赤

[総体運] 雷鳴って人を驚かす暗示。雷が鳴って人を驚かしても、あまり実害のないことが多いように、他から思わぬ難題を持ち込まれるようなことがあっても、少しの悩みですみそう。また大散財したり、大きな苦労をしてもその期待ほどには報《むく》いられないことがあるときですから、あまり過大な願望は抱かないほうが賢明。万事を控《ひか》えめにするようにして吉。

[愛情運] 親しくつきあう人ができる反面、別離の暗示もあるので心あたりのある人は要注意。交際を楽しみたいというのなら大出費を覚悟で音楽会、飲み会、パーティーなどに誘《さそ》ったり、プレゼントが効果的。現在始まる交際はうまくやらないと別れる可能性大。

[諸事運] 何かの運動とか、ボランティアとか、宗教など、よいと思われるものでもいまはあまりのめり込まないほうがいい。もし抜けきることが難しいのでしたら、控えめに行動して吉。解散とか、ケンカ別れ、火災の暗示。神社、仏閣に詣《もう》でるようにすれば吉。

四爻

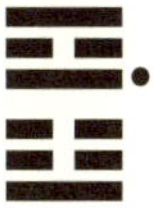

[運命の数と色] 5・10・黄

[総体運] 繁栄の兆《きざ》しが見られるとき。ただし、勢いを頼んで盲進することは禁物です。艱難辛苦《かんなんしんく》があっても熱意と努力によって解決できるとき。苦労してもそれだけの甲斐《かい》はあるのですから、あきらめたり投げ出したりせずに続けていくのがよいのです。気短で言語を慎《つつし》まないようですと争論などが起きて悔《く》いることになりそう。入り組んだ問題が起きがち。

[愛情運] 三角関係などが生じそうな暗示。心あたりのある人は気をつけなければいけません。二人の間に生じたもつれは打ち明け話によって解決できる啓示。この時期の恋愛にはどうしても障害がありがちですが、熱意があれば障害を越えて素敵な愛が実りそう。

[諸事運] 交渉などは根気よく努力すれば相手もその熱意に応じてくれるはず。仕事や勉強など自分の定めた計画は少しぐらいの障害があっても継続することで好結果を得ます。他の家で養われる暗示。食事のときに固いものなどを噛《か》んで歯を傷《いた》めないように注意。

成功への鍵 自分のすることが、道理にかなったものであるように努力をすること。

成功への鍵　自分のすることが、道理にかなったものであるように努力をすること。

五爻

［運命の数と色］　4・9・白

［総体運］　運気は上昇し盛運に向かいつつあります。大きな困難は伴いますが、人の助けを得て大いに進展するとき。ただしむやみに進もうとすれば難にあう暗示。一般に会社の上役とか目上の人から咎《とが》めを受けやすいので注意すること。もっとも日々なすべきことをなし、天の理に従って誠意をもって生きている人であれば災《わざわ》いは避けることができるのです。

［愛情運］　あなたと相手の間には障害が生じがち。しかし二人で解決の努力をすれば必ず解消するはず。彼、もしくは彼女のいない人は積極的に、映画や山歩きなどデートに誘《さそ》うようにすれば恋愛は成功しそう。相手の好むところをよく知って誘うことがポイントです。

［諸事運］　取引、交渉などは多少事態が困難にみえても、頑張って継続すれば好結果が得られそう。人からの便り、頼んだ品物など遅れがちですが、あせらずに待つこと。ツキはありますので、宝くじなどを買ってみるのも一興です。目の病に注意する必要があります。

上爻

［運命の数と色］　3・8・青

［総体運］　事件が突発して驚かされそうな兆《きざ》し。それも一度ならず二度三度と起こりそうな気配。事件に巻き込まれたときにはたとえ有能な人であっても自分だけで解決しようとしないで、道理に通じた人の意見をよく聞いて行動することが大切。軽率な行動を慎《つつし》んで温和で従順であれば吉運を得ます。旧悪が発覚したり、仕事のミスが表に出たりしがち。

［愛情運］　二人の間がうまくいっていない人はよくよく状況を見つめなおしたらよい。別れたほうが賢明なことが多い。一緒《いっしょ》にいると楽しい人との出会いがありそうですが、その人は必ずしもあなたにふさわしくなく、結局は自分だけが消耗してしまうことになりそう。

［諸事運］　訴訟、ケンカなどは避けること。おたがいが傷つけあって共倒れになりそうな暗示が見られます。住所を変えるような兆しが見られますが、この時期での宅地などの購入はもう一度検討しなおしたほうがよさそう。病気などは目や耳の患《わずら》いが起こりがち。

初爻

［運命の数と色］　5・10・黄

［総体運］　棚《たな》からぼた餅《もち》を願っているだけではダメ。現在、堅実に努力することであとあと幸運がやってくるのです。他からうまい話などが持ち込まれたりすることが多いのですが、自重して乗らないほうが賢明。ただし、質実なことや自分の実力以下のことですと案外によい結果が出そう。目下の人でも智恵ある人であれば相談すると吉。進むより退いて吉。

［愛情運］　自分をよく見てもらおうと体裁《ていさい》をつくろうより、ありのままの自分をさらけ出したほうが好結果を生みます。デートなどはドライブなどに誘《さそ》うよりはハイキングとか文学散歩など足を使って歩くような計画のほうがよい。自分の都合で別れたりすることあり。

［諸事運］　仕事を変えたり、目新しいことに飛びつかないほうがよいとき。問題があっても自分を反省して時の至るのを待てば吉利が到来します。派手な生活はしばらく我慢《がまん》して質素に甘《あま》んじる心がけがのちの栄えの基となる暗示。試験やギャンブルなどは比較的よし。

二爻

［運命の数と色］　4・9・白

［総体運］　活気をもって生活している人は百事吉兆が見られそう。ただし、分不相応の企《くわだ》てをしたり、強引過ぎることをすると争いごとが生じます。厳しさと寛容の二つをもって事を計ることが大切です。目上の人の引き立て、あるいは人に従って何かをなす暗示があります。まず実質を伴うことが大切ですが、それ相応に自分を飾るようにすることも時には必要。

［愛情運］　先輩や目上の人からの紹介の暗示。いま出会う人は上《うわ》っ面《つら》だけで誠実さの足りない人が多い。積極的にアタックしてよいときですが、無理押しや相手の気持ちを無視しての誘《さそ》いは面白《おもしろ》くないことが多い。カッコをつけても自身の内容が伴わなければダメ。

［諸事運］　願い事は人から制約を受けることが少なくありません。もちかけられる話はウソ、ハッタリが多いので用心が大切でしょう。口中、あるいは足などに疾患を生じやすい兆《きざ》しが見られますから注意。会社の上役、クラブの先輩などに従っていて利を得る暗示。

成功への鍵　それが真心なら、飾りを加えてうまく表現しなさい。虚飾なら凶となります。

成功への鍵　それが真心なら、飾りを加えてうまく表現しなさい。虚飾なら凶となります。

三爻

［運命の数と色］　3・8・青

［総体運］　人と和合し、相談して行動すること心がければ運気上昇。自分の考えを押し通そうとしますと周囲からクレームが出てきそう。誠実に行動する人ですと人から認められますが、不誠実な人ですと、人を欺《あざむ》き、自分もまた人から欺かれてそしりを受けることになりがち。虚栄を捨てて、着実な方針を立てませんと近い将来において憂いの生じる恐れ。

［愛情運］　出会った相手が本当に愛していてくれるのか、それとも遊びなのか分かりづらいとき。恋人のいる人ならば、相手を乗り換《か》えず、いままでの人とつきあっていくのが賢明。自分をとりつくろうよりも、誠実に温和な態度で接することがよい相手を得る鍵です。

［諸事運］　財産を相続したり、仕事などを引き継ぐようなことが起きがち。勉強であれ、仕事であれ従来やってきたことをコツコツとすることで道を見出す暗示。人物にしろ、品物にしろ外観にだまされやすいときですから、注意することが肝要。旅行や飲み会など吉。

四爻

［運命の数と色］　2・7・赤

［総体運］　運が良さそうでいて、あと少しのところで難しいとき。気持ちが二つに分かれて進退の定まらない暗示。自分の領分ではないことに手出しはせぬこと。また自分の実力相応のことであっても、慢心的な態度で進むと思わぬ失敗をしでかしがちですから注意。いたずらに人を疑い、友人、同僚、部下などを失いがち。度量を広くすべきときなのです。

［愛情運］　素敵な相手がいるのに他に魅力的な異性が出現して心が迷うようなことが起きそうな気配。元の相手を大切にするほうが賢明。あまり派手な恰好でデートに望むよりもシンプルでもセンスのある装《よそお》いが相手の気持ちをつかむとき。男性は女難の兆《きざ》しあり。

［諸事運］　あれこれ誘《さそ》いがありフラフラしがちなときですが、勉強にしろ仕事にしろ、自分の本分を尽くすことが大切な時期。友人との絶交、口舌《こうぜつ》争論の暗示がありますので防ぐように努力。火難の卦ですから、旅行などでもホテルの非常通路など確認しておくこと。

五爻

【運命の数と色】 3・8・青

【総体運】 花開き、実を結ぶ啓示。柔軟な温和な態度で他人に接する人には吉兆。人と積極的に交わるようにし、親しみを増すように努力するときは自然と幸運が舞い込んできます。何かと無駄が多くなるような傾向にありますが、それはやり方が少し大げさになり過ぎているせいですから、内輪に内輪にと、できるだけ質素なやり方をするほうのがよいのです。

【愛情運】 あなたにふさわしい人は身近にいる暗示。遠くにいる理想の人を求めるよりも、平凡でも身近にいる人を選ぶほうがベター。自分を飾らずに素直な態度で接すればいいところまでいけそうな予感。努力のわりに成果の少ない人も後々は恋愛運が上昇。

【諸事運】 神仏を祭ったり、社寺に参拝して吉運を得ることのできる啓示。取引や交渉は努力のわりに利益は少ないですが、あとで報《むく》われる兆《きざ》し。他の部署に移ったり、移転をする暗示。自分の本務を誠実に行うことが吉運への鍵。女性が男性に代わって事を務める意。

上爻

【運命の数と色】 5・10・黄

【総体運】 精神的なことに関しては吉運で、物質的なことに関してはあまりかんばしくない暗示。名ばかりの部署、地位などに追いやられる危惧《きぐ》。浮世のあれこれに心をとらわれることなく、楚々《そそ》として生きていければ吉。万事これまで派手にやってきたことを地味な方向に転換することでよくなるとき。外からの誘惑を避けて、誠実にやっていくのがよいでしょう。

【愛情運】 素敵な相手が周囲にたくさん出て、選ぶのに困るような兆《きざ》し。よく見せようと見栄《みえ》をはるより、あるがままの自分でつきあったほうがよい結果を生みます。結婚話はまとめようとすればまとまる時期ですが、婚後に懸念《けねん》があるので考えたほうがよいでしょう。

【諸事運】 女難、病難など思いがけない災難がふりかかる気運。十分な用心が大切。金銭の算段などは難しいとき。あれこれやりたいことがあってももう少し静観するのがよい。人と事を談ずるのに時期を逸《いっ》していることが多い。住んでいる所に関して苦労がありそう。

成功への鍵 それが真心なら、飾りを加えてうまく表現しなさい。虚飾なら凶となります。

成功への鍵 自分より目下の人のことを思い、その人のためになることをしてあげなさい。

初爻

[運命の数と色] 3・8・青

[総体運] アリの一穴が大きな堤防を崩《くず》す原因となることもあります。自分自身、自分の周囲を怠《おこた》りなく観察して、先々重大な結果を招きそうな問題は小さなうちに解決しておくこと。他人の正邪、是非などは心に思っても口に出したり、表に出してはいけません。災《わざわ》いを招きます。争論の気配がありますので言葉を慎《つつし》むこと。人を欺《あざむ》き、人に欺かれる兆《きざ》し。

[愛情運] たがいに相寄る暗示があるので思いが深まりそう。もっとも剥《はく》には古きを捨て新しきに従う卦意もあるので、人によってはいままでつきあってきた人と別れて新しい恋人との交際が始まるかもしれません。婚約などは少し物言いもありますが、ついには吉。

[諸事運] 住居の悩み、火災や風水害などにあいそうな気配がありますので注意。新しいことに着手しようとすると、だまされたり、仲間割れが起こりがち。部下などがいる人は迷惑をかけられそう。外傷を受けたり、足痛を生じがちの傾向。旅行などは差し控《ひか》えて吉。

二爻

[運命の数と色] 1・6・黒

[総体運] これもやりたい、あれもやりたいと心に多くの望み。しかし、時期がいまだ来ておらず、相当慎重に臨んでも失敗しがちのときなので、軽々しく着手することは慎《つつし》むべきです。自分の才知を秘め隠《かく》して時のくるのを待てば吉兆を期待できるのです。この卦が出た場合には一般的に危難が迫《せま》っていますので、事前に災《わざわ》いを避ける方策をめぐらすことが大切。

[愛情運] このままでは愛情の発展は難しい。相手は山のように動かず、自分は優柔不断です。頭で考えるのは少し止めて行動に移すことが大切。結婚話などはまとまりづらい傾向ですが、しかしそれがかえって幸せ。若い男性は年上の女性に操《あやつ》られがちの傾向。

[諸事運] 投資などは勧《すす》められても手を出さぬこと。思わぬ損害を受ける兆《きざ》し。仕事上は部下の使い込み、得意先に踏み倒されたりしそうな心配。人に相談してもなかなか乗ってくれない暗示。普段から下の者への心使いが大切。耳や目、また腰部近辺の病気に注意。

97 山《さん》地《ち》剝《はく》 三爻・四爻

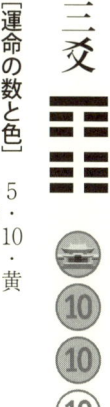

三爻

【運命の数と色】 5・10・黄

【総体運】 万事、遅滞《ちたい》しがちなとき。考え方の間違った人達に同調して何かをなすと痛い目にあう暗示があります。人を欺《あざむ》くようなことはせず、親子兄弟であっても不正なことには与《くみ》するようなことはせず、身を慎《つつし》み、誠実に行動するようにしていると先々吉祥《きっしょう》を期待できるはずです。難に陥《おちい》る兆《きざ》しも見られますが、危《あや》ういところでそれを逃れることでしょう。

【愛情運】 一人の相手に大勢でプロポーズといったことがありそうですが、自分はそれには参加しないほうが賢明。相手の関心を持っていることに自分も関心を持つようにして交際がうまくいく気配。だまそうなどせず、誠実に相手に対していくほうが結局は吉。

【諸事運】 取引、交渉などうまい話があっても止まるほうがよさそう。仲間などに誘《さそ》われて遊びたいなと思ってもやるべきことがある人はそれをなすのが先決。さもないと後悔しそう。願い事などもいまは実現を急ぐべきではありません。悪事に加担することは凶。

四爻

【運命の数と色】 2・7・赤

【総体運】 せっぱつまった状況に追いつめられやすいとき。何かに深入りして、進むに進めず、退くに退けないところですが、思い切ってすべてを投げ捨てて、身をもって逃れることが大切。人を羨《うらや》み嫉《ねた》む心のある人の場合には凶となりやすい時期ですが、人の喜びを自分の喜びとし、行いの正しい人の場合には、次第に万事成就《じょうじゅ》していく気運も見られます。

【愛情運】 あなたの財産をねらって近づいてくる異性がいるかもしれません。もっとも男性は女性と縁が生じることで吉運を得られる暗示があるので見きわめが大切。複雑な関係になりどうしようもない人の場合には、地位、財産を思い切って捨てるつもりで別れて吉。

【諸事運】 手づまりになってどうしようもなくなっている仕事などは思い切ってやめるほうが吉。受験なども違った大学、あるいは違った道を捜《さが》してみること。これまで親しくなかった人と急に親しくなったり、しばらくあってなかった人とあう暗示。火難に注意。

成功への鍵 自分より目下の人のことを思い、その人のためになることをしてあげなさい。

成功への鍵 自分より目下の人のことを思い、その人のためになることをしてあげなさい。

五爻

[運命の数と色] 3・8・青

[総体運] 人に従い、自分の思慮才覚を用いないようにしていると吉運が訪れそう。自分を高いものに見せようとしたり、高望みをすると心の狭い人から妨げが入るので注意。目上の人から可愛《かわい》がられますが、それでおごり高ぶるようですといいことはありません。欲を出すと失敗しやすいときです。誠実をもっとうに礼儀を尽くすことが肝要なのです。

[愛情運] グループでの交際が多くなるとき。何人もの相手がいて、三角関係などに陥《おちい》りやすい兆《きざ》しもあります。デートの計画などは女性の方がリーダーシップをとりそうな傾向。この時期知り合った人は、結婚の相手とは考えず、遊び友達くらいに思うのが賢明。

[諸事運] 共同で仕事など始めるときにははっきりとした契約を交わしておかないとあとで憂《うれ》えることに。損失、盗難の恐れ、注意すること。神仏にお参りしたり、祀《まつ》ることで開運の吉兆。旅行は吉。目下の人に功労があったときは名誉ではなく、金銭的に喜ばして吉。

上爻

[運命の数と色] 5・10・黄

[総体運] いろいろと問題が山積しがちのとき。また、その山積した問題が徐々に解決に向かうときでもあります。新しいことに手を出すことも、さまざまなことの展開を図《はか》ろうと急進することもよくありません。真剣に物事に取り組んでこなかった人は破れが生じがち。しかし、いったん破れが生じてもそのあとに吉祥《きっしょう》がくる兆《きざ》しが見えますので悲観しないこと。

[愛情運] これまでさまざまな理由でいい相手が見つからなかった人にもチャンスがめぐってきそう。別れの涙にくれていた人にもまた新しいロマンスの兆し。もっともあまり異性に対する条件が難しすぎるとなかなか格好の相手が見つからない暗示もあるので注意。

[諸事運] 万事、時勢に乗らずに取り残されたり、逆にこれまで時勢に乗っていなかったものが見直される気運。会社などで不利な立場にあった人が優勢な立場に変わる兆しも見られます。願い事などは成就《じょうじゅ》しそうですが時間がかかりそう。頭の病気などに注意。

初爻

［運命の数と色］ 5・10・黄

［総体運］ 運気好転の兆《きざ》し。これまでうまくいかなかった人も徐々に事が滞《とどこお》りなく進んでいくようになります。がむしゃらに何かをやろうと努力してもだめで、十分に周囲の状況を判断し、是非をよくわきまえて行動してこそ吉兆が現れるのです。一念発起《いちねんほっき》してもすぐその気がなくなるような暗示がありますから、事を始めるにあたっては熟慮《じゅくりょ》すること。

［愛情運］ 昔の恋人とよりが戻ってもまたすぐに別れてしまう懸念《けねん》。自分の行動や性格を反省して、注意深くふるまうことが大切です。これまで恋人のいなかった人にもいい相手が現れるような気運。もっとも素晴らしい相手を得るにはそれだけの努力が必要。

［諸事運］ 仕事、学校、人間、すべて遠くのものより近くのものがよい運をもたらすとき。不正な利益を得ようとしますとかえって散財の憂《うれ》い。力と頼む相手がいなくなる意があるので、注意すること。知恵ある人に従って吉。相場や勝負事などはまあまあの運気。

二爻

［運命の数と色］ 4・9・白

［総体運］ 運気がぐっと向上し幸運に向かうときです。これまであまり運勢のかんばしくなかった人は、いまが出直し、やり直しのチャンスです。心機一転して目的に向かって一歩一歩着実に進んでいくことで道は開けます。概《がい》して小さなことですとうまい具合に進みますが、大きなことですと危《あや》ういところがあるので注意が肝要。人により名誉、そしり両方あり。

［愛情運］ おたがいの関係は着実に深まっていく気運。恋人のいない人は人の集まる場所に積極的に出かけ口説いてみること。自分のことを省《かえり》みずあまり高望みをするようですと手痛い目にあうこともありますが、思いがけない成果が期待できそう。再婚話などは吉。

［諸事運］ 仕事などは目下の実力のある人とか、運気が強い人と組んで行うと大きな発展が望めそう。勝負、賭《か》け事《ごと》などは一回の負けであきらめることなく再三挑戦して最後の勝利を得られる暗示。伸び悩みであった学力も気分を一新して努力すればぐっと伸びるとき。

成功への鍵 小さなことでも善悪をよく判断し、良いことは実行し、悪いことは行わないこと。

成功への鍵　小さなことでも善悪をよく判断し、良いことは実行し、悪いことは行わないこと。

三爻

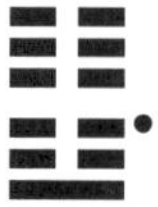

［運命の数と色］　2・7・赤

［総体運］　いいところまでいくのですが、信念がないと、せっかくの苦労を不意にする恐れ。危難などに遭遇しても、誠実に対応していればそれを逃れて吉兆に。自分自身を反省しないと、好ましいグループに属することは難しそう。むやみにことを起そうとすると失敗することが多いので注意すること。十分に気をつけませんと人との隔絶とか争論の兆《きざ》し。

［愛情運］　あまり手答えがなくて、つい弱気になりがちですが、自分の思いが相手に絶対に通じるのだという気持ちでアプローチすることが肝要。仲のいい二人はささいなことで言い争いする兆しが見られますので言動に注意すること。婚姻話はまとまりづらい暗示。

［諸事運］　交渉や取引は時期を見て撤退するほうが賢明。意外な災難や病気の暗示があるので、万事に用心し、できれば神仏の加護を社寺に詣《もう》でて祈るのが吉。軽率に印鑑を押したり、書類などを扱わないこと。利益を追求しますとかえって損失の憂《うれ》い。

四爻

［運命の数と色］　3・8・青

［総体運］　威勢《いせい》が増し、あるいはよい評判を得る啓示。ただし、かたよったり、道に従う志に欠けるときには、災難に出あいやすい暗示もありますから気をつけること。この時期にみだりに何かを始めることはよくありません。うかうかと調子に乗りすぎますと失敗しやすいので、心を引き締めることも肝心でしょう。自分の信じた人についていくことで吉運が増大。

［愛情運］　誕生日などのプレゼントを奮発して恋愛運向上。競争相手が多いときですが、デートの場所に工夫を凝《こ》らしたり、適正な態度で接することでいいところまでいきそうな予感。自分から相手と離れるか、相手のほうから離れていくかの暗示があるので注意。

［諸事運］　近いうちに驚くようなことが起きそう。間違った道を歩んでいた人は、それを改めるべき時期。また改めることで吉運へ向かいます。不意に争いに巻き込まれやすい兆《きざ》しが見られますので要注意。交渉、取引などは相手が頑固《がんこ》でなかなかまとめづらいとき。

五爻

[運命の数と色] 1・6・黒

[総体運] 徳を積み、誠実にして好機を待てという啓示。龍蛇《りゅうだ》が地に隠《かく》れ籠《こ》もるようにし、あとで発することを考えるべきです。進むことは凶、退きさがって吉。志望を捨てずに頑張りとおす気概があれば、時間がかかっても必ず達成できるという吉兆があります。寛大な気持ちを持ち、その志をよいことをなす人と同じくするようにしていけば、万事が成就《じょうじゅ》する気運です。

[愛情運] 集会や繁華街など、人の集まる場所に積極的に出かけるように心がけて吉。恋の予感がします。やっと芽吹いた関係が頓挫《とんざ》することもありますが、気を取り直してアタックすればうまくいく暗示です。縁談は隠れた異性のいる恐れがありますから要注意。

[諸事運] 仕事や学問は気負い込んで始めても、継続し続ける気力が失せて頓挫しがちです。しかしあきらめずに進めば結果は良好となります。へこたれずに続けることで吉。ノイローゼや水難、盗難に注意。交渉、取引は先方が素直に応じてくれない憂《うれ》い。

上爻

[運命の数と色] 5・10・黄

[総体運] 客観的に見て道にかなわないことをしがちな傾向。人と協力すべきなのに、自分一人でやろうとしたり、自分に非があるのに逆に他に因縁などをつけたりしたくなるとき。反省せずこのままいきますと大失敗を招きます。先方に正しい理があるのに横車を押しても結局は破れるだけ。しばらくは利害を忘れて、退いて守るようにすることが賢明なのです。

[愛情運] 短気、強情だったり、あまり自信過剰な人は愛想を尽かされがち。またこの時期の恋愛は他人の恋人とか、結婚している人に横から手を出しがちですから要注意。別れた人とよりを戻そうとしても難しい時期。よい恋愛のためには自分の行動を反省して吉。

[諸事運] 仕事はライバルに負けまいと無理しがちですが、労多く結果が少ないとき。人にうまく合わせるようにしないと人間関係がぎくしゃくしそう。養子縁組の話などが出がち。試験勉強などはあせらずに実力を養うように努力して吉。病気は胃痛、頭痛に注意。

成功への鍵 小さなことでも善悪をよく判断し、良いことは実行し、悪いことは行わないこと。

成功への鍵　人の根本に立ち返り、正しい道に立ち返り、至誠の心をもって行動しなさい。

初爻

[運命の数と色]　5・10・黄

[総体運]　自然体が望みをかなえるときです。人のため、または使命感をもった行動が吉となります。成就《じょうじゅ》しがたく、進もうとしても塞《ふさ》がれて進みがたいときなど、欲を出して策を弄《ろう》すると凶となります。しばらくは妄動せずに時期を待てば、自然に運気がめぐってくる暗示です。不正なことに手を出すと思わぬ災難に出あったり、凶事が起きやすい暗示。

[愛情運]　もとつきあっていた相手とよりを戻したり、ずるずると関係をひきずるような傾向になりがちなときです。見返りを期待せずに好意を寄せることは吉。策を用いず、フィーリングの合う人に出会ったならば、その場の雰囲気で交際を求めるとよいでしょう。

[諸事運]　仕事は、むやみにムダに動かないようにしたほうが吉。小説や宗教書を読むことで、開運のカギをつかめそう。移転したい気持ちが起きる人もいますが、動かないほうがよいでしょう。病気は漢方薬、自然療法を用いて効果を期待できそう。

二爻

[運命の数と色]　4・9・白

[総体運]　礼儀を尽くし、へりくだった態度でいれば後に栄えある吉兆。みだりに進む人は利がなく、人の誹謗《ひぼう》を受けることがあります。報酬などを期待せずにやることなどは成功するでしょう。狡猾《こうかつ》な人に調子のいい言葉で欺《あざむ》かれやすいので用心することが肝要。他に心を移すことなく、これまでやってきたことを継続していれば万事安泰に治まっているでしょう。

[愛情運]　人が人を愛することは自然の情です。好きな人がいるならば、なりふりかまわず、相手に尽くしてみてはどうでしょう。こんなに愛しているのだから、自分も愛されたいなどと報《むく》いを考えないで愛することができれば、必ずいい結果を得ることができます。

[諸事運]　遠方の人との取引などがある兆《きざ》し。ものいえば唇寒《さむ》し秋の風という俳句があります。言葉を慎《つつし》むこと。人からの頼みごとは報酬を目的としないならば引き受けてもいいですが、そうでなければ止めること。先祖の遺徳を受けそうな暗示。

三爻

[運命の数と色] 2・7・赤

[総体運] 自分の勢いに乗って妄動しやすいときですが、十分に注意しないと思わぬ災難に出あいがち。何事も初めから関係しないようにし、退き守るようにすることが大切。ただ、目上の人を尊敬し、目下の人を包容するようにして、いっさいの人々と調和し親しむようにするときには災《わざわ》いを逃れることができます。交遊関係がなぜか広がる兆《きざ》しもあります。

[愛情運] 見目麗《うるわ》しい人に出会う暗示。強い意思をもって積極的にアタックすることで恋を得れる可能性大。遊び半分での誘《さそ》いかけはあとで後悔するような羽目に陥《おちい》りがち。知らないうちに根も葉もない男女関係を噂《うわさ》されたり、不倫などの汚名《おめい》をきせられがちなとき。

[諸事運] 公私にわたり、あらぬ嫌疑を受けやすい。火難、盗難にも要警戒。仕事でも遊びでもよくよく考えて参加しないと悪役にされがち。保証人などになると迷惑をこうむりやすいときなので、しがらみがあっても断るのが賢明。移転や旅行なども避けたほうが吉。

四爻

[運命の数と色] 3・8・青

[総体運] 正直に万事を行うようにし、自分から先頭に立つのではなく、人のあとに従っていくようにすると何事もうまくいきます。むやみに何かを得ようと妄動すると散財することになりそう。自分の力量、身分をよくわきまえて行動することが大切で、それができないと思いがけない災難に出あうこともあります。頑《がん》固《こ》と言われても動じないことも大切。

[愛情運] 誘惑に乗りやすくなる傾向。周囲の雰囲気で普通では考えられないような人とも深い関係になりそうですが、あとで悔《く》いる恐れもあるので注意。自分が誘《さそ》えば、あちらも応じてくる暗示があるので、その気持ちがある人は積極的にふるまうのも手です。

[諸事運] 大金をもうけようなどと危険な投資をしたり、ギャンブルなどをすると大損の恐れ。西北への旅行はよいことがありそう。交渉は静観し、取引先などは変更しないほうが賢明。禅、ヨガなど精神的な修行を試みることは吉。風邪《かぜ》はこじらせやすいので注意。

成功への鍵 人の根本に立ち返り、正しい道に立ち返り、至誠の心をもって行動しなさい。

成功への鍵 人の根本に立ち返り、正しい道に立ち返り、至誠の心をもって行動しなさい。

五爻

［運命の数と色］ 2・7・赤

［総体運］ いっさいが吉に向かうとき。心正しく温順ですと、百事苦難があったとしてもその難は解消し、平安を得ることができましょう。心に誠がなく妄動猛《もうどうもう》進《しん》するようですと平穏《へいおん》が乱れる暗示。初め思わしくないことでもいろいろと画策せず穏《おだ》やかな気持ちで静観していれば思いがけない好機に出あいます。不慮の事故、失敗なども狼狽《ろうばい》せず成り行きに任せて吉。

［愛情運］ 三角関係が生じたり、人の噂《うわさ》の種になりがちなときですから注意が肝要。恋人との思わぬ食い違いも流れに任せて弁解しないほうがよい。自分のよさが思いがけなく相手に分かってもらえることもありそう。金田とか鐘子など金の字のつく人にご用心。

［諸事運］ 短気な人はケンカ、口論などで額に傷をつける暗示があるので要警戒。志望することはあくせくせず成り行きに任せておけばかなう。交渉、取引などは競争者の出現に対抗して、値を下げたり、贈り物などをすると逆の結果に。病気は医者の誤診に注意。

上爻

［運命の数と色］ 4・9・白

［総体運］ 見込み違いの多いとき。金もうけをねらってかえって大きな損失をしたり、名声を求めて恥《はじ》をかいたりしがちなのです。自然無為、あれこれ策動したり、何かを求めて動かないほうがよいのです。いっさいを天に任せる気持ちになって、時期の来るのを待っていれば自然に運気がめぐってくるというのが卦の啓示です。万事人に従い、誠意をもって対処して吉。

［愛情運］ 二人の間が進展しないのはあまりに二人が潔癖《けっぺき》すぎるから。すこしその場の雰囲気に合わせたり、成り行きに任せてみることも必要です。出会いのときに、あれこれ相手を自分に振り向かそうと策動するよりも、自然のままに状況に応じて行動することが肝要。

［諸事運］ 禅、ヨガ、古神道《こしんとう》など宗教的なことや、文学など精神的なことに関心をもって研究を始めるにはいまが好機。新規の計画や事業の拡張などは避けたほうが賢明。考え違い、勘違いなどが起きやすいのでもう一度確認が大切。ギャンブルは吉。試験も好成績。

初爻

[運命の数と色] 3・8・青

[総体運] 万事まだ機が熟していないとき。積極的に進みたくなるときですが、少し控《ひか》えるようにしたほうが賢明。新たに何かをなそうとせず、これまでやってきたこと、またやり方を踏襲《とうしゅう》していくのがいまはよいのです。止まるべきときに止まるべしというのが卦の啓示ですから、周囲の意見の如何《いかん》にかかわらずよく止まることで吉運を得ることでしょう。

[愛情運] 他にチャンスがあってもこれまでつきあってきた人を大切にすることが肝心。さもないとひどい災難に出あいそう。何人もの人とつきあってきた人はいささか問題が生じやすいとき。家庭のある人は浮気などをすると、そのつけが大きくなりそうなので注意。

[諸事運] 住居移転の兆《きざ》しが見られますが現在のところに止まったほうがベター。職業、志望なども現在のままを続けるほうが賢明。口争い、ケンカなどの気配もありますので用心すること。交渉などは控えたほうが賢明なのですが、競争相手がいてつい無理をしがち。

二爻

[運命の数と色] 2・7・赤

[総体運] いまは積極的に進まないほうがよいのです。堅実に現在あるところのものを守るようにするのが幸運への道です。いろいろな障《さわ》りが生じて変化があったり遅延《ちえん》したりする場合もありますが、その変化や遅延がかえって内容を充実させたり、大災害を避けることになることが多いのです。華美を好みみだりに大望を企《くわだ》てる場合には意外の災《わざわ》いにあう恐れ。

[愛情運] 自分の気持ちを伝えたくなるときですが、いまは胸に秘めて愛情をうちあけないほうがよいのです。チャンスは必ず来ますから、のちの成功のために現在の情況で我慢《がまん》し、一時思い止まるのがよいでしょう。結婚式などはあまりに派手にやらないほうが吉。

[諸事運] 仕事などは新規拡張を控《ひか》えること。しばらく待てば必ず機運がめぐってくる運気。交渉など低姿勢で接して吉。学生はいま十分に勉強しておくことが成績を上げるポイント。願望は不相応なものを除けばだいたい成就《じょうじゅ》。書類や口舌《こうぜつ》争論などによる災いの気配。

成功への鍵 先人の言動をよく心に留め、その理のあるところ悟って自らの徳を蓄《たくわ》えなさい。

成功への鍵 先人の言動をよく心に留め、その理のあるところ悟って自らの徳を蓄《たくわ》えなさい。

三爻

［運命の数と色］ 4・9・白

［総体運］ 静かにゆっくりと進むのがよいとの啓示。急激に行うことは半ばにして破れやすいときです。相当に実力はついているのですが、もう一度省《かえり》みて、修養し、鍛練するようにすれば何事も達成することができそうです。大きなことをなすにはいまだ早く、小さなことであれば、可能です。驕《おご》り高ぶることは避け、また倹約《けんやく》するようにして吉。

［愛情運］ いい出会いがあったり、素敵な相手を紹介されたりしそうな兆《きざ》し。目指す相手がいるなら、根気よくアタックすることで相手の心をつかむことができそう。おたがいが我をはってゆずらない暗示がありますので、うまくいってない人の場合は反省が必要。

［諸事運］ 仕事にしろ勉強にしろ、かなりのところまで来ています。反省してもう少し頑張れば必ず目的を達成できる暗示。上役とか先輩などの信任を大いに受けそうな運気。昇給したり、抜擢《ばってき》されたりといったこともありそう。病気の人などは快癒の兆し。

四爻

［運命の数と色］ 2・7・赤

［総体運］ 全てのことに幸いがあるとの吉兆の啓示。ただし何かを始めるにあたってはその最初のときに十分に注意することが大切です。とくに学問を志す人、武術に傾倒する人、芸術などに心を注《そそ》いでいる人はその方面でよいことがありそう。自分の本来の仕事をおろそかにして、他のつまらないことにかまけてばかりいる人ですと他日後悔しそうな懸念《けねん》。

［愛情運］ 知り合う相手はわがままですが、純情なので舵《かじ》取りさえうまくやればけっこう相性がよさそうな暗示。結婚話などがあれば良縁なのでまとめたほうが吉。その姓名中にイノウエとか、アリサなど「アイウエオ」の音のある人とつきあうのは吉。

［諸事運］ 仕事にしろ勉強にしろあまり無理せずとも順調に進みそう。交渉などもこちらが無理強《じ》いをあまりしないかぎりうまくいく暗示。熱中症や鼻、目などの疾患に注意が必要。書類の書き間違い、印鑑の押し違いなどにも警戒が大切。ギャンブル運などは強そう。

五爻

［運命の数と色］ 3・8・青

［総体運］ 万事好調で、さほどの苦労もすることなく、事が整う兆《きざ》し。相当の実力ある人もあなたに付き従ってくる暗示。周囲の人にそれ相応の手当てとかお礼とかを用意しなければ、内輪もめなどが起きそう。争いごとは相手の譲歩で解決に向かいそう。何事も機会をうまく捕らえることが大切なときで、あえて力を用いずに運に乗じる心がけが肝要です。

［愛情運］ イベント会場などで出会いの暗示。努力次第でいい関係を作れそう。もっともあとで相手が素直すぎたり、強情だったりと何か不足を感じたり、他に不義理ができがち。夫婦や恋人同士の間にはわずかなことで反目が生じやすい兆しがあるので注意。

［諸事運］ 遠方との取引や交渉、遠方への旅行の暗示。胃の具合が悪くなりやすい兆しが見られますので暴飲暴食を慎《つつし》むこと。部下や協力者にはそれ相応の手当てを出すのがよい。気力が減退して仕事や勉強に打ち込めない傾向もありますが、いまこそ精神集中。

上爻

［運命の数と色］ 5・10・黄

［総体運］ すべてのことが滞《とどこお》りなく達成して吉運であるとの啓示。これまでの苦労がむくいられて万事がうまくいくときです。周囲との関係もうまくいき、身分のある人、ない人、金のある人、ない人ともに長年の思いを遂げることのできる吉兆が見られます。まれに自分の思いとの食い違いとか、誤りを生じる人もいますので注意する必要があります。

［愛情運］ これまであまり縁のなかった人も引く手あまたで異性との交際が活発になってくる暗示。思いがかなって理想の異性と親しくなれたり、またこれまで交際していた人は一緒《いっしょ》になれそうな気運。人によっては色恋沙汰《ざた》で問題を生じる兆《きざ》しがありますので注意。

［諸事運］ 仕事にしろ勉強にしろ、これまで蓄積していたものが一挙に役立ちそう。取引、交渉などもスムーズに進展。小さな利を積み上げて、しまいに大きな利を得る兆し。長年、心に抱いてきた願望もかなえられる時期。軽症の病気はすみやかに回復、重症は危険。

成功への鍵 先人の言動をよく心に留め、その理のあるところ悟って自らの徳を蓄《たくわ》えなさい。

成功への鍵 身体を養うために飲食を節度あるものにし、徳を養うために言語を慎《つつし》むこと。

初爻

［運命の数と色］ 5・10・黄

［総体運］ 新たな望みを起こし、古いものを捨て去ろうとする気持ちが働きますがみだりに事を謀《はか》ることはよくありません。ただし人に従って行う場合にはかまわないのです。身を慎《つつし》むことなく不誠実な行いをする人は大損をする心配がありますが、自分を省《かえり》みて深く慎んで日々努める人は枯れ木に花の咲くごとく後になって栄えることになるというのが卦の啓示。

［愛情運］ 恋の暗示。自分も気があり、相手もそれに応じて恋愛関係は発展しそう。ただし、自分が優柔不断な態度をとるようだと先々失恋の憂《う》き目《め》にあう危《き》惧《ぐ》。「よその花は綺麗《きれい》」で、自分の恋人より他の異性のほうがよく見えがち。目移りしやすいと失敗します。

［諸事運］ 住居の移転などを考えそうな気配が感じられますが動かないいうほうがベター。年寄りの場合には身体麻痺《まひ》の暗示があるので健康に注意。学生は学生らしく、会社員は会社員らしく、社長は社長らしく、そのなすべきことに専念することで吉運に赴《おもむ》きます。

二爻

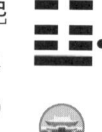

［運命の数と色］ 4・9・白

［総体運］ 小さなことですとうまくいくのですが、大きなことはなかなか成りがたいとき。どれにしろ助力を必要とすることが多いのですが、頼りにする人がうまく見つからない暗示があります。うまく助けを得ても非合法な手段によって人の助けを受けがち。そばの人の妨害を受けて、事がうまくいかない懸念《けねん》がありますから、くれぐれも用心が大切です。

［愛情運］ 自分にふさわしい人を捨てて、他に求める気運。選ぶべき人を選ばないで、つまらない人と深い関係になって周囲からいろいろ言われがち。女性は自分より金も地位もない人とつきあい養う兆《きざ》し。橋本、松子など木の字のある人とつきあうときにはご用心。

［諸事運］ いまの会社や学校がよくないといって他に移るとかえって自分の将来に悪影響。自分の運気を損《そこ》なう人物とつきあったりする危惧《きぐ》。取引、交渉などは欲に釣られたり、決断が鈍《にぶ》かったりすると大損に。言語を慎《つつし》み、人を包容する気持ちでいれば吉運招来。

三爻

［運命の数と色］ 2・7・赤

［総体運］ 華美に走ったり、表面をつくろい飾りがちな傾向。自分に不相応な望みを抱いて妄動すると人のそしりを受けがち。万事方針を誤りがちな運気が見られますから、十分に自分のやっていることを反省することが大切。このまま進めば困窮に陥《おちい》る恐れもあります。ただし、自らを振り返り温和で従順な態度で誠実に人に接することで吉兆があることでしょう。

［愛情運］ 自分を相手によく見せようと表面をつくろいがちですが、それより誠実な態度で相手に接することが大切なときです。飲食の暗示がありますから、お茶や食事、あるいは一緒《いっしょ》に呑《の》みに行くのもよいでしょう。出会う相手は虚言を吐きがちな人が多いから注意。

［諸事運］ あまり過分なものを望むと現在の地位や名誉を失う恐れ。災《わざわ》いは口より出て病は口より入る。口争いや食による病気などに注意。自分が正しいと思ってやることも偏屈だと人に受け入れられず、悪評をこうむりがち。人が多く集まるところに出席する兆《きざ》し。

四爻

［運命の数と色］ 2・7・赤

［総体運］ 運気好転の兆《きざ》し。油断なく目を配ってチャンスを逃さないようにしなければいけません。これまで解決できなかった問題もめどがつきそう。目下の人物を厚く扱い、その人をうまく活用することで大きな成果をあげられそう。おおむね何事も達成することができる運気なのですが、急進を戒《いまし》め、徐々に堅実に進めていくことで後日の大成を得ます。

［愛情運］ これまでまとまらなかった縁も努力次第ではうまくいく暗示。自分の周囲の人ではなく、もっと遠いところの人に目を向けることで、自分にふさわしい相手に出会いそう。食事に誘《さそ》ったり、映画や美術鑑賞などに一緒《いっしょ》に行くことで、より深い関係を期待。

［諸事運］ 仕事や交渉などにこれまでになかったチャンスがめぐってくる気運。見逃さぬ努力が大切です。試験などでも、細かく気を配ることで点数をアップすることができるとき。地震とか火難などを警戒しなければならない啓示。人の悪事を発見する暗示。

成功への鍵 身体を養うために飲食を節度あるものにし、徳を養うために言語を慎《つつし》むこと。

成功への鍵　**身体を養うために飲食を節度あるものにし、徳を養うために言語を慎《つつし》むこと。**

五爻

[運命の数と色]　3・8・青

[総体運]　表面は好調に見えて、内容がどうも整わない機運。自分の力も経験もまだ足りない。目上の人とか、よく分かった人に相談して進むことが大切。柔和《にゅうわ》な態度で人に接するようにしていれば吉運が訪れそう。急激に成功しようとしたり、成果をあげようと無茶をすると身体を壊《こわ》したり、散財などしてしまいがち。すべてのことは自重するようにして吉。

[愛情運]　飲食などにつきあったり、グループ旅行などで一緒《いっしょ》になったりしているうちに愛情が深まる暗示。先輩や目上の人から紹介してもらうのも吉縁。女性は地位のある男性に見込まれる兆《きざ》し。相手の話を引き出すようなうまい相槌《あいづち》を打てるように努力して吉。

[諸事運]　新規のことには着手しないほうが賢明。どうしてもしなければならないのなら、経験者に相談すること。表面の立派さに惹《ひ》かれてやっと得たものが、その内実に接して落胆する憂《うれ》い。運が悪いと感じたらあまり供養していない人の霊を供養することで転運。

上爻

[運命の数と色]　5・10・黄

[総体運]　人を助け、また自分も人に助けられて吉《きっ》祥《しょう》のあるときです。厄介ごとが持ち込まれたり、人の世話をしなければならないような羽目に陥《おちい》ります。一時は苦労するようなこともありますが、根気よく努力すれば、ついには功を成して吉を得ることができます。何か新しいことを始める兆《きざ》し。一人で二人分のことをするようなことが生じやすいでしょう。

[愛情運]　一度であきらめずに何度もアタックして成功する暗示。お酒を飲みにいったり、食事に誘《さそ》ったりすることで親しくなる運気。コンサート、映画などに誘われることがあるかも。少し知識を幅広くもつ努力をして、相手の話題と合わせられるようにして吉。

[諸事運]　学校や職場などでも人から頼られるとき。心がおごり高ぶって、人をないがしろにしたりすると挫折しやすい暗示。旅行することで吉運が招来。失ったものが七日にして戻ってくる啓示。相場、ギャンブル運は強い。遠方からよい知らせがもたらされる兆し。

初爻

［運命の数と色］ 4・9・白

［総体運］ いろいろと妨げが生じやすい暗示。何をするにしろ、十分に気配りして行うことが大切。自分の程をよく知って、でしゃばらず、慎重に行動すべきなのです。性急に何かを行うときは過《あやま》ちが生じやすいときですから、よく考えてから行動すること。目上の人から疑われたり、その怒りをかう恐れ。慎重さと温和な態度を心がけることが運気向上の鍵です。

［愛情運］ 夫婦や恋人同士はおたがいが優柔不断だったり、頑固《がんこ》だったりして、食い違いが生じやすい恐れ。ささいな一言が別れの原因ともなりやすいときですから注意が肝要。相手のために金銭をかなり費《つい》やしてしまいそう。結婚の話などはあっても避けるのが賢明。

［諸事運］ いい条件で他から引き抜きなどの話があっても現在は柔らかくことわっておくほうが無難。口論などはやんわりと避けておかなければ凶。書類とか、印鑑などの扱いを慎重にしておかないと後悔の恐れ。病気にかかったなら軽いと思っても油断しないこと。

二爻

［運命の数と色］ 5・10・黄

［総体運］ もうだめかとあきらめていたことが実現する運気。枯《か》れかかっていた老木の切り株に若い芽が生じてくるように、新たな盛運に恵まれるときです。周囲の人から親愛の情を持たれ、何かと目下の人の助けを得ることが多いでしょう。忘れて放っておいたものが値上がりしたり、到底無理だろうと考えていたことが成就《じょうじゅ》したりすることもあるときなのです。

［愛情運］ 恋愛が成就しやすい気運。誠実な態度で思いを打ち明ければきっと願いがかなうはず。過去の関係を清算したほうがよいのに、心のままにならず、ずるずると関係を続けてしまう暗示。色情の問題が起きやすく、夫婦の間に不和が生じる憂《うれ》い。

［諸事運］ 戻ってこないあきらめていたお金が帰ってきたり、もう古いと思われていた機材などが活用されることがありそう。遠方との取引、あるいは遠方への旅行などの兆《きざ》し。疎遠《そえん》だった人と再びつきあうようになりそう。会社などの創立は見合わせたほうが賢明。

成功への鍵 大問題を抱えても、志を保ち、泰然として恐れることも憤《いきどお》ることもなく構《かま》えていなさい。

成功への鍵　大問題を抱えても、志を保ち、泰然として恐れることも憤《いきどお》ることもなく構《かま》えていなさい。

三爻

[運命の数と色]　1・6・黒

[総体運]　人の意見を聞かず、自分の力にあまったことなどをするとひどい目にあいそう。周囲に迷惑をかけ、人もあきれて相手にしてくれなくなります。自分の身を恨み人を羨《うらや》むことがありそうですが、どんな困難があっても自分のやるべきこと、日々のなすべきことを怠《おこた》ることなくやっていれば後日幸運が舞い込むとの啓示。知恵ある人の考えを参考にして吉。

[愛情運]　一見もてもての運気。ただ表向きはよくても、一時のことであとは続かない懸念《けねん》。恋人の考えはよく聞かないと食い違いが生じる恐れ。相手が乗り気でもないのに強引にデートを申し込んでも断られるのが落ち。友人などに相談して知恵を借りるのがよい。

[諸事運]　住居について苦労がありがち。仕事にしろ、勉強にしろ人の意見を聞かずにやると悔《く》いることになります。突然の事件に注意。勝手気ままをして病になったり、悪化させたりしがち。催《もよお》しなどが費用倒れになる憂《うれ》い。心穏《おだ》やかであれば物事は成就《じょうじゅ》します。

四爻

[運命の数と色]　1・6・黒

[総体運]　非常に重要な局面に立つことが多いとき。現在不遇な人も抜擢《ばってき》などされて盛運に向かうときです。自ら新しいことに手を出すようなことはせずに、これまでやってきたことを墨守《ぼくしゅ》するようにすれば万事吉なのです。欲を出してみだりに進むと必ず後悔することになります。困難に陥《おちい》っても目下の人などに助けられ、窮地《きゅうち》を脱することができるとき。

[愛情運]　これまでつきあってきた人を捨てて、他の人に心を移したりすると悔《く》いることになりがち。林間や水辺でのデートは楽しいものになりそう。これはと思った人に真面目《まじめ》に誠心誠意尽くせばよい関係になれるはず。思いがけず、見初《みそ》められることもありそう。

[諸事運]　新規事業などには手を出さず、これまでやってきたことを継続して吉。学問なども他の分野に気を移したりせず、これまでのものを続けて吉。旅行などは楽しいものになりそう。試験や賭《か》け事《ごと》などは期待大。過労や中毒の暗示があるので注意。即決が吉。

五爻

[運命の数と色]　3・8・青

[総体運]　一時的な華やかさは見られますが、概して実質が伴わないことが多く、あまり長く続くことはないでしょう。また一花咲かせたい気持ちになるときですが、これまでを守り、無事安全を願うようにするほうが吉。男性の場合には女性の助けを得て何かに成功する暗示が見られますが、あとであれこれと取り沙汰《ざた》されて面白《おもしろ》くない結果に陥《おちい》りがち。

[愛情運]　狂い咲き的な現象が起きやすいとき。いままで真面目《まじめ》だった人が急に女に狂ったり、かなりの高齢なのに急に若い異性と交際を始めるというようなことが生じがち。なんとなく色情の間違いが起こりやすいときなので、女難男難を恐れる人は慎《つつし》むことが賢明。

[諸事運]　仕事も勉強も遊びも、やりすぎてしまう傾向にありますが、これまでどおりのペースを守るのがベター。交遊関係がひろがり、親密度を増す人もふえそう。ただ、実際的な利はあまり期待できないでしょう。新規に何か始めたくなるときですが時期尚早《しょうそう》。

上爻

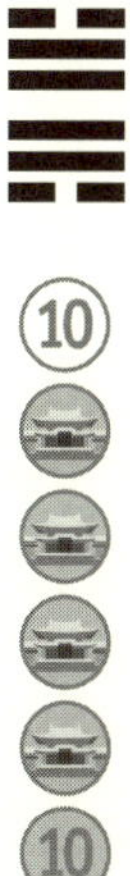

[運命の数と色]　4・9・白

[総体運]　人としての道を守り、慎《つつし》み深い行動をしていれば大きな問題は起きません。ただし、人に逆らい、道理にもとるような行動に出るようですと危難を免《まぬが》れることはできそうにありません。万事に退き守るようにするのがよく、進んでことをなそうとすれば災《わざわ》いが生じます。他を救おうとしたり、他人のことに干渉し過ぎて問題が降りかかる恐れが大。

[愛情運]　恋するために恋に酔《よ》うという言葉がありますが、そんなムードになりやすいとき。異性に惹《ひ》かれがちの傾向。もっとも、恋をして成功するにしろ、失恋するにしろよい思い出となるでしょう。男性は一人の女性をめぐって人と争うような暗示が見られます。

[諸事運]　金銭のことなどで人から迷惑を受けそうな暗示。コンパ、集会などで盗難にあったり、危害を加えられる恐れ。勉強などは大きな計画を立てすぎて失敗する憂《うれ》い。計画を立て直してもう一度努力してみること。乾坤一擲《けんこんいってき》、負けると分かっていても勝負しがち。

成功への鍵　大問題を抱えても、志を保ち、泰然として恐れることも憤《いきどお》ることもなく構《かま》えていなさい。

成功への鍵　習熟するまであきらめることなく、軽はずみな行動をせず、よく考えて行動しなさい。

初爻

［運命の数と色］　4・9・白

［総体運］　最悪の状態に陥《おちい》っていたり、また陥りそうな気配。もがけばもがくほどかえって窮地《きゅうち》に陥りやすいので、心をむなしくし、いっさいの欲を捨てて時を待つことが大切。何事も節度を守るようにして、まことを尽くし、正しい行いをしていれば、難を逃れ、吉。むやみに何かをなそうとしたり、相手をうちまかそうとしたりすると災《わざわ》いをこうむるとき。

［愛情運］　二人の関係に問題を呈《てい》する人が出たり、あるいは何気ない一言が相手を傷つけたり、また何気ない相手の一言で傷ついたりしそうな兆《きざ》し。男女関係でのゴタゴタが生じやすいときですから、それを避けるように注意すること。節度を守ることが大切。

［諸事運］　新たな計画などは慎《つつし》むことが必要。無理に進めますと後悔することになりそう。病気などになると軽くはすみませんから、節制して十分に身体に気をつけること。住居や仕事のことなどで問題が生じたりしがち。穴などに陥りやすいので足元に注意。

二爻

［運命の数と色］　5・10・黄

［総体運］　大変な苦労に出あいそうな暗示。これまで経験したこともないような問題に直面しなければならないことが多いのですが、誠意と信念をもって辛抱《しんぼう》していれば、後には吉兆に向かいます。運気は低調ですから、むやみに進むことは禁物。できるだけ安静を守り、しかもなすべきことは、たとえスムーズにはできなくとも根気よく続けていくことが大切。

［愛情運］　あなたも相手もおたがいを受け入れようとしない暗示。好きな相手がいたとしてもすぐには相手の心をつかむのは難しそう。じっくり時間をかけて相手の気持ちを自分に向けるようにしましょう。婚姻は譲歩しても先方の都合でまとまらないことが多い。

［諸事運］　仕事にしろ、勉強にしろ能率があがらず、投げ出したくなるときですが、それを辛抱して乗り越えると、抜擢《ばってき》をうけたり、成績が一気に上がるとの啓示。願望などはすぐには成就《じょうじゅ》する兆《きざ》しはないので、もう少し待つこと。足や腰に痛みを生じる暗示。

115 坎《かん》為《い》水《すい》 三爻・四爻

三爻

〔運命の数と色〕 3・8・青

〔総体運〕 いまは積極的に事を進めるべきときではないようです。人の後に従って行くくらいがよいのです。みだりに動いて苦労しても、たとえ損はしても益はないでしょう。自分の本分以外のことには手を出さないようにし、これまでのやり方を守るようにすること。面白《おもしろ》くないことが起きてもそれを気にせず、自分の信念を揺るがすことなく、誠を尽くして吉。

〔愛情運〕 二進も三進もいかない関係に陥《おちい》りやすい暗示。自分のことを思ってくれるとばかり考えていた相手がそうでなかったり、二人の間に立ってくれた人が頼りにならないことなどが多い。相手の幸せを考え、目上の人や友人の助言を受け入れるようにして吉。

〔諸事運〕 目前に危難の暗示がありますから警戒が必要。職場においてもクラスなどにおいても出過ぎて過《あやま》ちがないように気をつけること。盗難、暴飲の兆《きざ》しが見られますから、注意が肝要。金銭の貸借も難しいとき。誠心誠意、神仏に祈願するようにして吉運来る。

四爻

〔運命の数と色〕 4・9・白

〔総体運〕 これまであった問題が徐々に解決しそうな兆《きざ》し。まだまだ運気は完璧ではありませんから、調子に乗らず慎重に行動することが肝要です。いまある困苦から逃げることなく、耐え忍ぶことで、あとあと大きな吉祥《きっしょう》を得ることができるとの啓示。問題の解決は正面から行うよりは、裏から表立たずに内密に行うように心がけてうまくいきそう。

〔愛情運〕 恋人同士はおたがいの気持ちが通い合いかなり関係が深まりそうな兆し。恋人のいない人も自分の真心を相手に伝えるようにすれば、うまくいきそうな気配。あまり高価なものでなくとも、心のこもったプレゼントなどは有効。内密な関係が生じそうな気運。

〔諸事運〕 取引、交渉などは表からいくというのではなく、搦手《からめて》から攻めていくようにすることが大切。精神的なことに興味を持ち、実行することで大きな成果をあげられそう。仕事や勉強など独力でしようとせず、他の協力を求めて吉。盗難、病難に注意すること。

成功への鍵 習熟するまであきらめることなく、軽はずみな行動をせず、よく考えて行動しなさい。

成功への鍵

習熟するまであきらめることなく、軽はずみな行動をせず、よく考えて行動しなさい。

五爻

[運命の数と色] 5・10・黄

[総体運] これまで苦労が多かった人はその苦労から抜け出ることのできる啓示があります。障害が消滅して、動きが楽になります。人により苦労は多いのですが、その苦労が必ず報《むく》われる好暗示。自分の力を発揮するための基礎がようやく固まるときですから、分外のことに手を出すのはもう少し先にするほうが賢明。万事、七、八分で満足するようにして吉。

[愛情運] 恋のために悩んでいた人は、その悩みから脱却の兆《きざ》し。グループ交際などから恋が芽生えることもありそう。食事やお酒などに誘《さそ》ってみるのも吉。すぐにはうまくいかなくても、辛抱《しんぼう》強く少しずつ策略を巡らしていけば、いい結果が期待できそう。

[諸事運] 仕事上の問題が解決しそうな兆し。紛糾していたことも平常に戻ります。学校の勉強などでも、分からなかったことが努力次第でよく理解できるようになるとき。水難、盗難、病難に注意。試験などは好成績。ギャンブル、株取引などもまずまずの成果。

上爻

[運命の数と色] 3・8・青

[総体運] これまで困難に出あっていた人はそれが解消し、これまで平安であった人は困難に出あうとの啓示。自暴自棄になって自ら破滅への道をたどりやすいときですが、最後の最後までよく困難に耐えることが大切。そうすることによってこそ光明が見出せるのです。新しいことに拙速《せっそく》に取り組んだり、普通とは違ったことに手を染めないのが賢明。

[愛情運] 結婚話などは無理すれば成立しそうですが、後悔の気運。相手の関心を引こうと苦労して、一時はうまくいきそうですが、そのあとが難しそう。自分の思っている人は、他にこっそりとつきあっている人がいるといったことが多いときです。無理は禁物。

[諸事運] 仕事にしろ、勉強などにしろ、このままでいいのかと絶望感に襲われがちなときですが、いまこそあと一踏ん張りと頑張ることが大切。取引、交渉などは、できれば控《ひか》えるべきで、無理をすると警察沙汰《ざた》にもなりがち。何かと出費が重なる気配。

初爻

〔運命の数と色〕 5・10・黄

〔総体運〕 なぜか運気が移りやすいとき。いいと思うと悪くなり、悪いと思うとよくなるというときです。一喜一憂せずに、泰然《たいぜん》としていることがいいのです。何事も急進しますと初めはよくてもあとは悪くなりやすいので、徐々に進むのがよい。万事、一〇〇パーセントを求めないで、七、八〇パーセントのところで満足するのが吉運を保つ鍵となりそうです。

〔愛情運〕 美貌の女性や、ハンサムな男性に出会いそうな予感。うまくいきそうな、なさそうな難しい運気です。あせらずじっくりといくのがよいでしょう。男女共に移り気になりやすい傾向が見られます。これまで心が向いていた相手から気持ちが離れそうな兆《きざ》し。

〔諸事運〕 住居を移転したり、旅行したりなどする暗示。病難、火難などに注意せよとの啓示。契約などはよく相手を調査してからすることが大切。軽率な考えで、新たに何かを始めようとすると悪い結果を招きそう。依頼されたことは好結果を収めそう。金銭で苦労。

二爻

〔運命の数と色〕 4・9・白

〔総体運〕 運気の波に乗っています。万事に大きな利益を得ることのできるときなのです。これまで見通しがきかなかったようなことも、しだいに自分に有利に展開していく暗示が見られます。もっともいまが運気の頂上ともいえるわけですから、いつまでもこの調子が続くと思わずにいま基礎を固めておくことが大切です。人により過去の悪事が露顕《ろけん》する兆《きざ》し。

〔愛情運〕 交際も増え、遊び仲間も急増するでしょう。ただ人によっては一時の火遊びのつもりの関係が大変なことに。彼女がいる人の場合には彼女に言いよる人物が現れ、彼女があなたと他の男の間で板挟《いたばさ》みになるというような情況も起きる傾向にあります。

〔諸事運〕 学問の方面でも、事業の方面においてもいままでの成果があらわれてくるときなのです。願うことも大半は成就《じょうじゅ》することでしょう。意外の収入もあります。交渉、取引なども成立の可能性が大。ただしなるべく急ぐことがよいのです。健康は便秘などに注意。

成功への鍵 大きな力がなくても、日月の輝きのようにその徳をまわりに及ぼそうと努力しなさい。

成功への鍵　大きな力がなくても、日月の輝きのようにその徳をまわりに及ぼそうと努力しなさい。

三爻

［運命の数と色］　3・8・青

［総体運］　物事に一段落がつくとき。うまく見切りをつけて、深追いしないのがよいのです。古いことに未練をもって、それを続けますと大きな災難や損失をこうむります。名をなそうとしたり、ことを起こそうとしがちですが、人と争ってまでしますと悔《く》いることになりそう。いまは、何事も温和に、柔軟な態度で処することが大切であるとの啓示。

［愛情運］　こちらの気持ちほどは相手が思ってくれない暗示。終わりの近づいた愛は未練を捨て、新たな愛を求めるほうがよいとき。縁談は話をまとめようとしても難しいし、うまくいっても、相手が病弱だったり、子供が生まれなかったりして寂《さび》しいことになりがち。

［諸事運］　願望は無理にそれを成就《じょうじゅ》させようとするのはわざわざ苦労を作るようなものです。仕事や取引は積極策を避けるのが賢明。人との争論とか絶交の意があるので、短絡的な言葉や行動は慎《つつし》むこと。火難に注意。日は沈んでもまた昇ってくることを悟れば吉。

四爻

［運命の数と色］　5・10・黄

［総体運］　大きな志がきざしやすいとき。誠実に行動し、心正しい人は、自然と威儀《いぎ》も備わって、天の助けを得て、繁栄発展の兆《きざ》しが見られますが、言葉を飾り、外見だけを装《よそお》うなど、表の華やかさだけを好んで、慎《つつし》みを忘れる人は悔《く》いる恐れ。ことを性急に行おうとしたり、わがまま勝手にふるまう人は災《わざわ》いを受けやすい暗示。不意の災難に用心すること。

［愛情運］　一つの恋が終わるとまた新しい激しい恋が生じる兆し。嫉妬心から間違いを起こしやすい暗示があるので注意しましょう。婚姻話などは強引にまとめようとするとハプニングが生じそう。デートのときなど、あまり派手な服や化粧は控《ひか》えたほうがよさそう。

［諸事運］　火難にあいやすい気運ですから、火の元には気をつけること。仕事や取引などは利益にのみ汲々としていると、のっぴきならない羽目に陥《おちい》りそう。願望は無理に成就《じょうじゅ》させようとすると破綻《はたん》を生じがち。神《かみ》棚《だな》、仏壇《ぶつだん》などのある家はよくお祭りすると吉運へ。

五爻

【運命の数と色】 4・9・白

【総体運】 力量のある人、大人物、学者などですとその名を四方に輝かすような吉運に恵まれます。また商売などをしている人も、繁栄し財を集めることができそう。一般には自分の実力よりも地位が高すぎたり、仕事が大きすぎて苦労しそうな気配。目下の妨げにあって支障をきたしやすい兆《きざ》しが見られますが、年上の相談相手を選んでうまく処理して吉。

【愛情運】 あまり気に染まない縁談でも世間並みの相手であればこの辺で手を打っておいたほうがよい啓示。選《え》り好みをしすぎると婚期を逸《いっ》します。深い関係や不倫の関係に陥《おちい》りやすい暗示があるのでご用心。男女とも少しおしゃれに気を使って恋愛運上昇の兆し。

【諸事運】 願望などは年上の人の助けがあればかないそう。話し合いは強気よりは弱気、下手に出たほうが結果はよい。人の見立違いをしがちな傾向。目を痛めやすい暗示があるので用心が肝要。仕事にしろ、友人関係にしろ不正に迷うと天罰の憂《うれ》い。火難に注意。

上爻

【運命の数と色】 3・8・青

【総体運】 これまで難問のあった人は、思い切った手段を取ることでそれを解消することができそう。勢いはあるのですが勢いに任せるとよくなく、できれば慎重に行動するのが賢明。とはいえ、それだけでは障碍《しょうがい》を克服できない場合もあり、そのときは強硬手段も止むを得ないのです。ただし利欲に釣られての突進とか、やり過ぎは失敗につながるのでご用心。

【愛情運】 これまで積極的に出れなかった人は、少し思い切ってアプローチするのがよい。強引であった人は少し控《ひか》えめな態度をとるのが吉。新しい出会いがあったり、別れなどもありそうな気配。相手のプロポーズに対して態度保留のままでいることは難しそう。

【諸事運】 仕事にしろ、勉強にしろ、もう少し気合を入れてやってみよう。きっと大きな成果が得られるはずだ。驚くようなことや、争い事が起きそうな兆《きざ》し。人を羨《うらや》みたくなるときですが、上を見れば限りないものです。家を離れたり、遠くに出かけそうな気配。

成功への鍵 大きな力がなくても、日月の輝きのようにその徳をまわりに及ぼそうと努力しなさい。

成功への鍵　私意を交えず、虚心坦懐《きょしんたんかい》に人の言葉や行いを受け入れるようにしなさい。

初爻

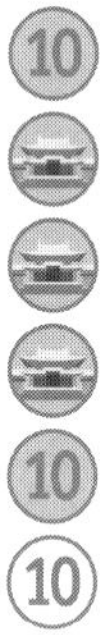

【運命の数と色】　２・７・赤

【総体運】　予想外の幸運があるでしょう。新たに事を始めたり、改めるにはよい時期です。ただし、周到な準備が大切。よからぬ野望を抱くと、手痛い目にあう懸念《けねん》も濃厚です。言葉を慎《つつし》まないと災《わざわ》いが降りかかります。上司からの引き立てを受けるようなこともありそうです。真心をもって、正しい行いをなすように努力していると吉兆を生じるとの啓示。

【愛情運】　魅力的な異性に出会う予感がします。とはいえ、交際するにあたっては、相手をよく見きわめることが大切。結婚は、再婚は吉、初婚は再考するのがよいでしょう。人によっては、古い関係があれば清算して、新たな関係を模索してみるのによい時期です。

【諸事運】　住まいの装飾を変えたり、修理して吉。交渉や取引をまとめるのにもいまがよい時期。仕事は目上の人に相談するのがよいでしょう。旅行も吉。姓名に「アイウエオ」の音のある人が、幸運をもたらしそうな予感。無暗に考えもなく始めることは失敗しがち。

二爻

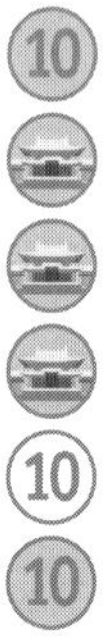

【運命の数と色】　３・８・青

【総体運】　沢と山と気を通じる意です。沢気は下り、山気は昇り、相通じ相応じます。万事、すみやかに整う卦。ただし、まだ時期は至らず、守って努力することが肝心です。近日中に運勢が打開するでしょう。待つ、守る姿勢が吉。みだりに動いたり、進むことは災《わざわ》いのもとです。なんとなく妄動しやすい気持になりがちですが、それを克服することで吉運に向かう啓示。

【愛情運】　心を通わすチャンス。相手の誕生日など贈りものが慣例となっている日にプレゼントを忘れないように。ただし、色情に心を奪われて過《あやま》ちを犯しやすいので注意。本命以外の身近な人に手を出して後悔する兆《きざ》しもありますので安易に誘惑に負けないこと。

【諸事運】　遠方からの便り、あるいは遠方へ旅行することがありそう。飲みすぎ、酒席でのケンカにご用心。契約の変更、移転は慎《つつし》んで吉。ギャンブルは人の言葉やデータより第六感が吉。神仏頼みもよいでしょう。病気などは軽く考えていると大変なことになりがち。

三爻

[運命の数と色] 5・10・黄

[総体運] 目標が定まらず、身近なことであくせくする傾向。意見を堅固に保って誘惑に負けないことが大事。目標を高くもち、小事や恥《は》ずべきことを避けないと、後悔することになります。絶交状態だった人と再び友好を深める兆《きざ》し。万事、守りに徹して吉。人にそそのかされて、みだりに行動し、静かにしていることができがたいときですが、動くと凶になりがちです。

[愛情運] 愛に溺《おぼ》れて、自分のなすべき仕事とか、勉強など本業をおろそかにしがち。若い人に限らず、既婚者も身近な異性との交際で家庭にゴタゴタを生じる恐れがあります。手近な相手とつきあいがちですが、容姿、知性が高い人に目標を定めて吉。

[諸事運] なんとなく、親族とかあるいは友人、同僚など、家に人が集まり、にぎわう兆し。商売人は飾りつけを工夫して、品数を増やすと吉。事業は腐れ縁を切らないと社会的信用が失墜《しっつい》する恐れがあります。勉強は、高めの目標を目指して吉。ギャンブルは凶。

四爻

[運命の数と色] 1・6・黒

[総体運] しっかりとした方針を定めるべきとき。浮《うわ》ついた気持ちでいると、心配や苦労が絶えません。確固とした信念をもって行動するのがよいのです。自分の好むところに溺《おぼ》れて、なすべきことを放棄しがちな兆《きざ》しが見られますが、注意しなければなりません。ささいなことに神経をいらだたせがちですが、気を丹田《たんでん》に納《おさ》めて、心を鎮《しず》めるようにして吉。

[愛情運] 決まった相手のいる人は、他の異性に色目を使いがちな傾向。交際、婚約などは、相手に隠《かく》れた愛人がいないか、確かめる必要がありそう。交遊関係が活発になるときですが、あまり調子に乗っていると、足元をすくわれることもあるので、ご用心。

[諸事運] 本業を忘れて他のことに没頭しがちな兆し。いくつか場所を移動するような気運。仕事場や、家庭に波風が起りがちなので用心することが大切。目下のことで苦労を背負いこむ恐れ。苦労や問題が生じても誠実に正しい行動をとれば、自然と解消する啓示。

成功への鍵 私意を交えず、虚心坦懐《きょしんたんかい》に人の言葉や行いを受け入れるようにしなさい。

成功への鍵 私意を交えず、虚心坦懐《きょしんたんかい》に人の言葉や行いを受け入れるようにしなさい。

五爻

【運命の数と色】 3・8・青

【総体運】 小事はスムーズに進む予感。あまり動かないほうが吉。動くに動けないような状況になっても、かえって好結果が生まれるときです。誘惑に乗らないことが肝心。ただし、自分の一存で事をはかるようだと、思わぬ失敗を繰り返し、悔《く》いを生じる恐れがあります。目下の人と組んでなすことや、盛大にしていくというのではなく減少させていくようなことは吉。

【愛情運】 周囲をもう一度よく見まわしてみましょう。だれかが「好き」と合図を送っているのに、鈍感で気づかない恐れがあります。ただし、男性は女難の相があり、モテモテも考えものです。現在の恋人を大切にしたほうが吉。婚約は、まとまりづらいときです。

【諸事運】 話し合い、取引などは、積極的に進めようとすると破綻《はたん》を生じがち。口論、ケンカの暗示が見えます。旅行などは注意が必要。アレルギー、肩こりにご用心。外出より、家で勉強したり読書したほうが、結果的には吉です。人の言葉にまどわされやすい暗示。

上爻

【運命の数と色】 4・9・白

【総体運】 一見よさそうなのですが、内実が伴わないことが多いとき。つまらない一言を発したために身を引かなければならないはめになりがちですから、言葉には注意することが肝要。信じてはならないような人を信じたために、口先でごまかされたり、大きな負担を負わされたりしがち。誠実をもっとうにし、口先だけで言いつくろうことをしないこと。

【愛情運】 口先だけの愛情の言葉にだまされがちなとき。うっかりと口車に乗ると取り返しのつかないことになりそう。デートの約束なども破られやすいことが多いときですから、よく確認しておくことが大切。たがいに軽い遊びのつもりだと格好の相手がいそう。

【諸事運】 下手に人の話を信じると大きな借財を抱える結果になりがち。軽率に取引などをまとめると相手に一杯食わされるはめに。大きな役目から退いたり、事を改めようとしたりしがち。つまらないものを、よほどよく思わされがち。進むより退くのに吉運の卦。

初爻

［運命の数と色］ 4・9・白

［総体運］ なそうとしていることが時期尚早《しょうそう》であったり、自分の分に過ぎていることが多い。もう少し情勢をよく判断したり、自分の才力の限度をわきまえる必要がありそう。あまりに気負って実行しようとするとかえって成功しづらいでしょう。初めから大きな成果を願わず、小さな結果で満足するのがよいのです。しばらくは口を慎《つつし》むことが大切だとの啓示。

［愛情運］ 意気投合する人が現れそうな予感。逡巡《しゅんじゅん》しないこと。とはいってもつきあったばかりで、すぐに深い関係までを求めても無理。もう少し時期をみる必要がありそう。デートなどは期待外れに終わりがち。新しい関係より古い関係を大事にするのがよさそう。

［諸事運］ 新たな計画などはよくよく検討しないと悔《く》いることに。仕事、勉強、習いものなど、普段からの積み重ねが大切だと易は啓示しています。目上の人から疑いを受けるか、あるいは口争い、金銭の出費がありそう。金属や石などで足をケガしないようにご用心。

二爻

［運命の数と色］ 5・10・黄

［総体運］ 自分のなすべきことに専念していけば、安泰を得る暗示。つい他からの誘惑に負けて本業以外に手を出してかえって苦労を背負いこむ傾向にあります。少し無理があって達成しにくいようでも、何事もあきらめずに根気よく続ければうまくいくはず。新規のことには手を出さないようにして、これまでやってきたことを守るようにするのが賢明な策。

［愛情運］ 男女ともに自分には不釣り合いな人に気持ちを惹《ひ》かれやすい兆《きざ》し。その人とつきあうようになっても、自分にも相手にも過不足のところがあって、長くつきあっていくには骨の折れることが多いでしょう。別居とか不倫などの暗示があるので注意が肝心。

［諸事運］ 吉凶ともに初めに聞くほどにはたいしたことはない。友人と争いの兆し。口を慎《つつし》むことが大事。目の前にありながら、もう少しのところで手に入らないことがありそう。取引、商売など利欲にとらわれすぎると失敗の憂《うれ》い。目標への継続した努力が達成の鍵。

成功への鍵 志を変えずに努力すれば成就《じょうじゅ》します。ただし悪い志は凶になるでしょう。

成功への鍵 志を変えずに努力すれば成就《じょうじゅ》します。ただし悪い志は凶になるでしょう。

三爻

［運命の数と色］ 1・6・黒

［総体運］ 天地の生気、常に循環《じゅんかん》して止まざる暗示。生気循環は天地の間、長久の道。恒久《こうきゅう》の意がある卦ですから、新規に何かを始めることは避けたほうがベター。自分の周囲に変化が起きやすいときですが、不動の心構えこそが大切なときなのです。節制を堅持すべきことを卦は教えていますが、何かと誘惑に負けてしまいがちなとき。自重してこそ幸運来る。

［愛情運］ 男女ともに奔放《ほんぽう》にふるまって、間違いを生じやすい兆《きざ》し。少し慎《つつし》むようにしたほうがよいかもしれません。これまで関係のあった人と仲違《なかたが》いの暗示。恋人以外の人に色目などを使わないようにしたほうが賢明。アクセサリーなどをプレゼントして愛情運吉。

［諸事運］ 仕事、取引などは目前の利のみを追っていると信用を失墜しそう。転職、転居あるいは遠方へ出かけることがありそう。勉強はあれこれやり方を変えずに一つの方針を貫《つらぬ》けば吉。目標にしろ趣味にしろ、いろいろと変更せず一つにしぼるのがよいときです。

四爻

［運命の数と色］ 5・10・黄

［総体運］ 志を変えず、人間としての正しい道をしっかりと守る人においては、発展と繁栄の兆《きざ》し。ただみだりに進み昇ろうとしてその止まるところを知らない人はその終わりをまっとうしない暗示。水に写った月のように目前に利を見ながらそれを取ることができない意が見られます。独断専行では失敗することが多いので、智恵ある人に相談し行動して吉。

［愛情運］ 自分にいたらないところがあると破綻《はたん》の生じやすいとき。相手に不満を与えないように努力する必要がありそう。恋人を探してあちこち出歩いてもあまり成果のないとき。色恋沙《ざ》汰《た》で失敗しやすいときなので注意が肝要。相手と自分の希望にギャップあり。

［諸事運］ 勉強のやりかたを変えるように努力したほうがよい。仕事や計画などもこのままではあまり成果があがらない危《き》惧《ぐ》。病気には食物の節制が大事なとき。報酬の不足から離反をうける恐れ。株の売買などは静観したほうが賢明。気持ちを平静に保つようにして吉。

五爻

[運命の数と色]　4・9・白

[総体運]　大きなことですとなかなか難しいのですが、小さなことでしたらうまくいく運気。いままで通りやっていれば、なんとかやっていけるのですが、少しずつほころびが生じていく暗示。本来は積極的に出ていくべきだったのですが、その時期を失していますので、いまは内を整えることが肝心です。自分の一存でことを決しようとしてできない暗示。

[愛情運]　夫婦や恋人同士はなんとなくおたがいの関係がマンネリ化している感。男性は女性の尻に敷かれるきらい。好きな相手がいたらゆっくり、やんわり、自分の気持ちを伝えていって吉。婚姻の話は、男性ならあまりよくなく、女性ならまとめて吉。

[諸事運]　仕事や勉強はこれまでどおりやっていけば可もなく不可もないといったところ。願い事は、小さなことならかないそう。金銭のことで争いの起きる兆《きざ》しが見えますので、注意すること。自分ではさほどと思っていないことでも人に悪口を言われる恐れ。

上爻

[運命の数と色]　2・7・赤

[総体運]　無用の努力をして、自分が損し、他にも迷惑をかけてしまう暗示。例をあげると、武将がその必要もないのにその権威を誇示するために無駄な金を使ったり、兵を動かしたりして、いたずらに費《つい》やし疲れるようなことをしがちだというのです。ですから努めて無用無駄な行動は慎《つつし》むようにしなければなりません。また最後の土壇場《どたんば》での辛抱《しんぼう》が大切なとき。

[愛情運]　移り気になりやすい傾向。また、あなたがアタックする異性は見当違いの相手が多い。奮闘努力してもうまくいかない兆《きざ》しが見られます。相手を見きわめることこそが大切。もう少し頑張ればうまくいくのに最後の一押しが足りない人も出てきそう。

[諸事運]　あまり遊びすぎないほうが賢明。少し落ちついて仕事や勉強に専念するほうが吉。とはいえ、仕事にしろ勉強にしろは見当はずれの努力をしがちですから、親しい信頼できる人の助言を受けるのがよい。書類、印鑑の取り扱いは要注意。旅行は吉運あり。

成功への鍵　志を変えずに努力すれば成就《じょうじゅ》します。ただし悪い志は凶になるでしょう。

成功への鍵 誠と敬いの気持ちと、威厳《いげん》をもって接し、つまらない人が自然と去るようにしなさい。

初爻

［運命の数と色］ 2・7・赤

［総体運］ 万事、急いでとりかかるべきときです。どちらかといえば、どのようなことも少しばかり手遅れということが多いので、時期を失しているかいないかの見定めが大切。時期を失したと思われることにはけっして手を出してはいけません。また退くべきことをまず考えてみるべきときでもあり、その時期を失すると大きな災《わざわ》いをこうむることになります。

［愛情運］ これまで親しい異性のいなかった人は、そのチャンスがめぐってきそうな兆《きざ》し。相手のわがままがあまりに過ぎる場合には、少し距離をおくことが必要かもしれません。一方に隠《かく》れた異性がいる場合があります。あまりしつこいのは嫌《きら》われるので注意。

［諸事運］ 計画などは、時期の観測をあやまりがちなので、十分に心を配ること。人と心を同じくして、仕事や勉強をすると吉なのですが、交わる人には十分に気をつけないといけません。交渉とか取引などは積極的に進めるよりは退いて無事を保つことが肝心。

二爻

［運命の数と色］ 3・8・青

［総体運］ 真心をもって人と交わり、従順さをもって人に対応するようだと万事好都合に運びますが、さもなければ離散、不和の凶兆。また自分の好む好まぬにかかわらず一つのことに拘束されて自由がきかない暗示。新しいことをするか、古いことを守るかの選択では、新規のことには手を出さないほうが無難。集会などで口争いの暗示があるので注意。

［愛情運］ 自由奔放《ほんぽう》な異性に振り回されて身動きがとれない暗示。男女ともに恋愛関係での間違いが生じやすいときです。とくに若い男性は年上の女性と深い関係に陥《おちい》りがち。人によりいまの相手とは別れたい気持ちが生じても、なかなかに別れられない二人です。

［諸事運］ 自分は手を引きたいと思っても引き止められてどうにもならない兆《きざ》し。風邪《かぜ》を引いたり、足を傷《いた》めやすいので注意。アキヤマ、エリなど姓名に「アイウエオ」の音のついている人があなたに幸運をもたらします。少しつきあいを減らし仕事、勉強に専念して吉。

三爻

［運命の数と色］ 5・10・黄

［総体運］ 智恵ある人はその機を知って山に退き逃れる暗示。名誉とか地位とか女性とかにかかわって決断と行動に手間取りがちなときです。運勢打開のためには機運を素早く察知して思い切りよく引き上げることが大切です。少しくらいよく見えても成立させようとせず、時の来るのを待つべきときなのです。何事も進むことよりも退くことを第一に。

［愛情運］ 八方美人の恋人に振り回されそう。さっさとあきらめて別れたほうがよいのです。さもなければ単なる友達としてつきあうほうがベター。長いつきあいの男女においてはたがいに分かっているつもりでいて、あまりに考え方が違っていることに愕然《がくぜん》とします。

［諸事運］ 願うことはさまざまな障害があってなかなか成就《じょうじゅ》しがたいとき。仕事などもいささか不調です。問題が生じたらそれに直面するよりも避けるようにして吉。勉強は新たなことに手を出さず現在やっていることに専念して吉。友人と集まって勉強するのも一案。

四爻

［運命の数と色］ 3・8・青

［総体運］ これまで苦労があった人は時を得て、発達に向かう運気。しかし、一気に功をあせって急進すると後悔しそう。そのときの大勢に順応するほうがよいが、自分の趣味、古い習慣、人間関係などの引っかかりのためにそれができないようだと、損害を受けたり、苦悩したりすることになりがち。進退を決めがたいときは進むよりも退くほうが吉。

［愛情運］ 男女共に旅行先などでロマンスが生まれそうな気配。男性はつきあっている女性のことで悩みが生じる暗示。女性は知り合った男性にすでに相手のいることが多い。自分から別れたほうが結果的にはよいのですが、なかなかそうはできないときでもあります。

［諸事運］ 仕事やつきあいも欲に目がくらむと災厄《さいやく》を起こす恐れ。埒《らち》のあかない紛争やメリットのない取引は打ち切るのが吉。現在は悪友などとも思い切って手を切るチャンス。勉強などはあせらずにじっくりと積み上げていくことで大いに成果を期待できるとき。

成功への鍵 誠と敬いの気持ちと、威厳《いげん》をもって接し、つまらない人が自然と去るようにしなさい。

成功への鍵 誠と敬いの気持ちと、威厳《いげん》をもって接し、つまらない人が自然と去るようにしなさい。

五爻

［運命の数と色］ 2・7・赤

［総体運］ 万事、すみやかに退き、逃れることを考えるべきときです。危難をあやういところで逃れて、無事を得るという暗示もあります。ただし、少しでも不正のことにかかわるようですと、大きな破れを生じる恐れがありますので、注意が肝要。どのようなことも自分でやろうとするよりも、目下の人に任せるようにするのが吉祥《きっしょう》を招く鍵となります。

［愛情運］ 異性との関係で問題を生じやすい兆《きざ》し。軽はずみに交際を始めると後悔することに。別れることを考えていた人は、いまがそのチャンスかもしれません。あまり後腐れなく別れられそう。縁談などはまとまりづらく、まとまっても性格の不一致に悩む恐れ。

［諸事運］ 仕事などはじっと我慢《がまん》して、軽々しい行動を慎《つつし》むこと。退職などもありそうな気配。病気とか、親族に不幸があるとか、あるいは火災などの恐れ。住居を移転するとか、あるいは旅行などに出かける兆し。病気にかかっている人は、危険状態を脱する暗示。

上爻

［運命の数と色］ 4・9・白

［総体運］ 気運が隆昌《りゅうしょう》し、百事達成する卦です。いままでの努力が報《むく》われるでしょう。できなかったことをやりとげるチャンスが近いうちに到来します。不都合なことがあっても気にせず、のびのびとした気持ちで楽しみながら暮らすことが開運のポイント。鋭い矛先《ほこさき》を収め、来る気運に備えて吉。誠実に生きてきた人には必ず吉祥《きっしょう》があるとこの卦は啓示しています。

［愛情運］ 若い人は女難に注意。年配者は目下の人の婚姻の喜び事がありそうですが、頑固《がんこ》なためにトラブルの起こる傾向。結婚している人、恋人のいる人は、相手に気を使いすぎて消耗しがちです。おたがい、少し離れてその関係を冷静に見直す時期も必要です。

［諸事運］ 職場や学校でそれまでやってきたことが認められ表彰されることがありそうです。願望はいま少し待てば必ずかなう気配。勝負運も上昇中。成績も上がる傾向にあります。交渉は機会を失した感あり、次の機会を待ってください。訴訟、争い事は避けること。

初爻

【運命の数と色】 3・8・青

【総体運】 運気が動いて積極的な機運が芽生《めば》えてきますが、いまはその機運に乗るべきときではなく抑《おさ》え気味でいかなければならないというのが卦の教えです。自分の勢いを頼んで実力以上のことに着手するときは後悔の兆《きざ》し。いままで行ってきたこと、現在日常行っていることをひたすら真面目《まじめ》に継続して、新たなことには手を出さず時期を待つのがよいのです。

【愛情運】 卦は異性と話す機会が増え、異性からの誘惑が生じやすいことを啓示。それにうかうか乗るとあとで思わぬ目にあうことになる気配。現在つきあっている人を大切にし他には目をくれないほうが安心。縁談などの話があってもいまは遠慮しておいて吉。

【諸事運】 交渉や取引などはあまり進めないほうが吉。願い事も強いて遂げようとすれば大きな苦労を負いそう。旅行などもしたくなる傾向がありますがケガや口論などに十分に注意が肝要。遊びに夢中になり仕事や勉強のほうがおろそかになる傾向。勝負事は凶。

二爻

【運命の数と色】 2・7・赤

【総体運】 発展の兆《きざ》しが見られますが、あまり広げすぎるとそこに隙が生じやすいときですので、警戒して進むことが大切。謙譲の心を保って贅沢《ぜいたく》に流れることのないように行動していると、あとあとの吉祥《きっしょう》が期待できます。人の心を探り、また探られるようなことがありがち。どうもなぜか軽はずみな行動とか、偏屈な態度をとりがち。意外の喜び事があります。

【愛情運】 旅行でにしろ、何かの集まりでにしろ、気の合う人との出会いがありそう。自分が主導権を握ってリードしていくことでよい結果が期待できます。この時期に出会う金田とか鈴子など姓名のなかに金の字のある人には何かと面倒をかけられる恐れ。

【諸事運】 仕事は現状くらいのところで欲張らず、他日の衰退に備える心がけが必要。いくら喧騒《けんそう》の中にあっても中心をしっかりと保持して、生活する心がけが大事。口論などがありがちなので口を慎《つつし》むことが肝要。芸術家など特殊な職業についている人は吉祥到来。

成功への鍵 天地の道理に従い、人間社会の秩序を定める規律に従って行動しなさい。

成功への鍵　天地の道理に従い、人間社会の秩序を定める規律に従って行動しなさい。

三爻

[運命の数と色]　4・9・白

[総体運]　勢いはあるのですが、うっかりすると自ら進んで窮《きゅう》地《ち》に陥《おちい》ってしまう恐れ。自分の力を過信したり、人から持ちかけられた話にはうかうかと乗らないようにすることが肝要。いろいろなことに首を突っ込むようなことはせず、控《ひか》えめに行動するのがよいのです。成り行きで、大きなことを言ったり、ウソをついて問題を起こしやすいので言葉に注意。

[愛情運]　男性は女難に気をつける必要がありそう。強気にアタックしていけば成功する率は高いのですが、あとでそのことを後悔することが多いのです。不用意に発した言葉が二人の関係にひびを入らせる暗示もあるので気をつけること。相手の出方を待って吉。

[諸事運]　争い事などは避けるようにしたほうが賢明。願望は無理に達成しようとすると問題が生じそう。病難とか、兄弟との不和に注意する必要。会社や学校では、人の先に立って行うよりも、人の後からついていくという方針がベター。頭のケガを用心すること。

四爻

[運命の数と色]　5・10・黄

[総体運]　運気盛んなとき。積極的に事を進めてそれがうまくいくときなのです。これまで苦労があった人もそれを脱して安定を得ることができそうです。ただ調子に乗りすぎて注意を怠《おこた》ると転倒する恐れもありますので注意が肝要。人とよく交わり、たがいに物をゆずり、また施《ほどこ》し恵む暗示も見られます。中心となることを常にしっかりと定めることが鍵。

[愛情運]　適齢期なのに縁談などに縁のなかった人にも話が舞い込みそうな気配。恋人のいなかった人にも縁が結ばれる予感。色恋にうき身をやつすことになる人が多くなりそう。年寄りの人ですと自分の親族に縁談の兆《きざ》しが生じるかもしれません。飲み会への参加吉。

[諸事運]　旅行などは楽しい思い出深いものとなりそう。これまでかなわなかったような願いが都合よく成《じょう》就《じゅ》する気運。交渉や取引などもこちらの意に沿うようにまとまりそう。一人で二つのこと兼務する暗示。試験、勝負、相場など好調の波に乗れるとき。備えが大切。

131 雷天大壮《らいてんたいそう》　五爻・上爻

五爻

〔運命の数と色〕　4・9・白

〔総体運〕　剛に対して柔をもって応じるべきときです。争いなどを挑《いど》まれても、柳に風と受け流して、難を避けるのがよいのです。性急に事をなそうとしますとあとで悔《く》いることになりがち。ともすれば間違いを生じやすいときですから、十分な注意が必要です。できれば、何事にも関与しないようにして、無事を保つことを心がけるのがいまは賢明です。

〔愛情運〕　他の人と争ってまで恋人を獲得しようとはしないほうがいいでしょう。自分の恋人にちょっかいを出されるようなこともありがちですが、事を荒立てたりしますと損をします。どうも高嶺《たかね》の花とか、結婚できないような相手とかを好きになってしまう暗示。

〔諸事運〕　仕事も学問も、あまりにやりすぎますとまわりとギクシャクしそうな危惧《きぐ》。交渉、取引などは自分から進めるのは避け、相手から言ってきても受け流しておくのがよい。金銭とか、名誉などにからんで策謀をめぐらすと凶になることが多い。兄弟の和に注意。

上爻

〔運命の数と色〕　2・7・赤

〔総体運〕　困難に出あいやすい運気。自分の実力や資力などを省《かえり》みずに着手したり、時宜《じぎ》に適しない方針で進んで苦労しやすいときです。それを反省して行動すれば運勢打開の兆《きざ》しが見えてきます。学問の世界で生活している人、僧侶、神官、また地位や家柄が高い人などの場合には吉兆があるでしょう。一般に、進めば苦境に陥《おちい》りやすいので自重すること。

〔愛情運〕　相手から面と向かって愛を告白されたりして、かえって戸惑《とまど》ってしまうようなこともありそう。恋人のいる人は、二人の間にもつれが生じやすい暗示がありますので、言動には十分な注意が必要。食事や飲みに行き、つい勢いで深い関係に陥りやすいとき。

〔諸事運〕　仕事方面は猛進しすぎないようにすることが肝要。新規のことは控《ひか》えて、資力、労力を保全して吉。勉強も上《うわ》っ面《つら》だけ進むよりも基本をもう一度確認して吉。妻帯者は妻子のために苦労することが多い。金銭上の問題多し。短慮ですと刃物《はもの》などの難あり。

成功への鍵　天地の道理に従い、人間社会の秩序を定める規律に従って行動しなさい。

成功への鍵 私欲を捨てて徳を発揮するようにしなさい。でなければ凶となるでしょう。

初爻

[運命の数と色] 3・8・青

[総体運] あせって先に進みたくなるときですが、その勢いを少し抑《おさ》えてじっくり進むつもりでいるのがよいとき。細かなことにはくよくよせず悠然として万事に対処することによって吉を得ることができるのです。すぐに進もうとしても他から邪魔《じゃま》が入りそうな危《き》惧《ぐ》。根気よく気長に努力するというのが現在の最善の策。遠からずチャンスはやってきます。

[愛情運] つきあっている人がいても結婚の話などはこの時期はしないほうが賢明。おたがいに好き合っていても、つまらぬ邪魔が入ったり、双方の家の事情などでまとまりづらく、まとまってもあとあとにまで悪い影響を及ぼす懸念《けねん》が見られるからです。

[諸事運] 兄弟や仲間と意見の食い違いが生じそうな気配。自分一人でなどと思いたがりますが、結局は力を合わせて実行するほうがベター。住居を移転したくなるような人もいますが、しばらく移るのは延期したほうがよい。争論、絶交などを防ぎ、足のケガに注意。

二爻

[運命の数と色] 1・6・黒

[総体運] 万事急がずに気長に努力すれば実現する啓示。何かと妨げがあってすぐには思いのままになりそうもありませんが、ねらうところは正しいので、あきらめないこと。だめだと思っていたことに思わぬ朗報がもたらされる暗示。目上の人の引き立てを受けて幸運をつかむこともあります。中正を守り、これから先の新しい計画を立てて準備することは吉。

[愛情運] 二人の間に邪魔《じゃま》の入る暗示。警戒が必要です。思う相手とうまくいかないようにみえても、内部においては成就《じょうじゅ》する気配が動いています。あせらず忍耐強くアタックすること。若い男性は年上の女性に誘惑されそうな気運。プレゼントをしたり、される暗示。

[諸事運] 仕事にしろ勉強にしろ、計画どおりには進みませんが、目的を大きくつかんで、小さいことは気にせずやっていけば吉。足に腫《は》れ物などができやすいので注意。交渉、取引など途中で投げ出すとあとで悔《く》いることになりそう。勝負運はかなりよし。

三爻

【運命の数と色】 5・10・黄

【総体運】 思っていたよりも大きな結果を得られる吉兆があります。これまで目標としてきたこと、一度は思い止まろうとしていたようなことも実現しそうな機運。逡巡《しゅんじゅん》することなく思い切って目的に向かって進むことでよい結果を得られるときなのです。いささか苦労はありますが、まわりの信用を確保し、目下の人の協力を得ることができれば多くのことが成就《じょうじゅ》しそう。

【愛情運】 あなたの恋にも光明が。思い切ってアタックすることが大切。柔らかい物腰だけでなく、時には毅然《きぜん》とした態度があなたを見直させます。恋人が旅行などに出かけて側にいないとき、ついつい恋人を忘れて身近なところにいる異性に心を惹《ひ》かれがち。

【諸事運】 仕事などは忙しいわりには利が少ないとき。旅行など誘《さそ》われるようなこともありますが、避けたほうが賢明。遠くの人からの便りが届きそう。住居のことで苦労の生じそうな気配。試験、勝負事などはラッキーがついてまわりそう。不仲の人と仲直りの暗示。

四爻

【運命の数と色】 5・10・黄

【総体運】 道に外れたこととか、不正なこととか、争いごとなどが多い暗示。どのようなことであっても、義理を欠いたり、道理に背《そむ》くようなことは慎《つつし》むこと。さもなければ、破れを生じ、身を失い、家を滅ぼす恐れがあります。また、人の不正によって、ひどい目にあう危険もありますので、いっさいのことによくよく気配りして、行動することが大切。

【愛情運】 だましたりだまされたりしそうな気配。相手の気持ちを引こうといい加減なことをつい言いたくなりますが、間もなく露顕《ろけん》して窮地《きゅうち》に陥《おちい》りがちですから注意。また相手の気がありそうな言葉や態度についふらふらとしがちですが、用心が必要かもしれません。

【諸事運】 仕事関係は利をあまり追求しすぎると悪い結果になりがち。取引、交渉などは相手の不正に引っかからないように気をつけること。高いところから落下するとの意がありますので、高いところ、また高い地位には注意。損失をこうむり、災害に出あう恐れ。

成功への鍵 私欲を捨てて徳を発揮するようにしなさい。でなければ凶となるでしょう。

成功への鍵 私欲を捨てて徳を発揮するようにしなさい。でなければ凶となるでしょう。

五爻

[運命の数と色] 4・9・白

[総体運] 運気は悪くないのですが、進退をなかなか決しがたい困難に出あいそうな暗示。自分の実力以上の仕事を引き受けたり、周囲にあなたの発展をよく思わない邪魔《じゃま》するような人などがいたりして、どうにもうまくいかないことがありそうな懸念《けねん》。とはいえ、いまはそれを恐れず、成否をかまわず思い切りやってみることで、吉を得ることができることでしょう。

[愛情運] ちょっと自分には高嶺の花というような人にも思い切りアタックしてみること。強気でいけばなんとかなりそうですし、相性もけっこうよさそう。その姓名中にハタケヤマとかヒミコとか「ハヒフヘホ」の音、畑とか照子など火の文字のある人が相性大吉。

[諸事運] 仕事にしろ勉強にしろ、なかなか難しいところがありますが、ここを頑張ることで道が開けるとの啓示。人と心が隔《へだ》たる暗示がありますが、自分から変化していけばうまく心が通い合う吉兆。眼や胸、胃などの疾患に注意。成績もギャンブル運もあなた次第。

上爻

[運命の数と色] 3・8・青

[総体運] 何事もその極みにきたときです。もう少しだと猛進したいところですが、むしろこのあたりで一歩退いて他日に備えたほうがよさそう。凶運なども危機一髪のところまでくることがありますが、いっさいに従順な態度で、よく熟慮《じゅくりょ》して行動すれば逃れることができそうです。もっとも人によっては荒療治ともいうべき処理をしなければならないことも。

[愛情運] こちらから積極的にアプローチするよりも、相手が近寄ってくるのを待って対応するというほうがベターなとき。よく状況を見きわめずに自分の思いを無理やり実現しようなどとすると恥《はじ》をかいたり、災《わざわ》いのもとに。夫婦や恋人同士はケンカしがちな兆《きざ》し。

[諸事運] 仕事にしろ、勉強にしろ、あまりがむしゃらにやり過ぎず、理にかなったやりかたに変えるほうが賢明。仕事を変えようとか、住居を移転しようとかということは、時期をみて行えば吉。争い事とか火事などに注意。紛失物などは高いところを捜《さが》してみる。

成功への鍵 **能力を隠《かく》すようにし、人の細かいところまでやかましく言ったりしないこと。**

初爻

［運命の数と色］ 5・10・黄

［総体運］ あまり高望みをしてはならないときです。自分に十分な実力はあっても「能ある鷹《たか》は爪隠《つめかく》す」で内に包んで時の至るのを待つことが大切です。事を急いで性急に実現させようなどとあせるとかえって災難などに出あう兆候が見られます。何かしら問題が生じやすいときですが、自分の考えを押し通そうとせず周囲の人と行動を同じくするようにして吉。

［愛情運］ 盲目的な恋に陥《おち》りそうな予感。競争相手も出てきて恋の鞘《さや》当てもありそう。卦は女難を警告しているので男性は注意が肝要です。人により花を次から次へと飛び回る蝶《ちょう》のような行動をとりたくなるときですが、用心しないとあとで大きな後悔を生じることに。

［諸事運］ 仕事などは人からだまされたり自分の見込み違いから損を受けやすいとき。勉強などもよほど頑張らなければ下降しがち。人と勝負事を競ってもなかなか勝てない暗示。遠くへの旅行などは避けたほうが賢明。願望はゆっくりですが実現する吉兆。

二爻

［運命の数と色］ 4・9・白

［総体運］ 万事成就《じょうじゅ》しかなう気運。運気が開け、利を得ることのできる兆《きざ》し。いったんはあれこれと問題が生じても、あとには幸運を得る意。どのようなことでも迅速《じんそく》の処理を重んじるときです。気が合わない人とも合わせなければならないようなこともありますが、我慢《がまん》が大切です。目下の人の助けで、問題を解決したり、思いがけない成功を得れそう。

［愛情運］ 愛の告白を受けたり、別れた人とよりが戻ったりしそう。愛憎の問題が比較的起きやすいときですから、言動には注意が必要かもしれません。自分を含めて周囲に縁談などの喜び事がある兆し。人の恋の成就を喜んであげることで自分の恋愛運も上昇。

［諸事運］ 仕事は強硬に一つのことを遂行しようとしないほうが賢明。願望なども無理やりに実現しようとせず、次の機会を待つこと。問題は自分一人で苦慮せず他の人に相談することで解決のめどが。神社やお寺にお参りし、少し賽銭《さいせん》を奮発して、幸を願って吉。

成功への鍵 能力を隠《かく》すようにし、人の細かいところまでやかましく言ったりしないこと。

三爻

[運命の数と色] 3・8・青

[総体運] 運気盛んなときです。何事もうまくいく可能性大。難しい問題も一応は緩和《かんわ》策をこうじたり、避ける努力をして、自分に降りかかってきたならば断固として進めばそこに新しい展開がみられるはず。多少の冒険は犯しても吉となりますが、あまり大きなことを考えて事を図《はか》ると失敗の憂《うれ》い。ともあれ軽挙盲動は慎《つつし》むようにしたほうがよい。

[愛情運] 自宅から南のほうにある山、海、島などへの旅行が吉。素敵な異性に出会える暗示があります。あまりあれこれ考えずに積極的にアタックするのがポイント。かなりの努力は必要でしょうが、大きな収穫がありそう。結婚話などは初縁よりも再縁が吉多し。

[諸事運] 一人で二つの仕事をしたり、二つの家の世話をやくようなことになりがち。仕事にしろ、勉強にしろ相当の犠牲を払ってもやり遂げようという意志が非常に大切なとき。目上の人や親戚などとの仲違《なかたが》いの恐れ。試験などは好成績。ギャンブル運は強し。

四爻

[運命の数と色] 3・8・青

[総体運] 表面はよく見えて内実はそれと反対のことが多いとき。物事の表面だけを見ず、隠《かく》されたところをよく察知するようにして、自分に不利な状況なら素早く隙《すき》をうかがって逃れ出ることが大切。万事において利益とか、約束とか、脅《おど》しとか、なんらかの拘束《こうそく》を自ら解いて逃れ出なければならないとき。さもなければ遠からずして災《わざわ》いに遭遇《そうぐう》します。

[愛情運] 相手の心は見え透いているのに、ついつい誘《さそ》いに乗りたくなるとき。相手の甘《あま》い言葉をそのまま信じるとひどい目にあうことでしょう。外見だけで判断しないで、よくその人の内面を察知するように心がけることが大切です。縁談の話があっても断って吉。

[諸事運] 学者や神主、僧侶、あるいは道に志している人などは吉祥《きっしょう》がありそう。肝臓とか、胃などを痛める兆《きざ》しがあるので注意。新たに始める仕事などは時流に合致しているかどうかをよく確かめることが肝心。希望などはいったん断念して徒労を防ぐこと。

五爻

【運命の数と色】 1・6・黒

【総体運】 いましばらくは時運の到来を待つべきときです。自分の本来の地位や権力などを人から奪われやすいときなのですが、いまは争わずに耐え忍び、もうすぐやって来る機会を待つべきでしょう。すべてにおいて急げば整わず、待てばついには志を達成する運気なのです。進もうとしても、退こうとしても妨げられやすいのですが、現状をしっかり守ることで吉。

【愛情運】 愛情にもつれが生じる兆《きざ》し。気をつけないと色恋沙汰《ざた》での問題が起きそう。この時期にくる縁談は一見よさそうで、またまとまりやすいのですが、結婚したあとで、相手に深い関係の人のいることが分かったり、性格の悪さに音《ね》をあげることになりがち。

【諸事運】 計画や仕事など、すぐには片づきそうにありませんが、あきらめずに少し機会を待てば吉。取引、交渉などは打つ手がなくなりがち。しばらく様子をみて吉。勉強は成果が出づらいときですが、あと一踏ん張りすれば曙光が見えるはず。水厄、盗難に注意。

上爻

【運命の数と色】 5・10・黄

【総体運】 十分に気をつけなければ、一時的には目的を達しても元の木阿弥《もくあみ》になりそうな危惧《きぐ》。これまで勢いに乗って高ぶったり、人に嫌がらせなどをしてきた人はそのしっぺ返しを食いそうです。身のほど知らずにでかいことをやろうなどと着手すると、大きな痛手をこうむりやすいときでもあります。これまでの自分を反省して直すべきところは直すのが肝心。

【愛情運】 相手を魅きつけようとするなら、身だしなみも大切です。万人が内面のよさを見抜いてくれるとは限らないのですから。逆に相手の外面だけを見て交際を始めてあとで後悔しがちなとき。相手の本質を見きわめることができがたいときでもあるのです。

【諸事運】 仕事にしろ勉強にしろ、早めに締《し》めくくることを考えて吉です。交渉や取引などは深追いをせずに見切りをつけるべきとき。自分の目標とするところが、表面は華やかに見えても内実は暗いことが多いので十分な注意が必要。旅行、ギャンブルは控《ひか》えて吉。

成功への鍵 能力を隠《かく》すようにし、人の細かいところまでやかましく言ったりしないこと。

成功への鍵 言語に実を尽くし、行動に一貫性をもたせ、虚偽をなさぬようにしなさい。

初爻

［運命の数と色］ 5・10・黄

［総体運］ 運気は順調、いっそうの吉運に向かう啓示。不正なこと以外、多少の障害はあっても後日必ず成就《じょうじゅ》します。誘惑などで一事になかなか専念できませんが、初志を貫徹することがポイント。姓名中に「ハラダ」とか「ホノカ」など「ハ、ヒ、フ、ヘ、ホ」の音のある人、または偏《へん》か旁《つくり》に灰田とか灯志夫など「火」の文字のある人があなたに利益を与えてくれるでしょう。

［愛情運］ いままでよく知っていた人から、プレゼントとともに愛の告白があるかもしれません。女性は少し身を慎《つつし》むようにしたほうがよいでしょう。外の人にばかり目を向けていると、自分の大事な人を失う恐れがあります。結婚は吉ですが、隠《かく》れた異性にはご注意。

［諸事運］ 仕事の面でも、学校などでも共同作業をするのは吉です。もっとも、自分自身がいい加減だと集まってくる人もいい加減で、あまりいい結果は得られません。人との交渉は、自分から出向いていくのはよくないので、いまは時期を待つべきです。

二爻

［運命の数と色］ 4・9・白

［総体運］ 堅実に自分の本務に励《はげ》めば運気が上昇し発展繁栄する気運。できるだけ私欲独断を避け、利をもって誘《さそ》われても心を動かさないことが大切です。これまで努力してきたことを継続してそれにいっそうの磨《みが》きをかけるようにし、求めて外に出ていくよりは、内に止まることが賢明なときなのです。男女共に飲食し宴会などする機会が増えそうな兆《きざ》し。

［愛情運］ 男女共に好ましい出会いの暗示。もっとも男性の場合には願ってもないような理想の女性が出現しそうですが、女性の場合には出会う男性が少し優柔不断で物足りないものがあるかもしれません。あなたの情熱に周囲の人があてられてしまいそうな傾向。

［諸事運］ 仕事にしろ勉強にしろ、これまでやってきたことを継続することで吉祥《きっしょう》の兆し。仕事での遠出、また行楽での旅行の暗示。紛失したものは出づらい。胃などを悪くしやすい暗示がありますので飲食を少し控《ひか》えめに。試験は好成績を期待。ギャンブルは凶。

三爻

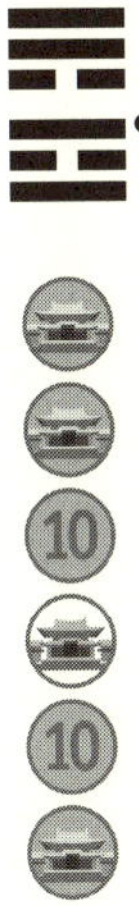

[運命の数と色]　3・8・青

[総体運]　行動が極端になりがちなときです。進むとすれば進む一方、退くとなったら退く一方で中庸《ちゅうよう》がとれていません。強硬過ぎて他の恨みを買ったり、甘《あま》やかしすぎてなめられたりしがちですから、十分に熟慮《じゅくりょ》して自分の行動をとるべきなのです。といって熟慮しすぎて躊躇《ちゅうちょ》逡巡《しゅんじゅん》し、断行することが遅いとせっかくのチャンスを逃してしまうので要注意。

[愛情運]　恋するために恋を酔うといった風情《ふぜい》がみられます。雰囲気に流されて、誰彼となく恋してしまう傾向にあります。不倫とか浮気の暗示があるので、あとで後悔しないように気をつけることが大切。自分が相手に厳しすぎたり、相手がだらしなさ過ぎる暗示。

[諸事運]　密談したり、周囲に内緒で約束したりする兆《きざ》しが見られますが、慎《つつし》まないと他のそしりや妨げをうける懸念《けねん》。仕事やギャンブルなどは、あまりに大胆なのもあまりに小心なのも後に憂《うれ》いあり。勉強などなすべきことはきちんとしておかないと悔《く》いることに。

四爻

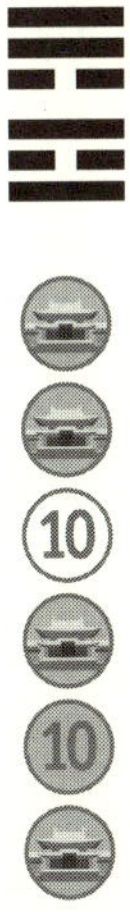

[運命の数と色]　4・9・白

[総体運]　着手することすべて成功する好調の運気。上役、同僚、部下、あるいは友人、仲間など誰とも親しみ、万事うまくいき、名をあげたり、昇進したりする兆《きざ》しがあります。内部からのよき援助を期待できるときであり、また人の手助けなどをしてあげてともに喜びを得る暗示。万事に穏健な方針で対処して大きな利益を得ることができる上昇運。

[愛情運]　異性との関係は一気に増加の暗示。ことにその姓名中に「ナ、ニ、ヌ、ネ、ノ」「ヤ、ユ、ヨ」の音のある人と親密になる可能性大。恋人同士はますますおたがいの愛情が深まる兆し。夫婦仲もうまくいき、婚姻の約束などもスムーズに運ぶ瑞兆《ずいちょう》もあります。

[諸事運]　勝負運は上昇中。商売などをしている人は売れ行きが思いがけなく上がります。仕事を始めようとする人は単独ではなく共同が吉。また自分が主とならず後からついていくくらいがよい。勉強の成績も向上。争い事はなるべく避けるようにしたほうが吉。

成功への鍵　言語に実を尽くし、行動に一貫性をもたせ、虚偽をなさぬようにしなさい。

成功への鍵 言語に実を尽くし、行動に一貫性をもたせ、虚偽をなさないようにしなさい。

五爻

［運命の数と色］ 5・10・黄

［総体運］ 運気は絶好調、自分の思うとおりにことが運ぶ機運が見られます。万事発展のときですから、少しくらいの障害があっても当たって砕《くだ》けろの精神で向かっていけば案外スラスラといくものなのです。だいたいのことは利益も多く、地位、信用なども増していくという吉兆の啓示です。ポイントは手助けしてくれる相手を見つけて、その力を借りること。

［愛情運］ おたがいの気持ちが通じ合い、ピッタリした気持ちになれる傾向にあるとき。恋人のいない人は思い切ってこれはと思う異性に話しかけてみること。相手のほうも貴方のことを思っていたということが多いものです。友人に恋のキューピッドを頼むのも一案。

［諸事運］ 仕事などはよいパートナーを得ることができれば大発展。勉強なども自分一人でやろうとせず、よい仲間と一緒《いっしょ》にすることで成績をあげることができます。交渉などは開始前にはいろいろ困難が予想されますが、実際になるとあっけなく成立するものです。

上爻

［運命の数と色］ 1・6・黒

［総体運］ 慎重に考慮したあとは多少積極的になるのがよいとの啓示。また事態を長引かせず、多少強硬でも早めに解決を求めるようにするのがよい。反省を怠《おこた》らず本分を尽くすときには繁栄発展の兆《きざ》し。現在進行中の事柄は有終の美を飾ることができそう。ただし新規に始めることはやや時期を失した憂《うれ》いがあり、簡単には成功を期待できそうにもありません。

［愛情運］ 家に籠《こ》もりがちな人も、少し外に出て積極的に交際を求めるようにしてこそ、よい縁が結ばれそう。年寄りの方から紹介される異性はよい相性のことが多いでしょう。ぐずぐずしていると恋愛運が逃げやすいときですから、チャンスを逃さぬようにすること。

［諸事運］ 仕事にしろ勉強にしろ、終わりのつめの部分が重要なときですから、最後まで油断をしないことが大切。落下や水難の意があるので、高いところや水辺などは注意する必要がありそう。肉親の愛に溺《おぼ》れて失敗しやすい傾向。ギャンブルや試験などは吉運。

初爻

[運命の数と色]　1・6・黒

[総体運]　自分の気に入らないことや人物に悩まされそうですが、気に入らないといって退けたのでは自分が孤立するだけ。少し辛抱《しんぼう》が必要でしょう。思うとおりにはなかなかいきませんが、ジタバタせず時の経過に任せるほうが賢明です。内輪にもめ事が起きても取り合わないというのが最善策。もう少し待てば必ず道が開けるというのが卦の啓示です。

[愛情運]　思う相手には思われず、思わない相手には慕われる。相手の外見をそのままに信じるとあとで裏切られ、へんな下心をもって接近しても相手には見破られるでしょう。ケンカなどをして別れる別れないなどということがあっても放っておけば元に戻る暗示。

[諸事運]　これまで共同でやってきた人とうまくいかなくなったり、同じ仕事をやっている人と意地の張り合いになったりすることが多い。そんなことが起きても下手《へた》に弁解したり策略を弄《ろう》しないほうが賢明。願い事は困難にみえても成り行きに任せればかないます。

二爻

[運命の数と色]　3・8・青

[総体運]　目上の人と相談して行えば、思いがけない好結果を得ることのできる暗示。どんなことでも、とくに人のためにすることは、表面は無理にみえるようなことでも、必ずどこかにそれを達成する裏道があるときです。目上の人から信頼され、その人のために働いてあとで大いに報《むく》いを受ける兆《きざ》し。自分の利益だけを考えてすることは労多くして益は少ないです。

[愛情運]　町中でこれまで自分が憧れていた人とか、また一目で惚《ほ》れてしまうような人と出会う暗示。偶然を装《よそお》って心にかけていた人に出会うのもよいときです。恋人同士は口争いの兆しが見られますので言葉を慎《つつし》むことが肝要。夫婦は不和にならないようにご用心。

[諸事運]　願い事は裏から手づるをたどって実現するように努力して吉。仕事は積極的に進めるときではなく、方々へ手を尽くして下地を作っておくようにするのがよい。突然の雨などにあいやすいとき。なすべき責任や勉強をほったらかしにしそうな傾向。要注意。

成功への鍵　小事は異なっても大切なことにおいては一致して、人の道にかなうように行動しなさい。

成功への鍵 小事は異なっても大切なことにおいては一致して、人の道にかなうように行動しなさい。

三爻

[運命の数と色] 4・9・白

[総体運] 外目にはよいときなのですが、人に知られない苦労もありそう。つまらぬ誤解を受けやすいときなので、注意が肝要。身近な人への義理とか、恩義立てのために変に動くとかえって災難をこうむる暗示。いましばらくは深入りせず静観するのが吉。これまでおたがいに誤解していたようなことは解消の吉兆。心して日夜怠《おこた》りなく励《はげ》むときは繁栄に向かいます。

[愛情運] 本命の人以外から誘惑がありそうな予感。あちらに気を引かれ、こちらに気を引かれて、八方美人でいると誤解を生じてゴタゴタが起きがち。ケンカしてかえって仲がよくなる兆《きざ》し。別れた人との関係が復活する人もありそう。外見と中身が違うこと多し。

[諸事運] 会社や家庭などに問題の起きやすいとき。人の移動がありそう。取引、交渉は積極的に進めると損失の憂《うれ》い。乗り物に関して何か話題になりそう。仕事や勉強など甘《あま》くみているとひどい目にあう危惧《きぐ》。つまらないことにはかかわらないほうが賢明のとき。

四爻

[運命の数と色] 5・10・黄

[総体運] 隠忍自重《いんにんじちょう》が大切との啓示。人から背《そむ》かれたり、自分でも人に背いたり、あるいは孤独を感じがちなとき。反省して、自分を改めることを考えたり、欲得をいったん捨てることで、吉運に転じることができるはず。誠意を失わず、柔和《にゅうわ》な態度で人に接するようにするのがよいのです。一時的に損するようにみえることがあってもついには利を得る暗示。

[愛情運] おたがいに信じ合っていたのに、背《そむ》いたり、背かれたりしがちなとき。きっかけがあるならば、思い切ったプレゼントをすることで、いい結果を得ることができそうです。復縁の話とか、再縁の話などは都合よくまとまる暗示。相手を飲食などに誘《さそ》うことは吉。

[諸事運] 旅行などに出かけることは吉。後輩や部下の助けを得ることがありそう。副業的なことには手を出さないほうが賢明。一歩誤ると大きな損失をこうむりそう。交渉などはなかなかまとまりづらい暗示。ついつい金銭を使いすぎる傾向にありますから注意。

五爻

【運命の数と色】 4・9・白

【総体運】 不相応な大望を抱いたり、大口をたたいたりしがちな兆《きざ》しが見えますが、気をつけませんと大いに悔《く》いを生じることになりかねません。自分が思っているほどに成果のあがる時期ではないのです。ただ目下の人をうまく用いることで難事を切り抜けられる啓示がありますから覚えておくとよいでしょう。欲のために進むと意外の敗北を喫《きっ》します。

【愛情運】 出会い当初はうまくいかなくても徐々におたがいが分かっていい関係になりそう。ただしいま出会う人は女性が強過ぎたり、逆に男性が軟弱だったりして、人によっては良縁とは言えません。思いがけず、年齢のだいぶん離れた人とつきあうこともありそう。

【諸事運】 仕事は外に向かって積極的に出るときではなく内部を整えるべきとき。これまで実現を期待していたことがかないそうな暗示。趣味にしろ勉強にしろ、多方面に手を伸ばすよりは一つに専念して吉。これまで仲違《なかたが》いしていた人と和解の兆し。勝負運あり。

上爻

【運命の数と色】 3・8・青

【総体運】 いろいろと苦労がありそうですが、あとでよい結果になりそう。疑心暗鬼になりやすいときなのですが、人を疑うばかりでは問題は解決しません。心の目を開いてよく情勢を観察することが大切。ごたごたが生じがちですが、軽挙妄動を慎《つつし》むことで好転。疑いが晴れてこれまで敵だと思っていた人達がたがいに親和するようなこともありそう。

【愛情運】 自分の好意を持つ異性のまわりに親しそうな人が何人も出て、少し嫉妬に狂ってしまう傾向。これまで関係が紛糾《ふんきゅう》していた恋人同士の場合は問題が解決しそう。口争いなどのあとに平穏《へいおん》が戻る暗示。周囲の波風を気にせずアタックしてうまくいくことあり。

【諸事運】 仕事や友人関係において、偏見や狭量で人を憎むことは慎しむのが賢明。問題が自然に解決するのを何もせずに待つのではなく、自ら進んで解決の方法をとるようにすることが大切なとき。望みは周囲に波瀾《はらん》の生じることをも覚悟なら、進めば成就《じょうじゅ》する気運。

成功への鍵 **小事は異なっても大切なことにおいては一致して、人の道にかなうように行動しなさい。**

成功への鍵 自分に行き届かないところはないかと深く反省し、徳を修めるように努力しなさい。

初爻

[運命の数と色] 2・7・赤

[総体運] むやみに突き進んではならないという卦。問題の解決をあせらず、機会が到来するのを待ち、無理せずなるべく平易で安全な道を選んで進むようにすべき。いっさいのことが破れを含んでいるときです。これまでどおりに行動し、変化を求めてはいけません。『易経』には「大人を見るに利《よろ》し」とあります。優れた立派な人に会って適当な処置を聞くとよいでしょう。

[愛情運] 親密な恋愛関係に少し亀裂が入りがちなとき。あせって修復しようとすると、かえって問題を大きくします。デートは、自分から誘《さそ》った場合にはあまり結果はよくないでしょう。相手の誘いを待って吉兆、と卦は示しています。じっくりと機会を待って吉。

[諸事運] 勝負運は不調です。しばらくは自重するのが賢明。問題が生じがちなときで、あせらず時期を待つべし、と易は教えています。じっと困難に耐えていれば、五週間、あるいは五カ月後に運気は好転するでしょう。病は急変しやすいので医療を怠《おこた》らないこと。

二爻

[運命の数と色] 3・8・青

[総体運] 次から次へと苦労の種が生まれて、心が休まらない暗示。その苦労から逃げようとせず、その苦労に積極的にあたることによって、道が開けてきそう。すでに時期が到来しようとしているのに世に用いられない状況に陥《おちい》りがち。この場合にはジタバタせず、もう少しその好機が来るのを待てとの啓示。人のために粉骨砕身《ふんこつさいしん》しなければならない兆《きざ》し。

[愛情運] 新しいロマンスのチャンスがあったとしても、すでに他の人と交際していたり、結婚していたりする人は、控《ひか》えるほうが賢明。縁談話などはあまり進めないほうがよく、結論は先に延ばしたほうが吉。自分の恋愛よりも人の恋愛のために苦労しがち。

[諸事運] 仕事は問題が続出しそうな雰囲気ですが、ここしばらくはじっと我慢《がまん》して、軽率な行動はとらないこと。取引、交渉などは進めるよりは一歩退くほうが安心。病気などはいま根治しないと長引く暗示があるので他のことは忘れて治療に専念すること。

三爻

[運命の数と色] 5・10・黄

[総体運] 人から親しまれ、また恵みを受けられるときです。目下の人などの信頼を得て内部の統一を図《はか》る暗示。ただみだりに進み盲動するようですと困難に陥《おちい》る兆《きざ》し。進むと災《わざわ》いを受けやすいときなのですが、先方からやってくる場合には意外な幸運を得ることがあります。目上の人を頼って万事のその人の取り計らいに任すようにすることで吉運を得れそう。

[愛情運] 待てば海路の日和ありです。こちらから交際を求めていくよりも相手から来るのを待ってつきあうのがよいときなのです。水が地にしみ込むように二人の中が親密さを増すことは受けあい。自分の弟妹や後輩などに邪魔《じゃま》されてデートがうまくいかない懸念《けねん》。

[諸事運] 仕事はいささか苦労が多そう。いましばらくの辛抱《しんぼう》が大切です。勉強は急激に自分の実力をアップしようとしても伸び悩むだけ。少しずつでよいのでじっくりと毎日かかさず努力して吉。ギャンブルなどは誰かに誘《さそ》われてからするのなら吉。旅行は平安。

四爻

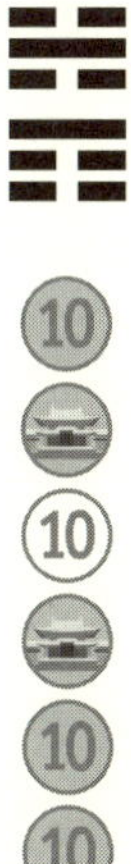

[運命の数と色] 4・9・白

[総体運] 悩みがすべて消えるというわけではありませんが、前方に光明を見出せる運気。誠実で、そのなすことが正しいことであるならば、どのようなこともなし遂げられそう。ただ大きなことに関しては力不足なところがありますので、力のある人と一緒《いっしょ》にやるというのがポイント。いますぐチャンスがなくとも、遠からずそのチャンスはめぐってきます。

[愛情運] いいパートナーのいなかった人は、そうした人に出会えそうな期待。いまは、一対一ではなく、グループ同士でつきあってみるのも一つの手。人により、男女関係にばかり専心して、他のことに手抜かりの生じることがありますので注意すること。

[諸事運] 仕事場とか、学校などでは、自分の考えを無理に通そうとせず、力のある人に付き従っていくのが賢明。独立して何かをなそうとするよりも共同でなすことを考えること。遠方からの便りを待つか、旅行などをしそう。思いがけないよいことが起きる兆《きざ》し。

成功への鍵 自分に行き届かないところはないかと深く反省し、徳を修めるように努力しなさい。

成功への鍵 自分に行き届かないところはないかと深く反省し、徳を修めるように努力しなさい。

五爻

[運命の数と色] 5・10・黄

[総体運] 悩みが解けて吉まさに至るというときです。問題や悩みがあった人はこの機に乗じて解決を図るとよいのです。もっとも一人で解決しようとするのはよくありません。知人や友人に相談したり、その助けを借りるというのが賢明です。別に苦労がなかった人の場合には逆にひどく難儀なことが生じてそのために人が集まるといった兆《きざ》しも見られます。

[愛情運] あっちにもこっちにもあなたに気のありそうな人が出てきそうな気配。しかしいまは結婚を急ぐべきではありません。無理をすると悪条件が重なってだめになります。あまり恋愛に縁のなかった人は高みから人を見下す態度ではなく謙虚な態度で接して吉。

[諸事運] 希望は方々から援助があってもいま一息の努力がないとかないません。勉強などは新しい知識をつめ込もうとするよりもいままでやってきたことを整理する方針でやると吉。勝負事はかろうじて勝ちを得ることができそう。消化器系や足の病気などの懸念《けねん》。

上爻

[運命の数と色] 3・8・青

[総体運] 努力の報《むく》われる運気。どのようなことも進んで努力すれば大いに成果をあげ、吉祥《きっしょう》を得ることができるときなのです。ただし、あまりに先急ぎをしたり、不正なこと、人との親和を欠くようなことは、凶兆をもたらすことになりますので注意が必要。目上の人の助言を乞《こ》い、目下の人の援助を求めるようにすればたいがいのことはうまくいくという啓示。

[愛情運] 素敵な異性をつかまえるチャンス到来。逃さないように細心の注意が必要。先輩に相談したり、後輩などにキューピッド役をやってもらうのも吉。これまで進まなかった縁談話もいまであればうまく進む暗示。あせらず、じっくりと話を進めていくのがよい。

[諸事運] 遠方に旅行することになったり、遠方の人とのつきあいなどが始まる兆《きざ》し。取引などは、大きなチャンスがやってきます。勉強は一気に力をつけようとあせらず、しっかりと一歩一歩確実に進んでいくような努力が実を結ぶとき。試験や賭《か》け事《ごと》などは吉。

147 雷《らい》水《すい》解《かい》 初爻・二爻

初爻

[運命の数と色]　4・9・白

[総体運]　成果を求めてあくせくするよりも、足らないところを補い、過《あやま》ちを改めるという方針を立てて行動するのが吉。これまで苦労してきた人はやっとそれから抜け出せそうな見込み。自らの分を守って、年長者や目上の人に従うようにしていますと次第に開運するはずです。実力以下のことに力を注ぐことでかえって大きな成果をあげることができそう。

[愛情運]　職場や学校、あるいは旅行先などで新しい恋の予感。なんとはなしに深い関係に陥《おちい》りやすい傾向。結ばれていた赤い糸が緩《ゆる》くなって解《と》けてしまう暗示。本命がいながら、他の異性にも心が惹《ひ》かれてしまう兆《きざ》し。ささいなことでの口論が別れにつながりやすい危険。

[諸事運]　何かと散財することが多くなりそう。遠方との取引とか文通、旅行などがありそう。商談などは無理にとりまとめても結局は損することになりそうですから中止するのが無難。いい友人を得る兆し。移転、旅行などは吉。口先だけの人間が寄ってくる暗示。

二爻

[運命の数と色]　5・10・黄

[総体運]　運気順調の兆《きざ》し。細心の注意を払って行動すれば万事積極的に進んで成功するとき。問題があった人もそれが解消して喜びを生じる暗示。好調さに気を緩《ゆる》めすぎて万事に怠《おこた》りを生じがちですから、それを戒《いまし》める必要があります。大きな利益を得たり、名誉などを受けることもありそう。短気を抑《おさ》え、温和な態度で接することが今月のポイント。

[愛情運]　誰かがあなたに恋してくれるの待つのではなく、積極的に機会を探したり、アタックすべきとき。機会をみて何かプレゼントしてみよう。仲間の集まり、コンパなどにも進んで参加して吉。甘《あま》い言葉をささやいて近づいてくる人にはご用心。

[諸事運]　勉強は苦労すればしただけの成果のあがるとき。計画の遂行には横着《おうちゃく》な人や不満分子は整理してもっとしかるべき人物を使う必要があります。帳簿などの不正に注意。旅行などは吉。ギャンブル、試験なども好結果を期待できそう。初志貫徹を心がけること。

成功への鍵　人々の過失を許し、罪もなるべく軽く寛大に措置《そち》するようにしなさい。

成功への鍵　人々の過失を許し、罪もなるべく軽く寛大に措置《そち》するようにしなさい。

三爻

［運命の数と色］　3・8・青

［総体運］　自分に不相応な地位や名誉を得て人の羨《うらや》みを受けそうな気配。外観をいくら飾っても内が充実していなくては意味はありません。実力以上に自分を見せようとしないこと。自分の見込み違いから失敗し、その立場を失うばかりでなく、他からの危害をこうむることもありますので注意が大切。自分の本来なすべきことに専心することがよいのです。

［愛情運］　いくつかの出会いがありそうですが外見にだまされないことが大切です。自分を顧みずあまり希望を高くしすぎるとうまくいきません。相手が積極的でも自分が優柔不断でチャンスを失ってしまう暗示。清原、江理子などサンズイのついた人とつきあって吉。

［諸事運］　小さな願い事はかないそう。住居の移動などはしないほうが吉。新規に何かを始めてもなかなかうまくいかない傾向。交渉などを頼まれてもその任ではないので断わったほうが賢明。不用心から火災や盗難などの危惧《きぐ》。勉強などは基本をよくマスターして吉。

四爻

［運命の数と色］　5・10・黄

［総体運］　諸事成りがたいとき。誠意のない行動をとっていると、不慮の災《わざわ》いが生じることもあります。道理にあったことを真心から行えば、必ず人の助けがあり、運が開ける、と卦は示しています。いままで問題を抱えていた人は、障害が消え去るとき。万事、迅速な行動をとることが肝要。不正な人と交わったり、情愛に欠けた行動をすると凶運を招きやすいので注意。

［愛情運］　三角関係の悩みが生じるかもしれません。あまり変な噂《うわさ》のある人とはつきあわないほうがよいでしょう。また、つきあっていた人との別れの兆《きざ》しも見られます。この時期の婚約は解消されやすく、あまりお勧《すす》めできない啓示。真心をもって対することが大切。

［諸事運］　仕事や取引など途中で努力を怠《おこた》ると、九分どおりまで成功していたものをムダにする暗示です。試験勉強なども最後まで気を緩《ゆる》めないことが大切です。よくない疑いをかけられる兆し。目の前の利益にとらわれて不誠実な人と手を組まないこと。

五爻

【運命の数と色】　4・9・白

【総体運】　徳のある人とか地位のある人などは吉ですが、普通の人には辛労の多い兆《きざ》し。力ある人に制せられ、自分の好むところを抑《おさ》えなければならないことになりそう。もっとも自分のやりたいようにやると、人から欺《あざむ》かれたり、財を散じたりしがちですから、一見好ましい人物より、気性のある人物の意見に従うのが賢明。しばらく時を待てば吉祥《きっしょう》あり。

【愛情運】　結婚するという口約束が解消したり、別離が起こりがちですが、それがあとでよい結果になるとき。不倫をしている人もいまが別れるよいタイミング。周囲の反対やさまざまな問題があっても、誠実な態度で相手に対してきた人はその真心が通じるとき。

【諸事運】　旅行などはつつがなく終えることができますが、病気などには気をつけなければいけません。仕事や勉強は積極的に拡大していくのではなく、現在ある欠陥的なものを補正していく方針が大切。商取引の解約は円満に解決。不良な人物との交わりを絶って吉。

上爻

【運命の数と色】　2・7・赤

【総体運】　自分の周囲にある障害を取り除いて開運に一歩を踏み出すとき。明るい発展の見込めるときではありますが、そういう発展の兆《きざ》しのなかに新たな問題の原因となりそうなものを含んでいるときなので足元ばかりではなく、頭上にも注意を払うという細心さが大切です。また危害を加えようと虎視眈々《こしたんたん》とねらっている人がいそうなので警戒が必要なのです。

【愛情運】　これまでの関係に慣れすぎて恋人を優先しないで他のことに気をとられていると相手を失う羽目に。新しい恋も二人の間に邪魔《じゃま》者が入りそうな懸念《けねん》。これを取り除くことで恋愛は成就《じょうじゅ》するでしょう。古い恋が終わってもすぐに新しい恋が芽生える暗示。

【諸事運】　仕事などあなたと同じ目標をもった人が競争のために汚《きたな》い計略をめぐらすことが多いので要注意。ギャンブルなどは上昇運にあるので、うまく運命の色、数などを活用して吉。学校の成績などもよくなる兆し。取引は妨害をうまく除去すれば達成できます。

成功への鍵　人々の過失を許し、罪もなるべく軽く寛大に措置《そち》するようにしなさい。

成功への鍵　**怒りの心と欲望の心に発する悪いところを反省し、それを除去するようにしなさい。**

初爻

[運命の数と色]　1・6・黒

[総体運]　人と共同することで利のあるとき。上の人から頼りにされる兆《きざ》しが見られます。また人から世話を頼まれたり、援助を求められたりの傾向にありますが、ぐずぐずせずにすぐに応じませんと間に合わなくなるか、問題が大きくなって解決に手間取ることになりそう。事の善悪、時期などを考慮して行動しませんと労多くして功のない結果になります。

[愛情運]　趣味の会とか、飲み会などで、好意をもってくれる人が出てきそう。ただし、冷静に考えるとあなたには不似合《ふにあ》いな相手かもしれません。ぜひにと望まれる結婚話などがあっても、苦労覚悟、自分を犠牲にする気持ちがないかぎりは承諾しないほうが賢明。

[諸事運]　仕事、勉強など、その本筋以外のことに無駄な努力を労するようだと悔《く》いが残ります。水難、盗難、腹下しの病などに注意。交渉、取引などは多少の損があっても早くまとめて吉。家族親戚のための出費がありそう。精神的な面で大きく得ることがあります。

二爻

[運命の数と色]　3・8・青

[総体運]　好調発展の兆《きざ》し。万事順調で、利を得ることもできそう。自分だけが犠牲を免《まぬが》れることもあります。誠実な人と交わるようにし、言語を慎《つつし》み、軽はずみな行動を戒《いまし》めるようにして吉。ただし、人によっては、すべての責任を自分で負って苦労しやすく、人と争いごとを起こしたり、人に欺《あざむ》かれる兆しも見えますので、注意しなければなりません。

[愛情運]　交際している人がいる人はいっそうその仲が深まる暗示。口だけでなく、態度で自分の気持ちを示すことも大切。他の人が異性の注意をひこうとあくせくするときに、自分だけが動かないことでかえっていい結果を得ることなどもありそう。食事に誘《さそ》って吉。

[諸事運]　仕事や取引は自分の関係するものだけうまくいくことがあります。ただ調子に乗り過ぎると危険。頼まれたり依頼されても、できるだけ断るのが賢明。争い事に巻き込まれると損するので避けること。住所などは移動の必要に迫られていても動かないほうが吉。

三爻

[運命の数と色]　４・９・白

[総体運]　一人で行うと成功しやすいとの啓示。すべてにおいて共同でやるよりは独立して自分でやるほうが結果的に期待できるときなのです。自然に無理せず手順どおりにやっていけば、万事順調に進みそう。ただ勢いだけで、不用意にことをなすと後悔することになる暗示もあるので注意しなければなりません。他の人をさしおいて自分だけが抜擢《ばってき》される吉兆。

[愛情運]　二兎《にと》を追うものは一兎《いっと》をも得ずのことわざどおり、二人、三人と相手を定めずにアプローチしていると一人ものにできない恐れ。三角関係などが生じやすいときですから注意が肝要。縁談などはまとまりやすいのですが、目移りして良縁を逃しがち。

[諸事運]　事業などは、人と一緒《いっしょ》ではなく、自分単独で始めるほうが有利。勉強なども、人の計画に乗って一緒にやるよりは、自分の計画を立て、単独でやるほうが好ましい暗示。取引、交渉などは、間に人をいれないほうが好結果。公開の場で自説を述べて吉。

四爻

[運命の数と色]　２・７・赤

[総体運]　運気が盛んになろうとしているとき。これまでの苦労が取り除かれ、また運のよかった人は、いっそうよくなってきます。ただし、自分の考えに固執《こしつ》し、人と相背《そむ》くような行動をする場合には、災《わざわ》いを覚悟しなければなりません。周囲との調和を図《はか》ることが大切なときで、自分を立てず、人の力を借りるようにすることですべてがよくなってくるのです。

[愛情運]　なかなか進展しなかった二人の関係に変化がみられそう。両者の間に後輩とか、目下の人が入ってくれることでうまくいくことが多いでしょう。わがままだと口論とか不仲になる恐れ。土井とか幸とか姓名の中に土の字が入っている人とは相性がよいとき。

[諸事運]　仕事、対応など躊躇《ちゅうちょ》逡巡《しゅんじゅん》せずに迅速な行動処置が大切なとき。交渉、取引は人からの助けがありそう。素直に受け入れること。できるだけ自分より優れた人と接するよう心がけ、自分の足りないところを補うようにして吉。急の病、火難に十分に注意。

成功への鍵　怒りの心と欲望の心に発する悪いところを反省し、それを除去するようにしなさい。

成功への鍵　怒りの心と欲望の心に発する悪いところを反省し、それを除去するようにしなさい。

五爻

［運命の数と色］　3・8・青

［総体運］　運勢は上向き。すべてのことが順調にいくことでしょう。ただ調子に乗りすぎて油断をすると思わぬ災厄《さいやく》が生じかねないので十分に心を引き締めておくことが肝心。棚《たな》からぼた餅《もち》式に思いがけない利益を得たり、有力な援助を得ることができます。積極的に行動するよりも自分の地盤を固めるように努力していると自然と幸運がやってくる兆《きざ》し。

［愛情運］　自己中心的ではうまくいきませんが、献身的に尽くしていれば、時間はかかるでしょうが愛は実りそう。もっともいまは直接愛情を伝えるのではなくて先輩や目上の人に頼むと好結果を得られる可能性がより大。思わぬ縁談の話が舞い込む可能性もあり。

［諸事運］　願い事は思いがけない幸運によりかなえられる暗示。事業なども資金難などが解消して順調に発展。学校などでも努力以上の好成績。交渉などは順調にまとまり、利益を得ます。勝負運も好調。ただし火難、身体の健康などには十分に注意することが大切です。

上爻

［運命の数と色］　5・10・黄

［総体運］　運勢は非常に好調。いままでの苦労や努力が報《む》いられ、花開き、実を結ぶとき。またこれまでやってきたことが一段落し、新たに事を起こす兆《きざ》し。投機的なことでなければ、他人も自分も利益を得て、信望を増す運気。何事も人と親和して、素直な態度で接するようですとますますの幸運を期待できます。この機を逃さずに懸案事項を解決して吉。

［愛情運］　恋人が欲しいと思いながらも、いい人と出会えなかった人にもチャンスが到来しそう。これまでプロポーズできなかった人も思い切って打ち明けるとよい。縁談はいいままとめるようにして吉。誠実さがない人は一時はうまくいってもあとはダメ。

［諸事運］　願い事、待つ事は自分の期待どおりになりそう。仕事や勉強も十分に自分の実力を発揮できそう。交渉、取引などはすみやかに進めるようにすれば有利に展開します。借りたものなど紛失すると紛糾しそうですから要注意。新たな仕事、趣味、取引など吉。

風《ふう》雷《らい》益《えき》　初爻・二爻

初爻

【運命の数と色】　5・10・黄

【総体運】　これまでの低迷な運気を脱却する暗示。人の助力を得るとともに、自らもおおいに勇気を奮《ふる》って積極的に進むことにより開運するときなのです。ただ人の財布をあてにして投機的なことをしたり、棚《たな》ぼたを期待して失敗する嫌《きら》いもありますので警戒のこと。人により自分の趣味に没頭してその方面では一目おかれても自分の本業がおろそかになる傾向。

【愛情運】　あなたが積極的に進むとき相手も好意をもって答えてくれる暗示。旅行でも飲み会でも、いいなと思う人がいたら風のようにすみやかに近づき、雷のような勇気をもってアタックすべき。新しい恋はグングン発展する兆《きざ》し。お嫁《よめ》をもらうにも行くにも吉。

【諸事運】　仕事方面は新規のことに手を出して吉。交渉、訴訟などもこちらに有利に事が運びます。自分の部署が変わりやすい暗示。勉強のほうも大いに進みます。勝負事なども強気でOK。どの仕事にある人も大いに発展し利益をあげることができる吉祥《きっしょう》の運気。

二爻

【運命の数と色】　4・9・白

【総体運】　運気は上々のとき。上からは引き立てられ、下の人からも厚く信用されて万事好調に進む暗示。方針などは変える必要はなく、いままでどおりを守っていけば無事。意外な幸運が突然舞い込むことになりそう。他のところの吉事がこちらによい影響を与えることが多いとき。あまり自分だけの利欲に迷い過ぎると、身を破る恐れがないともいえません。

【愛情運】　友人の結婚式に出かけてそこでよい異性に出会ったり、友人の恋人の友達を紹介されたりということがありそう。どこに行ってもチャンスが転がっているときですから、積極的にアタックして吉。ただ人の恋人にまで手を出してしまう暗示があるので注意。

【諸事運】　仕事は他からの好影響で繁栄、発展の兆《きざ》し。交渉なども進んで取り決めてよいとき。さまざまな願いや希望も誠意をもって、事にあたれば通じるときなのです。異性関係、あるいは金銭的なことで障《さわ》りが生じそう。旅行などは吉。神仏を祭るに吉のとき。

成功への鍵　**人の良いところをすみやかに学び、自分に間違いがあったならばすみやかに改めること。**

成功への鍵 人の良いところをすみやかに学び、自分に間違いがあったならばすみやかに改めること。

三爻

[運命の数と色] 2・7・赤

[総体運] むやみに人の顔色をうかがわず、しかも自分の独力ではなく、人が喜んで助けてくれるようにして事をなせば予想外の吉事に出あいそう。これまでやってきたことに関して警告的な事件が起きそうですが、取り乱さない準備さえしていればかえって結果はよくなる啓示。困難に出あったときには友人や兄弟などよりも目上の年長の人に助力を頼んで吉。

[愛情運] あなたのよさを周囲の人に分かってもらえるとき。自分のことより思いをかける相手のことを考えて行動することが大切。二人の間に思わぬ事件が起きることもありますが、それを乗り越えることでいっそう愛情の絆《きずな》が固まるとき。相手に対する真心が鍵。

[諸事運] 不意の出費などがありそう。家族の病気や火難などには注意しなければいけません。移転や旅行などは思い止まったほうが吉。商売人は商売、学生は勉強、勤め人は仕事に専心することで運気が向上する暗示。自分の願望にとらわれすぎると苦境に陥《おちい》る恐れ。

四爻

[運命の数と色] 4・9・白

[総体運] 自分のやることがうまく時流に乗って成功しやすい運気。目上の人から信任されて大事なことを委任されそう。意外な災難や争論などに巻き込まれやすい暗示がありますので、君子危《あや》うきに近寄らずの心がけでいること。目下の人のことで何かと心労が多いとき。私欲を逞《たくま》しくしたり、邪《よこしま》な気持ちで行動しますとあとでしっぺ返しがありそう。

[愛情運] モテモテの気運。積極的にプロポーズすればうまくいきそう。嫁《よめ》にもらうはずが、婿《むこ》に入ることになったり、目指す相手ではなくその友達とか兄弟とつきあうようになったりしがち。自分の恋愛を棚《たな》に上げ人のためにキューピッド役を買ってでそうな傾向。

[諸事運] 仕事場や家などで模様替えがありそう。旅行などは驚かされることがあったり、意外とお金を使ってしまう暗示。神社やお寺に参拝して吉。仕事にしろ、勉強にしろ人のために計るようにして吉運を得る啓示。つきあいに金を惜しまないこと。

五爻

[運命の数と色] 5・10・黄

[総体運] 平穏《へいおん》無事《ぶじ》のとき。人と協力して事をなして大いに成果をあげられるとの啓示がありますから、すべてにおいて単独行動を避けて、人と和合してやるのがよいのです。目下の人の信頼を獲得して、諸事に吉を得るとき。誠実に努力をすれば必ず協力者が出現して、万事好調に向かう暗示。変な策謀を排して、誠意をもって対処すればすべて吉となります。

[愛情運] かなり恋愛運は好調。自分から積極的にアタックしてもいいし、また相手からも働きかけてくる暗示。二人の間に少しいざこざの起こる兆《きざ》しも見られますが、誠意をもって相手に向かえば結果はオーライ。山などに一緒《いっしょ》に出かけるのもよいでしょう。

[諸事運] 商売や仕事は思いのほか利益があがったり、発展する兆し。交渉などは積極的に進めるのがよい。遊びにしろ勉強にしろ、単独よりは友人などと一緒にすることで好ましい結果が期待される。食事の不注意から病気を引き起こす暗示があるので注意。

上爻

[運命の数と色] 1・6・黒

[総体運] あまり欲張ったり、頑固《がんこ》ですと危難をこうむる恐れ。人を激しく叱責などすると憎まれて災厄《さいやく》を招きやすいときです。むやみに行動したくなるときですが、損をしたり、失敗しやすいときですから慎重に。望むことがあるにしろ、いまは時期を失していますから、無理に遂げようとしてはいけません。一度決めてもすぐに心変わりしやすいときです。

[愛情運] 人目を忍ぶ恋の暗示。たがいに相手を求めあう兆《きざ》し。ある程度の関係で止まっていないとあとで悔《く》いることになりそう。目移りして一人の人だけに自分の気持ちを止めておけないとき。もてるからといって他の人の気持ちを考えずに行動すると凶。

[諸事運] これもあれもとあまり盛りだくさんの計画を立てると計画倒れになりがち。仕事や商売はこれ以上は欲張らずむしろ退いて静観すること。気をつけないと水難とか、高いところから落ちやすい暗示。交渉や取引は我意を張り過ぎると相手を怒らせるはめに。

成功への鍵 人の良いところをすみやかに学び、自分に間違いがあったならばすみやかに改めること。

成功への鍵　職務相応の十分な報酬を与え、自分の周囲の人に対して恩恵を施《ほどこ》して徳を積みなさい。

初爻

［運命の数と色］　3・8・青

［総体運］　自分の実力、財力などを過信しすぎると失敗の憂《うれ》い。どんなことにしろまだまだ時期尚早《しょうそう》ですからしばらく止まって好機を待つという心がけが大切です。出すぎたことをしたり、自分の分野でもないことに手出ししたり、あせって急進すると涙を流すことになりかねません。もう少し待てば機会は自ずからやってくるのですからあせらず待つことが肝心。

［愛情運］　自分の気持ちだけが先行しても相手の気持ちはなかなかあなたに傾きそうにないとき。強引に押し切ってなんとか相手の気持ちを自分のほうに向けたとしても、あとあと調和のとりがたいことが多い。あせらずに食事やお酒に誘《さそ》いチャンスを待つことです。

［諸事運］　勝負事などは必ず勝てるという自信があるときでも控《ひか》えるほうが賢明。単なる自分の誤算ということが多いからです。交渉なども思い止まるべき。相手に応じる用意もなく、無理に進めれば手違いなどが生じやすいからです。人を疑うようなことも起きそう。

二爻

［運命の数と色］　2・7・赤

［総体運］　これまでのやり方を洗い直して、古臭い弊《へい》害《がい》的なことを排除したり、新しい方針を定めることで運気がグンと上昇。ただし自分の力を省《かえり》みず無理なことに手を出すと思いがけない問題に直面する危険。ふとしたことで事件や暴力ざたに出あうが、危《あや》うく難は逃れる。十分に注意して人にだまされたり、争いに巻き込まれないようにすることが大切。

［愛情運］　聡明でルックスのよい異性との出会いがありそうですが、じっくりと観察すると意外と気短で外見だけを飾る人かもしれません。一時の感情のままに行動することなく、じっくりとつきあって相手を見きわめることが大切。結婚の話は再婚話などであれば吉。

［諸事運］　新たな企画とかお稽古ごとなどを始めることは吉。また転居なども吉。勝負事などはあまり期待できませんが、試験などは思わぬ好成績の暗示。願い事はかないそうな機運にありますが、短気を慎《つつし》み温和を保たないと整いがたい。書類、印鑑に注意。

三爻

【運命の数と色】 4・9・白

【総体運】 状況をよく見ずに勢いで何事もやりたくなるとき。自分のやっていることが失敗しても、それは見込みがないということではありません。時期が熟していないだけなのですから、あきらめずに急進せずこっそりとコツコツ進めていくのがよいのです。正しい行動をしても疑われやすいときですから、万事に細心の注意が必要。寛容と秘密が鍵。

【愛情運】 変な噂《うわさ》がたって二人の間にトラブルが起こりそうな予感。恋人なども奪われる危険。自分がこの人だという人に出会ってもそれをすぐに表に出してはいけないことが多いとき。秘密にすべき恋は人に分からないように進行させて初めて成就《じょうじゅ》するでしょう。

【諸事運】 酒食のにぎわいや、何かうれしいことがありそう。ただ口論、ケンカなども起こりがちですから慎《つつし》むこと。事業の計画などは密《ひそ》かなるをもってよしとするとき。交渉などは感情にかられて、本来まとまるものをぶちこわしやすいので注意が必要。水難の憂《うれ》い。

四爻

【運命の数と色】 1・6・黒

【総体運】 運勢はいま少しで、気力も資力もやや衰えていますが、少しずつ運気は上昇し、万事は開けていく傾向。もう少し、時を待って謀《はか》るほうがよいのです。上と下との板挟《いたばさ》みになって困惑することになりがちですが、自分は表に立たないようにすることが大切です。いまは自分は先に立たず、強いもののあとにくっついていくようにして無事となります。

【愛情運】 あなたと恋人の間にチョッカイを出す人が現れそう。十分に注意が必要です。海や山や集まりで恋に陥《おちい》りそうな予感。しかし相手は魅力的に見えても所詮は遊び人。よく相手を見定めることが大切です。急いで結婚などと考えますとあとで後悔することに。

【諸事運】 食べ過ぎ飲み過ぎなどで身体の調子を損《そこ》ないがち。またケガをしたり、水難にあいやすい暗示。用心のこと。願望などは初めはうまくいきそうですがなかなか達成困難。勉強は苦手なところを克服しようとするのではなく、得意なところを伸ばして吉。

成功への鍵 職務相応の十分な報酬を与え、自分の周囲の人に対して恩恵を施《ほどこ》して徳を積みなさい。

成功への鍵 職務相応の十分な報酬を与え、自分の周囲の人に対して恩恵を施《ほどこ》して徳を積みなさい。

五爻

[運命の数と色] 3・8・青

[総体運] 昇進発展する勢いのあるとき。ただ自分の才能に溺《おぼ》れ、勢いに乗じて名をあげようなどとすると災厄《さいやく》を招き悔《く》いる恐れ。万事短慮は慎《つつし》み温和に柔軟に事をなすのがよいのです。自分の近くに裏切り者がいたり、陰謀などが企《たくら》まれていることも多いので、それにすみやかに気づいて将来に禍根《かこん》を残さないようにすることが大切。中道を守って吉兆あり。

[愛情運] 愛する人に振り回されてしまう暗示。たとえ好きな相手でも正しことは正しい、間違ったことは間違っていると言う勇気が必要なとき。またつまらない相手に引っかかって家庭争議をかもしたり、恋人との仲にヒビが入りやすいときなので警戒のこと。

[諸事運] 自分の趣味に溺れて他を省《かえり》みませんとしっぺ返しを食いそう。人の甘言《かんげん》に乗りやすいときですから、交渉とか話し合いなどはだまされないように用心すること。勉強でも仕事でも、これまでやってきたことを継続して努力することが吉運への鍵。勝負運あり。

上爻

[運命の数と色] 4・9・白

[総体運] 内実は苦しいとき。用心しないと大変な目にあう気運があるので十分に警戒が必要です。これまで苦しかった人はいまがどん底。もう少しの辛抱《しんぼう》ですから、欲をかかず、身の安全を図《はか》るのがよいでしょう。実力以上のことは引き受けないようにすることが肝要です。正しい行動をしてこなかった人は次から次へと災が降りかかりやすいので注意が必要。

[愛情運] ちょっとしたことでケンカをしやすい暗示。言葉には十分に注意しなければなりません。口先だけで相手をだましてきた人は、しっぺ返しがの恐れがあります。これはと思う人が出てくる兆《きざ》しも見えますが、言い出せず、片思いに終わりそうな危《き》惧《ぐ》。

[諸事運] 仕事にしろ勉強にしろ、ウカウカしていると大変なことに。災難や争いの兆しが見えます。取引や約束はよく考え、慎重に。病気は油断すると悪化しがちなのですみやかに処置すること。人を思いやる心持ちを保つことで、危難を避けられるという啓示。

初爻

䷫

⑩

【運命の数と色】 4・9・白

【総体運】 平穏無事《へいおんぶじ》を願うのならば、いろいろなことに心が動くときではありますが、けっして手出しをしないほうが賢明だというのが卦の啓示。自分の考えややろうとしていることがまだ時の勢いにかなっていないのです。できることならば、いままでやってきたことを保守し、魅力的に思えることであっても思い止まるほうがよい。外見はよく見えて内実虚の暗示。

【愛情運】 旅先などで思いがけなく異性と知り合うチャンスが増大。ただし十分に気をつけないと奔放《ほんぽう》な女性に振り回されて手痛い目にあいそうな懸念《けねん》。女性はかなり年上の男性と深い交際の予感。恋人同士は女性のほうが男性をリードしがちのときなのです。

【諸事運】 仕事や勉強などに思わぬハプニングが生じそう。人により目上の人の引き立てをうける暗示。盗難、足を石などで傷《いた》める暗示がありますので気をつける必要がありそう。勝負事などはあまり策を弄すると勝つには勝ってもあとで後ろ指をさされそう。

二爻

䷫

⑩

【運命の数と色】 5・10・黄

【総体運】 進むよりも止まるほうが万事に吉との啓示です。不正な考え方をする人が接近してくるときなので注意が肝心。表向きはにこやかに対応して怨《うら》まれないようにし、内心では十分な警戒をすることが必要。年をとった人などは仕事などから手を引いて隠遁《いんとん》したいような感情も兆《きざ》しがち。平穏《へいおん》ななかに心中は何か変化を望む気持ちが生じるとき。

【愛情運】 旅行、イベントなどで思わぬ出会いがありそうですが、どちらかといえばつまらない異性にだまされがち。自分がいいと思う人を友人でも紹介などしないほうが無難。隠れた相手がいて妊娠しているなどの懸念《けねん》。女性問題が生じがちの傾向にあるので注意。

【諸事運】 事業などは新しいことは試みず、人から誘《さそ》われても手を出さないほうが吉。交渉などは自分の気持ちや主張をあまり表立って言わず時を待つことが大切。学問に王道なし。速成で力を得る方法などはありません。コツコツ努力すること。勝負事は勝運薄し。

成功への鍵 時と所に応じて機を失わないように努力し、正しいことは困難でも守ること。

成功への鍵 時と所に応じて機を失わないように努力し、正しいことは困難でも守ること。

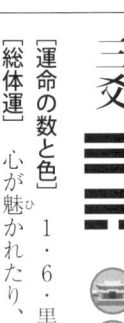

三爻

[運命の数と色] 1・6・黒

[総体運] 心が魅《ひ》かれたり、気持ちが動いたりすることがありますが、それに向かって進むと災《わざわ》いを生じやすいことが多いのでご用心。自分の本業、本分を守るようにするのがよいのです。人から疑いを受けたり、人からうとまれることもありそう。何かと争いやすい気運にありますが、人と和し、素直に従い、真心をもって接することこそが運気向上の鍵。

[愛情運] 町中でも、観光地でも心魅かれる人が出てきそうな暗示。注意深くアタックしないと手痛い目にあいそう。親しい人と争う兆《きざ》しが見られますから言動を慎《つつし》むことが肝要。隠《かく》れて他の異性とつきあっていることなどが彼や、彼女にばれやすいので注意すること。

[諸事運] 旅行や取引、買い物などを諸般の事情で取り止めることがありそうですが、結果としてはそれがよかったということがよくあるとき。仕事や、勉強など、あまり遊びにほうけず、最低限のノルマはこなすことが大切との啓示。争い、訴訟などは極力避けて吉。

四爻

[運命の数と色] 3・8・青

[総体運] 万事、人に従ってなすことは成就《じょうじゅ》し、利を得る啓示。自分一人で大きなことを実現しようとしてもよい結果を期待できません。心中に疑いやまどいが生じやすい気運がありますので、心を金石のようにしっかりと保つよう心がけることが肝要。これはと思って頼みにしていた人が心変わりをする兆《きざ》しが見られますから、心することが必要でしょう。

[愛情運] 思う相手にすでに恋人などがいることの多いとき。デートの約束などもう少し先に声をかけていればよかったのに、少し遅かったために先約があったりしがち。自分の殻《から》に閉じこもらず、宴会、旅行など人とのつきあいは積極的に参加するようにして吉。

[諸事運] 遠方への用事、あるいは観光旅行などの兆し。自分の持ち物を他人に奪われやすい暗示。たとえ奪われてもそれを取り返そうとしないこと。かえって災厄《さいやく》を招きそう。願望、取引、交渉などはすぐには実現できないことが多いのでしばらくは自重すること。

五爻

【運命の数と色】　2・7・赤

【総体運】　これまでやってきたことを改善したり、充実させていくにはよい運気。表面に見えることが本当ではなく、裏に策謀、計略、秘密などが渦巻いていることが多いのですが、分かっても知らんぷりをして、万事細かいことには神経質にならずにいるのがよいのです。目下の知恵、才能に恵まれた人物に事を任せることでよい結果を得れることが多い。

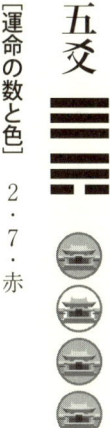

【愛情運】　自分の長所にしろ、欠点にしろすべてを相手にさらけ出すようなことはしないほうが賢明。何気なく自分の才能や、美点をアピールするのがよいのです。相手の外見にだまされてあとで後悔する暗示がありますからご用心。二人の関係を一度見直す時期かも。

【諸事運】　思いがけない拾い物がありそう。あなたを陥《おとしい》れようとする人が現れやすい兆《きざ》しが見られますので注意し、寛容な態度で相手を心服させることがよい。文書、印鑑などでトラブルの懸念《けねん》。取り扱いには注意が肝要。人を呼んで自分の家でご馳走《ちそう》してあげて吉。

上爻

【運命の数と色】　4・9・白

【総体運】　木の実が樹上にあって取りがたい暗示。すぐには事が運ばないとき。何かをやりすぎて争いを生じたり、破綻《はたん》を起こしやすい傾向。あまり手出しをせず、口も出さずに控《ひか》えめに対処するのがよいのです。名誉や地位を得ようと事を図《はか》れば多くは失敗に終わります。人と争うと傷害さえも受けるような時期なので言葉を慎《つつし》み、行動を慎重にすること。

【愛情運】　コンパやパーティなど大勢の集まるところでは、大勢の異性から注目されそうな予感。男性は女難をこうむりそうな危惧《きぐ》がありますので要注意。これまで親しかった人との間には背《そむ》き遠ざかる意味もありますので、口争いなどはしないようにすることが肝心。

【諸事運】　人をそしって自分もそしられる兆《きざ》し。交渉は強硬に出ず他日を待つのが吉。普段は恐れ多くて近づけないような人に接する機会がありそう。金銭の損失をこうむることがしばしばありそうな懸念《けねん》。頭上注意、上から物が落ちてきて頭にケガをしそうな危惧。

成功への鍵　時と所に応じて機を失わないように努力し、正しいことは困難でも守ること。

成功への鍵 日頃から善いものや人を集めて、思いもよらぬ事態に備えなさい。

初爻

［運命の数と色］ 3・8・青

［総体運］ 吉運のとき。進むべき道に悩みの生じやすいときですが、迷ったり躊躇《ちゅうちょ》したりせず、一つの方向に心を定めていくことで運が開けます。人から怒りを受けたり、争論になるなどの兆《きざ》しが見えますので言動には注意が肝要。トップの人に通ずべきことを二番手の人に話す暗示。それなりの理由があるにしろ、通ずるべき人に話を通じるようにして吉。

［愛情運］ 男女関係で思いがけない喜び事が起こりそう。自分の気持ちが定まらず、二人の間で右往左往する気運。気持ちをハッキリと決めることで縁はまとまるでしょう。相手の働きかけを待つのではなく、自分のほうから進んで働きかけることが必要との啓示。

［諸事運］ 仕事にしろ、願望にしろ、本当にあなたに適合しているのは現在目指しているものではないことが多い。取引などは相手の意によって左右される傾向。竹や木などによる足のケガ、魚骨や固いものでの口中のケガに注意。試験などは好成績。ギャンブル運強し。

二爻

［運命の数と色］ 1・6・黒

［総体運］ しばらくは心身ともに疲れがちですが、現在自分の着手していることを継続していれば、次第に運気は上昇しそうです。自分のほうから才能をひけらかさなくとも上にいる人が自然と見いだしてくれることを卦は示しています。虚心を失って、なまじこれ見よがしにふるまったりするとかえってチャンスを失うことになりますので注意。

［愛情運］ どこに行っても多くの異性の注目の的になりそう。あまり派手にふるまうと恋人から誤解されるので少し慎《つつし》むことも必要かも。縁談の話なども吉で、あなたにはよい相手のはずです。とくに宮地、圭子など土の文字が入っている人とはうまくいくはずです。

［諸事運］ 計画などは変更せずに継続することが吉。交渉、取引などはこちらから積極的にいかず、相手の協力、支持を待って進むことでよい結果を生むでしょう。勝負事などは始めに決めた役、馬などを変更しないほうが吉。住所や仕事なども変えないことが大切。

三爻

[運命の数と色] 5・10・黄

[総体運] 物事が滞《とどこお》りがちな傾向。どんなことにしろ、何かと支障が生じたり、妨害が入ることが多いのです。自らの目標がなかなか定まらずに苦労する暗示もあります。本来なすべきことをなさず、手近でたやすいことにかかわって後悔しそう。とはいえ、誠実に着々と実行する人はことをなし遂げることのできる吉兆が見られますので努力することが肝心。

[愛情運] せっかくいいところまでいっていたのに、他の人にもつい心を向けて、これまでの関係がだめになる恐れ。他の人には目をくれずにひたすら一人の人を追い求めるようにするのが吉。これまでいい相手のいなかった人などはチャンスが到来しそう。

[諸事運] 仕事にしろ、勉強にしろ、最も重要なことをまずなすことが大事だとの啓示。つまらないことにかかわっていると悔《く》いることになりそう。遠方との商売とか、遠方から来た話などに吉兆が見られます。人の集まるところにいく場合、病気の感染に注意。

四爻

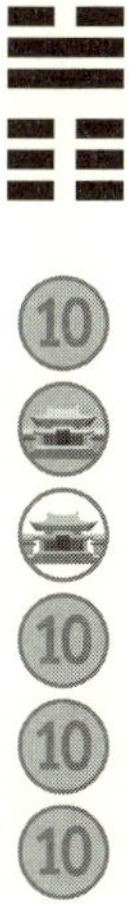

[運命の数と色] 1・6・黒

[総体運] 人との交際も深まり頼みになる人も増えてくる機運にあります。二人共同して事にあたるときは何事においても吉となりそう。万事に発展の兆《きざ》しが見られますが、同時に何かと気苦労も絶えないときです。強気に出て争うようですとあとで必ず災《わざわ》いとなりますから、ソフトに対応することが大切。人の集まるところでは周囲の人気者になりそうな予感。

[愛情運] あまり深い交際でなかった異性とも不思議に深い関係に。何人か交際相手のいる人は最初に出会った人がお似合《にあ》い。複数の異性から交際を求められることもありそう。少し苦労を覚悟すれば、金井とか鈴子など金の字の付いた人とはうまくいきそう。

[諸事運] 一人でやろうとせず仲間を探すことが大切。共同してやれば仕事も勉強も成果があがる兆し。交渉などは順調ですが少し相手を立ててあげることが必要。旅行などは雨などに降られることはありますが、楽しい時を過ごすことができます。試験などは好成績。

成功への鍵 日頃から善いものや人を集めて、思いもよらぬ事態に備えなさい。

成功への鍵　日頃から善いものや人を集めて、思いもよらぬ事態に備えなさい。

五爻

［運命の数と色］　3・8・青

［総体運］　一見、喜び事が多いときです。ただし、表面上はいいのですが内実が伴わないこともままあるのです。地位があっても実際の権限を他にもっていかれてしまったり、もうけたようでも、実益が伴わない。しかし、あせらず、不平を持たずにいまの気運をもり立てて、自分の歩むべき道を守り、それを継続していけば必ず幸運を得ることができるはずです。

［愛情運］　あれこれと活躍したり、イベントなどで目立ったりして、人気を集めそうな気配。積極的にアタックしていけばたいがいはうまくいくという好暗示。相手の美点を見て褒《ほ》めたり、楽しい会話を心がけて恋愛運は向上。結婚話などはまとめる方向で吉。

［諸事運］　部下を持つ人は広い心でもって部下の手腕を発揮させるようにして吉。願望などもかなう暗示。交渉は人との和を心がけてあきらめず進めれば利を得ます。住居移転の気持ちがあっても動かない方が賢明。酒色に溺《おぼ》れると凶。人とよく協議し事をなせば吉。

上爻

［運命の数と色］　4・9・白

［総体運］　好機を逸《いっ》していることが多いとき。せっかくあったチャンスをみすみす逃していることが多く、あとで気がついてなんとかしようとするとかえって損することになりそう。喜び事などがあっても、それに浮かれていると悪い結果を招きがちですから注意。むやみに人の悪口を言ったり、しゃべってはならないようなことを口に出すと後悔しそう。

［愛情運］　口先だけで相手の歓心を買おうと思っても無駄。目の前にあるチャンスを逃しそうな恐れ。縁談などは無理にまとめるとあとで不和に陥《おちい》る危険。人の集まるところに積極的に参加して吉を得るとき。交際相手との心のつながりがうまく保ちがたいときです。

［諸事運］　職場や学校で立場上の苦労の多いとき。仕事、研究など新規のことには手を出さないほうが無事。自分が正しくても訴訟など起こすのは時期を失している恐れ。現在はだめであっても、誠の気持ちがあり、義理人情にかなっていることなら万事、のちに成就《じょうじゅ》。

地《ち》風《ふう》升《しょう》　初爻・二爻

初爻

【運命の数と色】　4・9・白

【総体運】　運気の盛んなとき。次第に運気が上昇するときです。まわりの人の信用を得て成功する兆《きざ》しが見えています。もっとも、急いで進まずに、ゆっくりじっくりと進むのがよいでしょう。相手を尊敬し、従順な態度で人に接することが、運気を高めるポイントのひとつです。謙虚な気持ちで、誠実な人と一緒《いっしょ》に実行することは吉祥《きっしょう》をもたらしそう。

【愛情運】　恋人や伴侶のいる人には、愛情豊かな幸福な時期です。彼、彼女のいない人は、相手の誕生日や何かの機会を逃さずプレゼントを奮発するとか、映画、音楽会などに誘《さそ》うなどして小さな一歩から始めるとよいでしょう。あまり結果を性急に求めすぎると全部だめにしてしまう暗示がありますから注意が必要です。

【諸事運】　会社、お店などの業績は順調に上昇しそう。学業は好成績をあげられる暗示が見えます。南の方角に吉ありと出ているので、この時期、旅行などもよいでしょう。金銭運もしばらくは順調。風邪《かぜ》に注意。

二爻

【運命の数と色】　5・10・黄

【総体運】　盛運、発展に向かう運気。人に信任され重要なポストなどを委ねられて活躍するときです。辛労はありますが自他ともに喜びを得ることができるでしょう。金銭とか財物といった物質的なものをあまり目標にしないこと。利を求めるとかえってそれを失うことになりがち。自分の才能をひけらかすことなく、へりくだって行動していればあとあと吉祥《きっしょう》あり。

【愛情運】　グループで遊びや旅行などに行くのは吉。恋が芽生えそうな気運。あまりあわてずに少し控《ひか》えめに接近すれば、二人の関係は次第に進展していくような兆《きざ》し。縁談などはよい話が多いですから、少しくらいの不足はあってもこの際まとめたほうが吉。

【諸事運】　仕事などは苦労があったり、目前の利益は少なくてもあとあと発展に向かう暗示。会社やクラスやグループなどの重要な地位について活躍する兆し。必要なら祖先の祭祀《さいし》などを行うことは吉。旅行、賭《か》け事《ごと》、試験なども吉運に恵まれそう。謙譲《けんじょう》が開運の鍵。

成功への鍵　ただ天の道のままに少しずつ善徳を積み、結果をあせることなく努力しなさい。

成功への鍵 ただ天の道のまにまに少しずつ善徳を積み、結果をあせることなく努力しなさい。

三爻

[運命の数と色] 1・6・黒

[総体運] 時の勢いを得て人の引き立てを受けたり、とんとん拍子に万事が進んでいくとき。また地位、名声などが上がりそうな気運にありますが、気をつけないと周囲の人々の嫉妬を買ったり、そしりを受ける暗示。表面は発展発達しているように見えても内実はそうでないことも多いので浮かれすぎないこと。あせったり急いだりせず堅実に進むことが肝心。

[愛情運] 色恋沙《ざ》汰《た》で問題が起きそうな危《き》惧《ぐ》。君子危《あや》うきに近寄らずで初めからそのような相手に近寄らないのも一つの選択。とくに木田とか杏子とか木字が姓名にある人には注意。結婚話などが持ち込まれてもいまの時期はしいてまとめようとしないほうが賢明。

[諸事運] 口舌《こうぜつ》争論などが生じやすい兆《きざ》しが見られますので避けるように気をつけること。取引、交渉などはスラスラといきそうですが実利を得ることは難しそう。住所などは移転したい気持ちがあっても踏みとどまったほうが吉。試験とかギャンブルなどは吉運。

四爻

[運命の数と色] 3・8・青

[総体運] 普段していることをなし、新たなことはなさないようにしていれば、平《へい》穏《おん》無《ぶ》事《じ》にすごせるときです。精神的なことに力を注《そそ》いで、あまり物質的なことは追求しないほうが賢明です。どんな立場であれ、出過ぎると必ず悔《く》いを生じます。上と下とが和合して親しみ、安泰の暗示があります。誠心誠意ことにあたるように心がければあとで、喜びに出あいそう。

[愛情運] 夫婦とか恋人同士は心を豊かにするような一緒《いっしょ》の趣味を持つことでよりいっそうよい関係になりそう。相手を変えようとするのではなく、自分が相手に合わせることで吉縁が生じる気運。縁談の話などは良縁で、とくに女性でしたら、まとめて吉。

[諸事運] 出世などを急ぐのは考え直したほうが賢明。商売などは目の前の実利はなくても、次第に発展に向かうとき。勉強も目に見えての進歩はないようでもこのままコツコツと続けていけば、大きな期待ができそう。転業とか家の移転などは十分に考えてから。

五爻

［運命の数と色］ 1・6・黒

［総体運］ 運気好調のとき。昇給、昇進、あるいは何事も発展していくときです。下の人の力をうまく活用すべきときですし、また得ることができるのです。一度になし遂げようと無理強《じ》いをするとかえって功は少ない。何度にも分けて少しずつ成果をあげていくのがよいのです。盲進する人はせっかくのチャンスを失い、誠実に慎《つつし》み深く行動する人は吉。

［愛情運］ 友人の集まりや、飲み会などには積極的に参加して吉。すぐには相手の気持ちをとらえることは難しくても、根気よくアプローチすることで好ましい結果が得られそう。後輩とか、目下の人を仲介にして、自分の気持ちを相手に伝えるのもベター。

［諸事運］ 仕事は目下の人をうまく使うことで功を得られる暗示。紛失物は、よく捜《さが》せば見つかりやすく、棚《たな》の上、階段上などにあることが多い。勉強は人と一《いっ》緒《しょ》にやることで成果のあげられる時期。病気はうっかりすると長引きやすいので早めに治療して吉。

上爻

［運命の数と色］ 5・10・黄

［総体運］ 盛運であった人はそれが衰退していく兆《きざ》し。進んでも穴に陥《おちい》りそうですし、退こうとしてままならないときです。現状維持をしようとしても、腐敗を生じてどうしようもない暗示があります。正しく方向を変換して、正しい道を見つけ、永く久しくそれを守るときには吉祥《きっしょう》。思いがけない災難が起こりやすいので何をするにしろ用心が大切。

［愛情運］ 三角関係などが生じやすい暗示がありますので注意。別れたいと思う相手がいてもそれを実現するのはなかなか難しそう。これまでアプローチしてだめだった人はさっぱりとあきらめるのが賢明。縁談などはあまりいい縁ではなく、まとめると悔《く》いることに。

［諸事運］ 商売や勉強などはこれまでのやり方ではどうしようもありません。方向転換の必要がありそう。職場などで自分の勢いを誇っていると他の憎しみをかって災《わざわ》いを招きそう。訴訟とか、口論とか、病難の兆し。注意すること。取引とか交渉も見切りどき。

成功への鍵 **ただ天の道のままに少しずつ善徳を積み、結果をあせることなく努力しなさい。**

成功への鍵 困難に出会ったときには、死ぬ覚悟で自らの志を完遂《かんすい》するようひたすら努力しなさい。

初爻

【運命の数と色】 4・9・白

【総体運】 小さなことならば吉になりやすいのですが、重大なことですとよほど注意しなければ凶に陥《おちい》りやすい暗示が見られます。言葉を慎《つつし》み、軽率に行動を起こさないようにしていれば、大きな幸運がやってきます。時を待つことが大事なのです。自分から進んで何か新たにしようとはせず、行動の前に自分より経験豊富で智慮ある人に相談して吉運将来。

【愛情運】 相手に夢中になって、その行動、言葉などに振り回され、どうにも身動きがとれない状態に陥りそうな予感。相手の趣味に興味を持ち、一緒《いっしょ》に楽しむようにすれば吉。自分の恋敵《こいがたき》の悪口などを言い触らしているとあとでしっぺ返しを食らいそうな危惧《きぐ》。

【諸事運】 勉強にしろ仕事にしろ、少し辛《つら》くてもしばらくは他のことを忘れて専念することで喜びあり。楽しく賑《にぎ》やかに飲み屋やレストランなどで飲食する機会が増えそうな暗示。家の人のことで悩みの生じる懸《け》念《ねん》。交際が広がり、友人との会話もはずみそうな気配。

二爻

【運命の数と色】 5・10・黄

【総体運】 年上の人に目をかけられて出世する兆《きざ》し。ただそれが実現するにはしばし時間がかかりそう。あきらめずに自重することが大切。みずから進んで何かをなそうとすると失敗したり、損失を受けやすいので、辛抱《しんぼう》して機運の変化を待つのが賢明。集会のようなものに頻繁に顔を出すようになる暗示。神を祭る人のような屁理屈《へりくつ》を越えた誠が開運の鍵。

【愛情運】 一度は別れた人とまたよりが戻ったり、しばらく音沙汰《おとさた》のなかった人との交際が復活しそう。酒を飲んだ勢いで深い関係になるような暗示もありますから用心が肝要。独身の男女には縁談の話などが持ち込まれる機運。積極的アプローチよりも受け身が吉。

【諸事運】 事業などは新規のことに着手するのは考えもの。仕事にしろ勉強にしろ以前から志望し努力してきたことを辛抱して気長に努力するのがこの卦にあったときの秘訣。酒食宴会などの機会が増えそうな気配。交渉などは相手の出方を見てから対応するのが吉。

三爻

[運命の数と色]　3・8・青

[総体運]　苦労の多いとき。動けば動くほどかえって悪いほうに行きがち。苦しさのあまりに人を陥《おとし》れて、自分のほうに利を得ようなどとすると自分が災《わざわ》いを受けることになります。しばらく辛抱《しんぼう》すればもう少し先に光明が見えていますから、悪あがきをせずに現状を甘受《かんじゅ》することが大切。人から悪口を言われたり、口争いなどが起きやすいときなので注意。

[愛情運]　結婚している人などは奥さんに家出されるような暗示がありますので言動に注意する必要がありそう。思う人に出会っても躊躇《ちゅうちょ》 逡巡《しゅんじゅん》してなかなか自分の思いを伝えることができないとき。自分には少しばかり重荷になりそうな相手との交際になりそう。

[諸事運]　職場や学校などでのつきあいが多すぎて、出費が過ぎたり、身体の調子を壊《こわ》しそうな懸念《けねん》。手形や証文あるいは印鑑などの扱いには慎重さが必要とされるとき。交渉や取引などはよほどうまくやらないとまとまりづらい。石という文字のついた人に注意。

四爻

[運命の数と色]　1・6・黒

[総体運]　万事、成就《じょうじゅ》しがたいときです。自分の好むところに引かれて、本分を忘れるようになりがちです。何事も破れ、苦しむ意がありますが、誠実に物事を行い、節度を守り、身を慎《つつし》むように努めていれば、苦しみや憂《うれ》いも次第に去り、吉に至るとの暗示もあります。小さな利益に気を取られて、より大きな利益を失いやすいので気をつけること。

[愛情運]　あなたの想う異性には密《ひそ》かに想う相手のいる場合が多い。またいない場合でも何かと邪魔《じゃま》が入ってなかなかいい関係になることは難しそう。違ったところに目をやるとあなたにふさわしい人がいるとの暗示。異性問題が生じやすい意もあるので注意。

[諸事運]　取引とか、商売は目の前の利益だけにとらわれないことが大切。計画などは邪魔が入ってうまくいかないことがあるのですが、かえってそれが吉となります。願い事などは、見当違いなことを願っていることが多いので再検討が必要。水難に注意。

成功への鍵　困難に出会ったときには、死ぬ覚悟で自らの志を完遂《かんすい》するようひたすら努力しなさい。

成功への鍵 困難に出会ったときには、死ぬ覚悟で自らの志を完遂《かんすい》するようひたすら努力しなさい。

五爻

［運命の数と色］ 3・8・青

［総体運］ 困難、労苦の中にあった人もそれが解消して万事喜びに向かうときです。真面目《まじめ》に困難の原因を究明し、その打開に努力していれば吉祥《きっしょう》を得ることのできる啓示。まわりから邪な人を排除して良い人材を用いるように工夫することが大切。ただし、あまり躊《ちゅう》躇逡巡《ちょしゅんじゅん》して断固としての実行が伴わないときには災《わざわ》いがふりかかってくる恐れもあります。

［愛情運］ 相手に対する不信感から恋愛関係が壊《こわ》れそうな危険。失ってから失ったものの大きさに気づく兆《きざ》し。サトウ、シズカなど姓名中に「サシスセソ」の音のある人がいまのあなたにとって相性のいい人。アタックするならばその音を持つ人をねらってみよう。

［諸事運］ 仕事も勉強も枝葉末節的なことは切り捨てて主要な一事のみに専心することで吉運を得ることができます。取引や話し合いなどは、これを削れ、あれを削れと要求されたり、自分も不満で、むしろ破談にしたくなる気持ちですが我慢《がまん》して成立させて吉。

上爻

［運命の数と色］ 4・9・白

［総体運］ うまくチャンスをとらえるようにすれば運を開く好時期。これまでの方針を一新して、改めて出直すようにしたほうが賢明。先を競って人と争ったり、焦燥感に駆られて軽率に進んだり、もめ事を起こしやすい傾向がみられますが、あせらずに沈着に行動する方が結果はよいでしょう。人から疑いを受ける恐れもありますの言動には注意すること。

［愛情運］ 婚期がやや遅れたと思える人ですと、いい相手をつかまえる好機。あせっても、またあきらめてもよくありません。落ち着いて、機会をみて積極的に出ればうまくいくはず。金田とか、鈴子など姓名に金の文字がある人がここしばらくは相性が吉との啓示。

［諸事運］ 勉強は範囲を広げるよりはこれまでやってきたことをしっかりと物にするようにして吉。取引、交渉は時期を誤らなければ順調。家族や古くからのつきあいなどにとらわれて身動きがとれない暗示。部屋替え、移転など転換策をこうじて吉。短慮を慎《つつし》んで吉。

初爻

[運命の数と色] 4・9・白

[総体運] 何にしろあまりよい結果を得られず、あてにしていたことなども水泡に帰することが多いかもしれません。また万事どちらかといえば遅滞《ちたい》しがちです。まだそのときではないことを悟って、静かに身を守るようにすることがいまの時期は大切です。心の中にものを包み忍《しの》ぶという意があり、人には言えず、またどうするといった決断のできないことがありそう。

[愛情運] つきあおうとしている相手が汚《きたな》いものを持っているとの暗示。心がけが悪かったり、変な職業についているということが多いものです。あるいはその人の周囲に悪い人がいたりします。どちらにしろ積極的にアプローチすることは避けるのが賢明。

[諸事運] 仕事は内部の紛糾とか、計画の手違いなどで、滞《とどこお》りがち。勉強なども計画倒れになりがちなので、そうならないように気をつけること。人から関心をもってもらえなくて寂《さび》しさを感じる兆《きざ》し。金銭的に損失があったり、そのことで心労する憂《うれ》い。

二爻

[運命の数と色] 5・10・黄

[総体運] 内にはこれまで蓄積した実力がありながら十分に世に用いられないとき。目上の人の引き立てがなかなか得られず労するわりには功の少ないときなのです。人を励《はげ》まし助け、その労をねぎらってあげるという姿勢でやってこなかったような人の場合には、前に進もうとしても妨げがあり、後ろに退こうとしても退けないような窮地《きゅうち》に陥《おちい》りがちになります。

[愛情運] 相手の気持ちが分からず、自分も中途半端な気持ちのまま過ぎてしまいそう。いまはあまり結論を急ぐべきではない。恋人がいる人の場合は他の異性にも目がいったりして、結果として現在つきあっている人との仲がうまくいかなくなりそうな懸念《けねん》。

[諸事運] つまらない無駄があってお金を浪費しそう。住居に不満があっても動かないほうが得策。足腰に痛みを生じる憂《うれ》いがありそうなので予防をこうじて吉。訴訟などは自分に理はあっても時の利を得ないためにうまくいかない暗示。勝負事は少し控《ひか》えて吉。

成功への鍵 下の者の気持ちを察し、心を通じさせるように工夫し、努力を怠《おこた》らないように。

成功への鍵 下の者の気持ちを察し、心を通じさせるように工夫し、努力を怠《おこた》らないように。

三爻

【運命の数と色】 1・6・黒

【総体運】 力はあるのですがそれを発揮する機会がまだありません。時を得ていないために、計画などは完璧でも賛同を得られなかったり、得られたとしても人材や資金が足りないことも多いのです。もう少し辛抱《しんぼう》し、偏屈な態度をとってきた人は人とよく交わるようにすれば、遠からず好機が到来するはず。どれにしろ時期尚早《しょうそう》で、もう少し忍耐が必要。

【愛情運】 あなたは、とても魅力的なものを持っているのですが、どうも相手にそれが分からない憂《うれ》い。あれこれアタックするわりには成果を得られないとき。女難や色情の悩みの生じやすい暗示。かたくなな感じを与えがちの人は、もう少し人あたりをよくして吉。

【諸事運】 盗難や水難に注意する必要がありそう。訴訟などは自分のほうに道理があってもなかなかそれが認められづらいとき。実力がありながら職場などでもう少し引き上げてもらえない恨み。事業などは、もし援助者が現れれば成功の兆《きざ》し。散財をしやすい傾向。

四爻

【運命の数と色】 4・9・白

【総体運】 井戸水を人が汲《く》み上げる意。水は人の生活に必需であり、古人はそれを汲み上げ生を養う。井戸は地脈によって水を得ているのですから、やたらに掘り直しすることはありません。他に眼を移すことなく自分の本分本務を守り努めることで遠からず幸運に恵まれる運気です。内部を戒《いまし》め整え、外部に対して十分な布石を打っておくことが鍵。

【愛情運】 相手の誕生日など特別な日には前もって準備しておくと吉。宴会や集まりなどで下心をもって近づいてくる人がいそうなのでその気がないなら注意が必要。口ゲンカ、女難などの兆《きざ》し。清田とか涼子などサンズイや水のついた姓名の人と相性が合いそう。

【諸事運】 石などでどこかを固めるようなことは吉。家庭などでは自分のことより他の人の考えを助けてあげるようにして吉。数は力なりで、反復繰り返すことで勉強なども進むときです。人の誹謗《ひぼう》をうける兆しが見られますから、そしられるようなことをしないこと。

成功への鍵 下の者の気持ちを察し、心を通じさせるように工夫し、努力を怠《おこた》らないように。

五爻

［運命の数と色］ 5・10・黄

［総体運］ 繁栄発達の兆《きざ》し。多年の願い事なども成就《じょうじゅ》の気運。節操を守り、正道を踏み行えば、次第に発展して、大いに信用され、盛運に至るときです。ただみだりに進んだり、身にふさわしくない大望を抱くと妨げが生じる恐れ。かたよらない立場に立って世に処するときは、人を用いて大いに有利に展開するときです。人を助け、恵み、養う気持ちが幸運の鍵。

［愛情運］ どこに行っても人にいい印象を与え、人気が集まる運気。報《むく》われなかった愛なども成就する兆し。人に優《やさ》しく接し、清潔な感じを与えるような装《よそお》いをすることが大切。清水とか、江理など姓名にサンズイ、水の字が含まれている人と相性が吉との啓示。

［諸事運］ 仕事にしろ勉強にしろ、努力次第で着実に成果をあげていくことのできる時期。特別な役目などに抜擢されることもありそう。旅行なども楽しいものになる気運。職場でも学校でも、周囲の人の信用を博するとき。酒好きの人なら、いい酒に出あう暗示。

上爻

［運命の数と色］ 3・8・青

［総体運］ 我が井水《せいすい》を酌《く》むのを許す暗示。自ら尽きることなく井戸水を汲《く》み上げ、また人がそれを汲み上げて生を養うことを分け隔てなく寛容の徳をもって許す意がありますので、大いに吉であり、大盛運の兆《きざ》し。いままで苦労してきたことが、また繰返し努力してきたことが功を奏し、自分だけでなく周囲の人をも潤《うるお》すことになります。気をゆるめずさらに努力して大吉。

［愛情運］ 次から次へとよい縁談が舞い込んだり、パーティーやイベント会場などでもモテモテになりそうな好暗示。自分を押し出すことなく、従順に万事素直に対応することで、いっそう恋愛運は上昇。誰か一人の人だけに限定せず、誰とも親しくつきあって吉。

［諸事運］ 遠方への旅行はよいことが起きそう。人に何かを隠《かく》したり、秘密を作ることはよくない暗示。仕事にしろ勉強にしろ、人と一緒《いっしょ》にやることで有利になるとき。一つの目標を達成したら、他にまた目標が出て、それも努力して成就《じょうじゅ》する運。風邪《かぜ》に注意すること。

成功への鍵 古いもの、旧習を捨て去って、改め、変化に順応するように努力しなさい。

初爻

[運命の数と色] 5・10・黄

[総体運] 目標や計画などは悪くなく、慎重に事を行えば、万事成就《じょうじゅ》して名誉や利を得ることでしょう。若い人ですと自分自身に喜び事が生じ、年取った人ですとその子供などに縁談、持ち家を得るなどの喜び事がありそう。急激な変革、改革などはまだ時期尚早《しょうそう》の暗示がありますから、もう少し期が熟するのを待って行うようにすることが大切です。

[愛情運] 旅行や、ハイキング、行楽地での出会いなどがあり、意気投合しやすいとき。老若男女ともに恋に溺《おぼ》れやすい傾向。たがいに好きになり深い関係になることも多いでしょう。ただあとになって悔《く》いる暗示があるので、よく考えて行動することが必要なのです。

[諸事運] 遠方への旅行や、取引などで吉祥《きっしょう》がありそう。商談、交渉などはこれまでどおりのやり方では難しそう。勉強は少しやり方を変えるようにして吉。紛失物は家の中の箱とか引き出し、壁際《かべぎわ》などを探せば見つかりそう。風邪《かぜ》などを引きやすいので注意。

二爻

[運命の数と色] 4・9・白

[総体運] 不思議と運気に勢いのあるとき。何かを改めたり、革新するのによいときですが、急激に改めるのではなく、じっくりのその下準備をし、時を待って断行するのがよい。有力な知人に依頼して吉。性急に事をなすと人の憎しみなどを受けたり、争いが生じやすいのですが、人と調和し、じっくりと実行するときは、どのようなことも成就《じょうじゅ》する運。

[愛情運] 恋人との仲がうまくなかったり、夫婦仲が悪かったりしていた人は、それを解決するチャンスのとき。気に入った相手がいるなら、じっくりと時間をかけてアプローチしていけばうまくいきそう。縁談話などはまとまりやすいのですがそのあとが大変そう。

[諸事運] 仕事でも勉強でも、先々のことを考えていまから下準備するのがよい。書類、印鑑などの扱いに注意しないと問題が生じそう。いま何かを失っても、先々それ以上のものが入手できる兆《きざ》し。移転とか職業を変えるのは吉ですが、急がずに実行すべきとき。

三爻

[運命の数と色] 3・8・青

[総体運] みだりに進むときには食い違いを生じやすいとき。自分の思い込みで行動することなく、人の跡を踏みしたがっていくほうがベターでしょう。ただどの人のあとを付いていくかが難しい。何かを始めるにしても、その時期の決定が難しいとき。そろそろ着手しなければいけないのだけれども、まだ少し早く、といってうっかりしていると時期を失します。

[愛情運] 思い切って告白するか、それとも相手のことを断念するかといった決断を迫られやすいとき。周囲のほうがやきもきして忠告などを受けるような暗示。おしゃべりの仲間に進んで入ったり、旅行や飲み会などにも積極的に参加するようにして恋愛運向上。

[諸事運] 仕事にしろ、勉強にしろ着手する時期が非常に大切なとき。交渉なども最適の機会を逃さないように十分に注意することが肝心。住居移転、遠方への旅行の兆《きざ》しが見られます。口舌《こうぜつ》争論の懸念《けねん》。自分の助けとなってくれる人が出現する暗示が見られます。

四爻

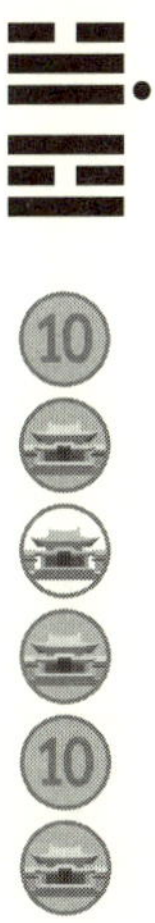

[運命の数と色] 1・6・黒

[総体運] あまりよくないことが続いていた人にも幸運の兆《きざ》し。成功の気運が働いてきています。万事を成功させる端緒となるのがいまの時期ですから、それをよく自覚して、真心をもって一生懸命に努力すればいっさいが徐々に整っていくことでしょう。旧弊を断ち切って改革を断行すべきとき。一時的な利よりも先々の大きな見通しのもとに行動することが大切。

[愛情運] いままであまりモテなかった人にもチャンス到来。誠意をもってアタックすることで相手の気持ちを自分に向けることができそうな気運。二人の間にこれまでとは違う新たな感情が目覚め、いままでとは違ったつきあいになりそうな天啓。男性は女難の暗示。

[諸事運] 仕事にしろ勉強にしろ、そのやり方を大幅に変えることで吉兆。ただし大功を念として目前の小さな成績などにはこだわらないことが大切。水難、盗難などの暗示があるので、戸締りなど事前の予防が肝心。試験、ギャンブルなどはすこぶる好調。

成功への鍵 古いもの、旧習を捨て去って、改め、変化に順応するように努力しなさい。

成功への鍵 古いもの、旧習を捨て去って、改め、変化に順応するように努力しなさい。

五爻

[運命の数と色] 3・8・青

[総体運] 万事絶好調で思いがけない名誉を受けたり抜擢を受けたりする吉兆があります。なすことすべてがうまく流れに乗って予想外の好結果を得ることのできるときなのです。ただし人によりその時期を失って逆に悪結果を得るようなこともままありますので深慮《しんりょ》遠謀《えんぼう》が肝心。古くからの悪い慣習を捨てて改革を断行することで大きな成功をするときです。

[愛情運] 友達の一人としてつきあっていた人が突然魅力ある異性に変身して目を見張るようなことが起きそうです。あなた自身も古い殻《から》を破って変身することで素敵な恋人をつかむチャンスのとき。なかなか恋愛運がなかった人や再婚の人には吉運到来のときです。

[諸事運] いままでやってきた方針を再検討して旧弊《きゅうへい》を打破することで吉運の波に乗れそう。願い事などは、その実現の時期に来ていますので積極的にとりかかることが大切。病気などは急変しやすいので注意。ギャンブル、金銭運などは上々。学校の成績などもアップ。

上爻

[運命の数と色] 4・9・白

[総体運] 運気が盛大となるとき。古い弊害《へいがい》的なことを改め、万事成就《じょうじゅ》して喜びのあるときです。しかし、足ることを知らず、さらに欲を出して盲進すると破れを生じやすいので注意しなければなりません。人と共同で努力することでよい成果を得ることのできる暗示がありますので、独断専行することなく、人と歩調を合わせていくことが大切なのです。

[愛情運] チャンスが訪れそう。仲間と集まったり、どこかに出かけたりして、大勢の人と親しみを増していく兆《きざ》しがあります。この時期の結婚はいい家庭を作れそう。片思いで、これまであまり進展のなかった人はこの辺でその人をあきらめたほうがよいかも。

[諸事運] 願い事などは成就したか、しようとしているとき。取引や交渉などもほぼまとまりそう。これ以上は欲張らず、そこで満足することが吉。さもなければ災《わざわ》いを生じそう。地位とか仕事に変化が生じたり、家宅を補修、模様《もよう》替えの暗示。賭《か》け事《ごと》、相場など吉。

初爻

[運命の数と色] 4・9・白

[総体運] すべてのことが改められ、変えられていく兆《きざ》し。身辺に何かしら変化が生じやすいときです。何事もまず古いことを片づけ、それから新しいことに取り組むようにすれば吉。また外部に直接的に働きかけるよりも先に、自分の内部の妨《さまた》げとなっているものを取り除くのを先とするのがよいでしょう。旧弊《きゅうへい》を改めて目上の賢い人に指導を仰《あお》いで吉祥《きっしょう》。

[愛情運] 新たな恋愛のためには、自分の過去を清算する必要がありそう。またこれまで恋愛がうまくいかない人は、人に相談したり自分で考えて、気持ちの持ち方や行動パターンを思い切って変えることでうまくいく啓示。橋田とか杏子など木の字のつく人と相性吉。

[諸事運] 陰謀など企《たくら》むと途中で挫折する恐れ。仕事や業務が困難な場合は、いったん整理して建て直すことが先決。取引や交渉はこちらの弱みをまず解決してから行って吉。金銭的な損失の危惧《きぐ》。目上の人から叱《しっ》責《せき》を受けたり、疑われやすいので行動には注意。

二爻

[運命の数と色] 5・10・黄

[総体運] 自分に実力がありながら、他に妨げがあって目標に専念しづらいとき。手に届くところにありそうでどうにも手にすることができないときです。いま少しの運がないことを自覚して時の来るのを待つことが肝要です。しかし行いを慎《つつし》んで、人を喜ばせ、自分も喜ぶように心がければ、自《おの》ずと目上の人の引き立てを得て盛運に至る吉兆も見られます。

[愛情運] 本命の異性のほかにもう一人相手が出てきそうな兆《きざ》しが見られます。またつきあっていた恋人にも隠《かく》れた異性のいる暗示が見られますので要注意。妊娠などしても産むことができない状況など、異性問題に関するゴタゴタが生じやすいので警戒が必要です。

[諸事運] 自分の身内や親類などから迷惑をかけられそうな心配。談判や交渉などは自分の身近な人が原因となって支障が生じやすいので用心が肝要。急に旅行の必要が起きる兆し。若林とか茂とか姓名に草冠のついた人があなたに幸運をもたらすとの占示です。

成功への鍵 よく一新し、変え改めて、加減よく熟成するようにしなさい。

成功への鍵　よく一新し、変え改めて、加減よく熟成するようにしなさい。

三爻

[運命の数と色]　1・6・黒

[総体運]　勢い強く進みゆく兆《きざ》し。ただし勢いだけを頼りに事を行うと、自分の才能を伸ばせず、人から用いられる機会も失いがち。強引に行動するのではなく、柔軟な態度で万事に対処することが吉運の鍵。現在の方針を変更することでよい結果を得られることが多いでしょう。争う心や厳しい気持ちを改めて温和な気持ちになって機会を待つのが賢明です。

[愛情運]　強引に相手の気持ちを振り向かせようとしても無理。方針を変えて違った方法でアプローチすることが大切。二人の関係に口出しする人がありそうなのでご用心。自分の思いを打ち明けられずに悩む人もありそうですがもう少し先の機会を待つのがよい。

[諸事運]　願い事などはそれ自体はよいのですが、強硬なやり方では難しいので、柔軟なやり方に変えること。失せ物は早く気づけば発見できそう。勉強のやり方、交渉の仕方など、よく考え少し変えて吉。成功を目前にしながらやり方がまずいと手に取れない恨み。

四爻

[運命の数と色]　5・10・黄

[総体運]　基礎を固めずに大きなことに着手して危《あや》うい懸念《けねん》。自分の本務を尽くし、誠実に行動していれば無難にやっていけそうですが、慎《つつし》みを忘れ、なすべきことを怠《おこた》るようですと、思いがけない災禍《さいか》に出あう暗示がありますから用心すること。自分の実力以上の地位に立ったときには、十分な警戒が必要。多くを求めすぎますといっさいを失う危険があります。

[愛情運]　自分の本来の相手を忘れて、他の人とつきあってしまう予感。注意しないと、自分の本命としていた異性の信頼を失ってしまうかもしれません。つい自分には分の過ぎた相手をねらいがちですが、そのため金銭を多く費《つい》やしたり、苦労なども生じそうです。

[諸事運]　勉強などは手を広げようとせず、基本をみっちりとやるのがよいとの啓示。部下や後輩などを信頼しすぎると失敗する恐れ。器物を壊《こわ》しやすいので借り物とか大事なものの取り扱いには注意のこと。新しく交際する人に迷惑をかけられる懸念。旅行の暗示。

五爻

[運命の数と色] 4・9・白

[総体運] これまでの努力や苦労が実を結ぶ好暗示。外に向かって進出するよりは、堅実を旨《むね》として、コツコツと積み重ねていく方針で進むのがよい。何事も人に相談して執《と》り行うのが吉との啓示。突発的な出来事が生じやすい傾向にありますから、それに処するだけの心構えをしておくこと。目下の人や女性のために思わぬ災厄《さいやく》をこうむる恐れがあります。

[愛情運] 二人の間の機が熟してきた暗示。これまで以上の深い関係に入ることになりそう。目上の人や先輩などに間をとりもってもらうのは吉。女性のほうが精神面や肉体面で男性より強くなりがち。相手を褒《ほ》め、またプレゼントするなどを心がければ恋愛運は向上。

[諸事運] 願望は自分を殺して相手を立てるようにしているとかなう暗示。取引、交渉はうまくいきそうですが、思わぬことが起きそうなので用心すること。目下の人を引き立てることで自分も利を得る兆《きざ》し。株などは上限をよく見きわめること。学業、成績は期待大。

上爻

[運命の数と色] 3・8・青

[総体運] 自然と盛運の気が張《みなぎ》り溢《あふ》れるとき。人からは重んぜられ、さらにはいっそうの発展発達が期待できます。せっかくの繁栄の卦ですから、努力し怠《おこた》ることがないようにしましょう。さらに前進するというのではなく最後の成果を上手に守るようにするのがよいのですが、新規のことに手を出しても、人情をわきまえ、誠実でしたら、吉祥《きっしょう》が将来されるでしょう。

[愛情運] 人を愛すれば、自分も愛される幸運のとき。これまで交際したいと思ってもその機会がなかったような人とも都合よく交際できるようになったり、理想的な相手とめぐりあったりと恋愛運は好調。誠実に、積極的に働きかければチャンスをものにできます。

[諸事運] 旅行などは楽しい思い出を作ることができそう。仕事は盲進せずに堅実にやっていけば、好調。勉強もやっただけの実力はしっかりとつく時期。人のために尽くし、人とともにやって、発展を見る暗示がありますから、孤立や片意地な態度は慎《つつし》むことが肝要。

成功への鍵 よく一新し、変え改めて、加減よく熟成するようにしなさい。

成功への鍵 深く自らの行いを反省し、徳を積むように努力しなさい。

初爻

［運命の数と色］ 5・10・黄

［総体運］ 二龍、玉を競う意。龍が上下にあって盛んに競いあっているかたちがありますので、勢い強く、祥福があり、繁盛繁栄《はんじょうはんえい》するの気運が見られます。大いに頑張って大事を遂げるべきときですし、当然のことですが、その心構えが大切です。驚かされるようなことが突発して憂《うれ》えるようなこともありますが、あとでは笑って和楽を得ることになりそうです。

［愛情運］ パーティーやイベントなどで一人の異性を争うような羽目に。誕生日などには思い切ったプレゼントをして吉。自分が思っているほど相手は思ってくれてはいませんが、気がないわけでもないのです。努力次第で理想の相手を射止める好機がやってきそう。

［諸事運］ 住所移転、もしくは昇進発達の兆《きざ》しが見られます。交渉事はこちらが積極的に進めようとしても相手がなかなか応じてくれない恐れ。先祖の祀《まつ》り、あるいは神社、仏閣などに詣《もう》でることは吉運への鍵。仕事も勉強も努力に応じて喜びを得る暗示。

二爻

［運命の数と色］ 4・9・白

［総体運］ 何か非常に驚くようなことが突発する予感。よいことである場合もありますが、多くは思いがけない人からかけられる迷惑であったり、天災であったりしがちです。いまは事を成就《じょうじゅ》させようと積極的に進むべきではない。大事なものを失うことがあってもそれにこだわらぬこと。時間が経てばそれ以上になって戻ってくることを卦は啓示しているからです。

［愛情運］ 男女とも年下の恋人がいる人はご用心、トラブルが生じる兆《きざ》し。魅力的な男性ですと若い女性に追いかけられる暗示も見られます。これまでうまくいかなかった相手は思い切ってあきらめたほうが賢明。未練を残すとつまらぬ事件に巻き込まれそう。

［諸事運］ 金銭トラブルやケガなどをしやすい兆しがあるので、外出先や旅行先では、危険そうなところには近づかないのが安心。部下とか後輩のために苦労させられるようなことが起きそう。ギャンブル、投機などは損があっても思い切りよくあきらめたほうが吉。

三爻

［運命の数と色］ 2・7・赤

［総体運］ 心が正しく温和な人には吉運が訪れそうです。アッと驚くようなことに直面しやすい気運。目標がすぐに手の届くところにありながらもなかなかそれに到達するのが難しい暗示。性急に進もうとすると苦境に陥《おちい》る恐れ。わがまま勝手にやってきた人、不正なことをしてきた人は、自分を反省して、慎《つつし》むようにしないと災《わざわ》いが降りかかってきそう。

［愛情運］ なぜか情熱的に行動したくなる兆《きざ》し。息がピッタリとあって、二人の仲が深まりそうな予感。ただし、よく考えて行動しないと悔《く》いることになる恐れ。気の強い人同士のカップルでは口争いが生じるかもしれませんが、すぐに仲直りできることでしょう。

［諸事運］ 経済的にも、肉体的にもあまり分に過ぎたことはしないほうが賢明。一歩誤ると大きな打撃《だげき》を受けかねません。願い事や取引などはうまくいきそうでいて少しばかりグズつくとき。禅、ヨガ、鎮魂《ちんこん》など自分の精神を強化するようなことに励《はげ》むことは吉。

四爻

［運命の数と色］ 5・10・黄

［総体運］ さほど運気は順調ではありませんが、忍耐強く継続することで事をなし遂げることができる暗示があります。ただし自分を省《かえり》みてあまりに不相応な望みは持たないほうが賢明でしょう。驚くようなことが一度ならず起きそうですが、善悪共に実害実利はあまりないので気にする必要はなさそうです。動くべきか動かざるべきかを的確に判断するのが鍵。

［愛情運］ 恋は盲目と言いますが、自ら進んで恋の迷路に迷い込んでしまいそうな危険。意気投合して一気に関係が進むこともありそうですが、慎重に行動しないと悔《く》いることに。積極的にアプローチすればそれなりの反応はあるが、あまりのめり込まないほうが吉。

［諸事運］ これをやるかあれをやるかなどと仕事や勉強に迷いが生じがちなとき。人まねしたり、自分にそれだけの力がないのに頑張りすぎると中途で挫折する恐れ。無理はせず、控《ひか》えめにして吉。旅行などは悪くありませんが、途中で帰るような事態が起きそう。

成功への鍵 深く自らの行いを反省し、徳を積むように努力しなさい。

成功への鍵　深く自らの行いを反省し、徳を積むように努力しなさい。

五爻

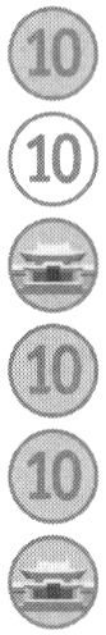

［運命の数と色］　4・9・白

［総体運］　変動、困難などが生じやすいとき。成さねばならないことは、問題があってもそれを投げ出さずに臨機応変に対処をなしもちこたえていれば運気が開ける兆《きざ》し。万事、人に従ってなせば、吉運を招来し、名誉や利益を得ることができましょう。願い事はすぐには成就《じょうじゅ》しそうにありませんが、自分の能力を信じて、時を待つことで、次第にいいほうに向かう暗示。

［愛情運］　男女関係のもつれが生じそうな危惧《きぐ》。柔軟かつ誠意をもって対応することが大切。出会ってすぐ意気投合し急激に二人の仲が進むこともありそうですが、慎重に行動しないと後悔の憂《うれ》い。女性は指輪など貴金属を身につけることで恋愛運が吉となる啓示。

［諸事運］　仕事や勉強は現在やっていることを投げ出さずに継続して努力すれば吉。交渉や取引は話が変わりやすい。驚かされるような電話とかファックスなどが入る兆し。兄弟ゲンカなどをしやすい運気なので、ちょっとした言動にも注意が肝要。賭《か》け事《ごと》は控《ひか》えて吉。

上爻

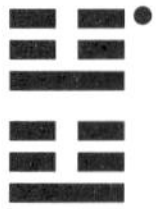

［運命の数と色］　2・7・赤

［総体運］　運気に少し衰えが見えます。心の目も曇っています。見通しがつかないために見当外れのことをして、信用や財を失いがち。軽率に事をなせば意外の災難に出あうことにもなりますので注意が肝心。短慮を慎《つつし》むようにし、万事柔和《にゅうわ》に事を図《はか》るようにすれば、災《わざわ》いを避けることができましょう。度肝《どぎも》を抜かれるようなことが突発するかもしれません。

［愛情運］　音楽、踊りなどを好む相手との交際が始まるかも。二人の関係に物言いなどが出る憂《うれ》い。複数の相手とつきあうようなことになりそうな予感。あるいは一人の人を多数で争う暗示。相手の気持ちをつかめそうでなかなかつかめないときでもあります。

［諸事運］　仕事や勉強など、目標が目の前にありながら、もう少しのところで到達できない兆《きざ》し。周囲の状況をよく見て、変事、混乱などに先行きのことに備える心がけが大切。交渉などは時期を失しているので、強いて行わないほうが賢明。旅行、賭《か》け事《ごと》は控《ひか》えて吉。

初爻

［運命の数と色］　2・7・赤

［総体運］　正しい行いをし、自分の本分を守ることがよいとの啓示。日常的な事柄については妨げもなく順調にいきそうです。ただし新たに何かを始めようとか、積極的に何かに働きかけていくようなことはうまくいかない恐れがあります。他から誘《さそ》いかけなどがあっても、その誘いにうかうかと乗ると失敗しがち。止まって動かない方針を貫《つらぬ》くようにして吉。

［愛情運］　夫あるいは妻、恋人などがいるならば、その関係を維持するように努力して吉。ここしばらくは、異性から誘いがあっても乗らないほうが賢明。また自分のほうから誘いをかけることも避けたほうが吉。外見を飾って相手をひきつけようなどの策は不具合。

［諸事運］　仕事、取引、勉強などにおいて、新たな計画などは立てず、いましばらくは現状維持が吉。派手にお金を使ったり、豪華な格好などをしたくなりがちですが、後悔することになりそう。交際などは、嘘《うそ》偽《いつわ》りはないようにして、真心をもってして吉。

二爻

［運命の数と色］　3・8・青

［総体運］　自分の思いどおりになかなかことが運ばない気運。自分が頼りとする人、自分に親しい人でさえも力にはなってくれないとき。いろいろなことで破れが生じ、思わぬ災難にも出あいやすい。自分に無理解な人の指図を受けなければならないような羽目にも陥《おちい》りがち。常に慎《つつし》み畏《おそ》れるようにして行動していれば、大きな難は避けられるとの啓示。

［愛情運］　二人の関係がマンネリ化してきたり、あるいは三角関係などが生じそうな恐れ。上役とか、目上の人から、無理に縁談などを勧《すす》められて困惑するような兆《きざ》しも見られます。自分の想っている相手とはなかなかうまくいきそうもありません。無理すると凶。

［諸事運］　取引、交渉などはうっかりすると相手のペースに巻き込まれ、損しやすいので、むしろ話を打ち切ったほうが賢明。会社とか、グループなどにおいて問題が起きやすいので注意が肝要。足を損《そこ》なう暗示がありますので、木とか竹などの尖《とが》ったものに注意。

成功への鍵　自分の立場にふさわしくないことは思わず、本分を守り、なすべきことをなしなさい。

成功への鍵　自分の立場にふさわしくないことは思わず、本分を守り、なすべきことをなしなさい。

三爻

［運命の数と色］　5・10・黄

［総体運］　日常的なことはまず順調ですが、何かと気苦労が多いときです。また独断で動くと災《わざわ》いを招きやすいことを啓示する卦ですから、良識ある人の言に従って慎重に行動するのが最善です。意地を張ったり、融通が利《き》かないため危害をこうむりやすい恐れがあります。ただし、柔軟な考えで人の意見をよく聞くことで、現在の運気を変えることも可能となります。

［愛情運］　いまはなんとなく相手に圧倒されている状況というのが現在のあなた。相手が近づいてきてもあなたの頑《かたく》なさがそれを寄せつけないという暗示。素直に相手を受け入れる姿勢ができたならば恋愛運はぐんと高まります。現在の結婚話は見送ったほうが吉。

［諸事運］　勝負事はまずまず。ただし、訴訟や交渉事はあまりうまくいかない兆《きざ》しです。家の近所でケガをする暗示。また、仕事上のことで悩みが生じる気配があります。万事、止まってあまり動かぬほうが吉と出ています。病気の兆候などがあったら即治療が大切。

四爻

［運命の数と色］　2・7・赤

［総体運］　先に進もうとするよりも、しばし止まって内を整えるように努力したほうがよいでしょう。友人への忠告や上役などへの進言なども自分の内に収めておいて口に出さないほうが賢明。心のなかにいろいろなモヤモヤの生じやすいときですが、自分自身の分限をわきまえて、それ以上のことは思わないようにすることで、運気の転換を図《はか》ることができましょう。

［愛情運］　日々が楽しくなるようなステキな恋と悲劇的な恋の二つの暗示。ともあれ人により夜も悶々《もんもん》として寝ることのできないような激しい恋に陥《おちい》りそうな危険な予感。自分の相手に対する深い思いは心のうちに秘めて口に出さないようにしているほうがベター。

［諸事運］　移転や転職などはしないこと。交渉や取引などは心に思うところがあっても外に出さず、急進や変更などは控《ひか》えるほうが安心。勉強などはあれもこれもと欲張らず重要なことだけを中心にやっていくこと。ギャンブルなどはよくて損得がないといった程度。

五爻

［運命の数と色］　3・8・青

［総体運］　運気は次第に上昇していきます。手控《てびか》えていた人もそろそろ進むべきときが来ました。ただし、何事においても十分に考えたうえで行動することが肝心です。堅実に進むことで、大きな問題が生じることなく順調にいく暗示があります。言葉を慎《つつし》むことが重要です。うっかり言った言葉で大変なことになりがちです。真心のない人は破れを生じやすい兆《きざ》し。

［愛情運］　彼女、彼を誘《さそ》って、二人あるいはグループでハイキングなどに行くと吉。自然に触れることで二人の親密度は増してくるはず。自分の殻《から》に閉じこもらず、積極的にアタックしてチャンスを作るときです。結婚は、初めは苦労が多いかもしれませんがあとで吉に。

［諸事運］　話をして、大勢の人を感服させることがありそうです。飲食関連で何か失敗をする兆しがあるので注意。また、仲違《なかたが》いをしていた人が過《あやま》ちに気づいて和解を申し出てくるようなことも。普通の勝負は吉。仕事や取引などは、十分に念を入れませんと凶。

上爻

［運命の数と色］　5・10・黄

［総体運］　これまで苦労してきた人はそれが報《むく》われるとき。身を慎《つつし》んで、堅実に努力し、変動しないようにしていれば、吉祥《きっしょう》が訪れ、それができないようであれば凶との暗示。何かを求めて動くようだとそれを得ることができず、落ち着いて待っているとかえってそれを得ることのできるときです。外だけを飾って内に誠のない人は運気が落ちそう。

［愛情運］　これまでアプローチしながらもうまくいかなかった人にはチャンスが訪れそう。誠実さがポイントになります。もっともあせって急進するのは控《ひか》えること。婚姻の話などは良縁であることが多いのですが、なかなかまとまりにくいかもしれません。

［諸事運］　仕事や取引なども一段落しそうな気配。一時的には停滞するようにみえてもいいほうに進んでいく兆《きざ》し。移転とか転業などはしばらく様子をみてからのほうがよさそう。病にかかると治りづらいときなので節制すること。高いところから落ちないよう注意。

成功への鍵　自分の立場にふさわしくないことは思わず、本分を守り、なすべきことをなしなさい。

成功への鍵 即座に成就《じょうじゅ》しようなどとあせらず、ゆっくりと確実に進んでいくことを考えなさい。

初爻

[運命の数と色] 2・7・赤

[総体運] 運気が次第に上昇する機運。人とよく和して繁栄発達する兆《きざ》しが見られます。ただ分に過ぎた大望を抱いたり、他を羨《うらや》んで何かをなそうなどとするのはよくありません。運気は強くなろうとしていますが、いまだ弱いので性急に何かを実現しようとしますと挫折しがちです。強情、軽率、急進を避けて、堅実に努力すれば次第に開運するときなのです。

[愛情運] 男女共に浮名《うきな》を流しそうなとき。宴会であれ、親睦《しんぼく》旅行であれ、小さなチャンスも逃さずに自分のものにすることが肝心。また女性はその気があるなら少しくらいの障害はあっても結婚話をまとめるチャンスのとき。ついにはまとまり、また良縁です。

[諸事運] 移転や旅行などをすると吉運が将来するときです。事業は大変なところもありますが、持ち耐えることで発展の兆し。新たな事業展開はもう少し先にしたほうが楽にいきます。家庭などに人が集まる暗示。交渉は自分がでしゃばらず家族に任せたほうが吉。

二爻

[運命の数と色] 3・8・青

[総体運] 運気が一段と上昇します。男女ともに、忍耐努力すれば次第に盛運に至るときです。目上の人の信頼を得て援助を得ることができれば、成功の機運です。独立独行で進むのは難しいとき。年上の人の協力が必要。高慢な態度は慎《つつし》み、謙虚な態度を心がけて吉兆拡大。不正の人ですと、財産を損ってしまう暗示がありますから、心当たりのある人は注意のこと

[愛情運] これまでじっくりと時間をかけて愛を育てた人は、婚約をしたり、結婚には最適のときです。ただし、人により婚約解消の兆《きざ》しもあります。山などへのハイキング、豪華な食事が吉。デートはなぜか日時を間違えやすいので、くり返し確認することが大切。

[諸事運] 遠方からの連絡がありそう。住居の悩みが生じる危惧《きぐ》があります。交渉、取引は吉。契約は注意深く正確を期すことが大事です。思わぬ散財をする予感。予想外の要職に任命される期待が大です。ギャンブル運は強し。病などは軽視すると大変なことに。

三爻

【運命の数と色】 5・10・黄

【総体運】 周囲の人の尊敬を集め、称賛されるようなことがありそうな兆《きざ》し。ただそれを誇り驕《おご》るようなことだと他の人の嫉《ねた》みを受けるのであまりいい気にならないこと。じっくりと事にあたっていけば運気は向上しますが、急激に進もうとするとたいがいは事を誤り損失をしがちなので注意が肝要。人にいいように踊らされる暗示もあるので要警戒。

【愛情運】 異性の誘惑が多くなりやすく、一時の激情に踊らされて間違いを起こしやすいとき。ただ家庭に波風が起こったり、これまでつきあってきた人と破綻《はたん》の暗示があるのであまり軽々しい行動は慎《つつし》んだほうが賢明。人により恋愛が成就《じょうじゅ》して結婚に至りそう。

【諸事運】 願い事はかないますが、その望みが正当でないことが多くかえって後悔の種になりそう。自分一人の利益を考えるよりもまわりの人のことも考えて行動したほうが吉。交渉などは相手にだまされるか自分がだまそうとしていることが多く思わしくありません。

四爻

【運命の数と色】 4・9・白

【総体運】 平穏《へいおん》にすごすか、問題が起きやすいか、明暗が別れるときです。平穏な人は柔順な態度が、また問題が多い人は一歩退いて対処をすることが吉に通じます。一生の夢や仕事などは、少しずつ進展していくときですが、進んで事をなすのはあまりよくありません。人より高いところに自分を置くようですと災《わざわ》いが生じやすいので要注意。

【愛情運】 恋愛問題で人から恨みをかう懸念《けねん》があります。異性関係がハデな人は反省して慎《つつし》むことが肝要。結婚は迷っているようならば、見合わせたほうが無難でしょう。一時はうまくいっても、後悔する兆《きざ》しがあります。いまは積極的アプローチは避けたほうが賢明。

【諸事運】 昇進のチャンスが来ても、身近な人に迷惑をかけられる恐れがあります。家の仕事を引き継ぐことを嫌《きら》うと凶。交渉は一応の成果をあげたら満足して深追いしないことが肝心です。試験は、競争が激しくなければ吉。病気にかかると軽くないので注意。

成功への鍵 即座に成就《じょうじゅ》しようなどとあせらず、ゆっくりと確実に進んでいくことを考えなさい。

成功への鍵 即座に成就《じょうじゅ》しようなどとあせらず、ゆっくりと確実に進んでいくことを考えなさい。

五爻

[運命の数と色] 5・10・黄

[総体運] 悩み事なども解決して吉運のとき。初めはうまくいかないことでものちには好転して思うようにいくのです。万事進み成そうとするよりも退き守る方針が運気をよくします。外からの妨害が生じがちですからそれを予測して対応することが大切。人により孤独感に襲われることもありますが、気を奮い立たして努めることで幸運が招来される啓示。

[愛情運] これまで煮え切らなかった相手が積極的にアプローチしてくる予感。食事に誘《さそ》ったり、ハイキングなどに出かけたりたりすることで、親密度がアップ。二人の間になんらかの障害があるカップルもそれを克服することで幸運な結婚にゴールインできそう。

[諸事運] 交渉や取引は傍からの競争、妨害などがありそう。交渉などに限らず、何事も強硬策は用いずに根気よく努力して吉。仕事でも勉強でも、あれもこれもと手を出しすぎると全部が停滞しがち。一つのことにしぼってやるのがいまの時期は賢明。賭《か》け事《ごと》吉。

上爻

[運命の数と色] 1・6・黒

[総体運] 大盛運のときで、これまでの努力が報《むく》われる時期。役職が昇進したり、名声を得たり、財産を増やしたりなどよいことづくめになりそうな傾向。ただ満つれば欠けるというのが世の習い。これ以上は欲を出さず止まるようにすることが肝心。人により心中に悩みを持つような人もありますが、自分を省《かえり》みて人に従順であれは吉に向かうでしょう。

[愛情運] 恋人との関係はすごく順調。恋人のいない人もイベントや友人たちとの旅行などで恋人ができそうな予感。お見合いの話などは多分申し分のない相手ですが、ただ心底から好きになれるかというと難しい。人により三角関係に陥《おちい》る兆《きざ》しも見られますので注意。

[諸事運] 自分のこれまでの願いがかなえられそうなとき。ただ交渉や取引などは花はもたせてもらえるのですが、実利は相手にとられてしまいそう。旅行などは楽しい思い出が作れる兆し。自分の家から東北、あるいは東南方面に行くといっそう吉。賭《か》け事《ごと》も吉。

初爻

[運命の数と色] 1・6・黒

[総体運] これまで艱難《かんなん》のあった人は解消する暗示。無事であった人は散財心労に注意する必要がありそう。人の下で力を発揮し、また縁の下の力持ちでよい心持ちが必要なときで、またそういう地位におかれがちなとき。手腕や力量があっても、それだけの地位が与えられず、十分に自分の力を発揮できないときですが、心を大きくして焦慮《しょうりょ》しなければ吉。

[愛情運] 当て馬として利用されがちなとき。年若い女性が男を追いかけている暗示がありますから、男性は意外ともてるかもしれません。縁談などは相手の男に隠《かく》れた女性のいることが多いので調べる必要がありそう。第一目標よりも第二の目標にアタックして吉。

[諸事運] 仕事は本業よりも副業のほうで利を得ることができそう。遠方との取引とか、遠方への旅行がありそう。疾病、盗難に注意。病気は手当てを早くすることで大事には至らない。どこかに紛れていた無くし物がふいに出てくる暗示。住居の悩みは移転して吉。

二爻

[運命の数と色] 3・8・青

[総体運] 人から信用され、重用される気運。しかし不意の驚きの暗示もありますので、十分な用心が必要。自分の力を誇って人と争い悔《く》いる兆《きざ》し。慎《つつし》むことが肝要です。みだりに事を起こすことなく、隠忍《いんにん》自《じ》重《ちょう》してチャンスを待つようにしてよい結果を得れるという啓示。人により無能無策な人物に仕えている自分に嫌気がさす頃。消極、堅実が今月のポイント。

[愛情運] 追えば追うほど逃げるだけ。追わせる工夫が肝要です。恋のライバルと競い、恋の勝負に勝ったとしてもあとで悔いる懸《け》念《ねん》。人によっては陰の人として一生をすごすことになりかねない。結婚話の相手にはすでに異性がいることが多い。確かめることが大切。

[諸事運] もうかりそうな話があっても欲に釣られて手を出すと大きな損失をこうむりそう。勉強はいまからでも頑張れば順位が上の人に並び、追い越すことも可能。少し努力が肝要。危難の兆し。車を運転するとき、道路を渡るとき十分に左右を確認することが必要。

成功への鍵 永い間にはいろいろな失敗や弊害が生じることを予測し、準備を怠《おこた》りなくしなさい。

成功への鍵 永い間にはいろいろな失敗や弊害が生じることを予測し、準備を怠《おこた》りなくしなさい。

三爻

[運命の数と色] 4・9・白

[総体運] 物事の手順を踏んで着実に進むべきとき。運はさほど悪くないのですが、不当な利益を求めて人から咎《とが》められたり、人に媚《こ》びてかえって軽蔑《けいべつ》されたり、嫌《きら》われたりしがちなときですから、行動には注意すべきでしょう。一時の自分の欲望のために生涯を誤るようなことをしたくなる危険が濃厚ですから、よくよく考えてから実行に移すことが肝要なのです。

[愛情運] 男女共に性的に奔放《ほんぽう》になりがちな暗示。また愛してはならない人を愛してしまったり、結婚しようという甘《あま》い言葉にだまされたりということが起こりがちなとき。軽はずみな行動であとで後悔しそうな危《き》惧《ぐ》。相手の強引さに押し切られる傾向にあります。

[諸事運] 仕事にしろ勉強にしろ、自分の分に過ぎたことをやろうとしがちなとき。無理しないようにして、正規の道を行くようにすることが大切。交渉などは相手をだますようなつもりでやっていると見破られてかえって不利になりそう。旅行などは吉。勝負運下降。

四爻

[運命の数と色] 5・10・黄

[総体運] あとになるほどよくなる運。いったん間違いなどがおきても、あとで必ずうまくいき、吉運を得ることができるのです。一般的に、こうしたい、こうなりたいということが思うようにいくときなのですが、自分に不相応な無謀なことは凶。何事も人と交わるにあたって柔和《にゅうわ》に、従順に接するときには運気上昇。万事急ぐことなくじっくりと取り組んで吉。

[愛情運] 自分は、これくらいの相手でいいやと妥協してはいけない時期。自分のふさわしいと思われる人が出てくるまで待つほうが吉。旅先や集まりなどでの出会いがあっても、最初の人にアタックせず、あとからの出会った人にアタックするほうがベターのとき。

[諸事運] 勉強、研究はいましばらくは思うようにははかどりませんが、もう少し頑張ればよい結果を期待できそう。仕事ももう少し頑張れば好転の兆《きざ》し。病難の暗示。健康には注意。旅行などでリフレッシュすることは吉。株、賭《か》け事《ごと》などは細心の注意が必要。

五爻

[運命の数と色] 4・9・白

[総体運] 喜び事がありそうな予感。ただし意外な妨害も予想されます。たとえ自分の考えが正しくてもあまり理づめでそれを説いてはかえって反発をかって損をします。この時期言葉を慎《つつし》むようにすることが大切。また才能はあってもそれは外に出さず隠《かく》しているほうがよい結果がもたらされるでしょう。万事に慎み深くして、十のところは八で我慢《がまん》して吉。

[愛情運] コンパやイベントなどで新しい恋との出会いがありそう。服装や容姿など外見にまどわされずに誠実な相手を求めるならば吉。男女共に恋の乱運状態にありますので、道ならぬ恋に走ったり、年齢が親子ほど離れた人との熱烈な愛の交換なども起こりそう。

[諸事運] 仕事は積極的に進めようとするよりも内部を整えるほうが先決。勉強も先に進もうとするより基礎をもう一度固めることが大事。友人の助けなどが得られればベター。旅行などは吉で、人との出会い、地方の素晴らしい食事、景色に恵まれそう。賭《か》け事《ごと》吉。

上爻

[運命の数と色] 2・7・赤

[総体運] 何事にも注意を要する運気。軽はずみな行動は災難を誘起しやすいときですので、ふるまいを慎重にすることが大切。心ならずも食い違いが生じて、仲違《なかたが》いなども起こしやすい。やろうとすることもなかなか成果をあげづらく、たとえ形ばかりは整っても内実が伴わず、悔《く》いを残す憂《うれ》い。転ばぬ先の杖《つえ》、前もって失敗、衰退に対する備えが必要。

[愛情運] 恋愛遊戯が意外とありそうですが、どれも本当の相手ではないことが多い。少し遠ざかって冷静に見ることが大切。既婚の男女などでは名ばかりの夫婦になる傾向にありますから、もう少し家庭を大事にすることが肝要。道ならぬ道に走りがちな傾向。

[諸事運] 仕事や勉強はよほど努力しないと実効をあげるのが困難。新規な事業、取引などは思い止まるのが賢明。大量な注文などは相手方をよく調査することが必要。人に依頼して損害をうける兆《きざ》し。印鑑、書類などの取り扱いには注意する必要ありとの啓示。

成功への鍵 永い間にはいろいろな失敗や弊害が生じることを予測し、準備を怠《おこた》りなくしなさい。

成功への鍵 事件が起こったら、威厳《いげん》をもって相手に対し、よく事態を見抜きなさい。

初爻

［運命の数と色］ 5・10・黄

［総体運］ 目上の人からの引き立てを受けたり、同じような志を持った人と力を合わせたりして、自分の力を十分に発揮できるとき。自分の性に合わないようなことであっても、己を殺して協力するようにしてこそ、問題も解決するときなのです。表面には出ていませんが運気衰えの兆《きざ》しが見られますので、新たな転換策をこうじるようにすることも大切。

［愛情運］ この時期出会う人は同じ趣味であったり、故郷が同じであったりして、気の合うことが多いでしょう。ただ結婚するつもりなら、用心しないとこんな人だったのかと失望しやすいので注意。自分の考えを押しつけようとせずに、相手の気持ちを尊重して吉。

［諸事運］ 仕事、勉強、遊びなど自分と同じような目的を持った人と一緒《いっしょ》に行動して吉。交渉、取引などは十日以上長引くようならば思い止まったほうがよい。相手が来るのを待つのではなく、自分から出向いてこそ埒《らち》のあくとき。よい友を選んで行動を共にして吉。

二爻

［運命の数と色］ 4・9・白

［総体運］ 大きな望みがあっても、性急に実現しようとすると思わぬ障害や過失などがあって悔《く》いを生じる恐れがあるので着実に。思慮の浅い行動を慎《つつし》むようにし、人に対して温和で従順な態度で接していれば吉兆が現れる。他から誤解をうけやすく親切のつもりでやったことがかえって仇《あだ》になるようなこともあるので出過ぎたことはしないほうがよいでしょう。

［愛情運］ 素晴らしい相手に出会っても自分の真価を伝えられないと恋の成就《じょうじゅ》は難しい。強敵がいたり、誤解などもありそう。時間をかけて自分の持っている長所、誠意などを伝えることが大切。外見、容貌だけに気を取られて肝心なところを見逃すことが多そう。

［諸事運］ 仲間との仕事や旅行などで、自分の意見を強硬に主張すると不和を生じる懸念《けねん》があるので注意。疑いを受けて害をこうむりやすいですが、あせらず疑惑の解消するのを待つこと。ギャンブル運はいま少しですがあえてやるなら運命の数、色を使ってみよう。

三爻

【運命の数と色】 3・8・青

【総体運】 何事も慎重に事を謀《はか》ることが大切なとき。周囲の状況をよく判断して適切な行動をとれば災《わざわ》いを避けることができましょう。むやみに進めば災害をこうむる暗示が見られます。進むだけが能ではありません。時には退くことも大切だということを思い起こすこと。自分の予期しないことで人から迷惑をこうむりそう。驚きあわてることなく冷静に対処して吉。

【愛情運】 派手な交遊で浮名《うきな》を流しそうな暗示。外面の美しさだけを追い求めていると後悔しそうな懸念《けねん》。当人同士は好き合っていても他人の邪魔《じゃま》が入ってなかなかうまくいかないとき。また将来を考えると必ずしもいい縁とは言えませんからあきらめたほうが吉。

【諸事運】 事業などは少しくらいの損は覚悟して撤退すべきは潔く撤退して吉。新規の計画などは着手しないほうが賢明。旅行などはまずまず無難ですが少し驚くようなことに出あいそう。大きなギャンブルなどには手を出さないほうがよい。口舌《こうぜつ》争論に注意が肝心。

四爻

【運命の数と色】 5・10・黄

【総体運】 自分の見込みに誤りが多いとき。友人や部下の言うことを謙虚に聞いて素直に従うほうがよいときなのです。何かと損失や故障の多いときですが、柔《にゅう》和《わ》従順な態度で人と交わるように努力していれば必ず吉運に出あえるでしょう。外見を飾って真実を覆い隠《かく》そうとしているとますます破滅に陥《おちい》る危険。目上よりも目下の助言を用いて吉。

【愛情運】 自分が相手に正直でないために愛が実らないことが多い。目上の人の紹介より同輩とか後輩の紹介してくれる異性のほうがあなたにフィットするはず。男性は女難にあいやすいので変な女性とはつきあわないほうが賢明。縁談などはあせるとよくないとき。

【諸事運】 仕事にしろ勉強にしろ、方針の錯誤が見つかりやすい。間違いに気づいても気づかぬふりをしていると大きな失敗につながります。勝負事、旅行などは見合わせたほうが賢明。交渉、取引などはもう一度対策を検討しなおしてみること。病気、訴訟に注意。

成功への鍵 事件が起こったら、威厳《いげん》をもって相手に対し、よく事態を見抜きなさい。

成功への鍵　事件が起こったら、威厳《いげん》をもって相手に対し、よく事態を見抜きなさい。

五爻

[運命の数と色]　4・9・白

[総体運]　運気盛んなときで、意外な幸運も舞い込みそう。ただ勢いに任せて強硬に何かをなし遂げようとする傾向は考えもの。そこにプラスアルファ、何か華になるようなもの、文化の香り、芸術、女性とかいったものを配置することで結果のよいことが多い。また古いものを改めて新しいことを始めることも吉です。人とうまく交わることで吉運が将来。

[愛情運]　激しい恋の予感。旅行先や仕事で出かけた会社などで、雷に身体を打たれるような出会いがあるかもしれません。あの人この人と容色で人を選んであとで後悔する危惧《きぐ》。身近なところではなく少し離れたところにあなたにとってふさわしい人がいる暗示。

[諸事運]　相手が履行を渋る兆《きざ》しが見えますので、契約などは口約束だけではなく、文書などをとりかわしておくほうがよい。勉強に対するしっかりとしたプランを立てて実行したり、絵でも、陶芸でも、ピアノでも習い事を始めて吉運のとき。ギャンブルなども勝運。

上爻

[運命の数と色]　2・7・赤

[総体運]　心身ともに油断なく慎《つつし》むことが肝要なとき。信頼していた人が案外の食わせ者で損害をこうむったり、何にしろ適度で止めることができずに失敗しがちです。外観をつくろってごまかそうとしてもできるものではありませんから、潔く実情を訴えて清算するようにしたほうが賢明。自分の地位や能力以上のことは望まずに控《ひか》えめに行動して吉。

[愛情運]　好きな異性の前で見栄《みえ》を張りすぎるとあとで後悔しそうな懸念《けねん》。相手はなぜか陰のようなものが感じられることが多い。外見や言葉だけで判断すると思わぬ痛手を負うことになりそう。ニワとかナミコとか姓名中に「ナニヌネノ」の音のある人との関係は吉。

[諸事運]　親しい人との口争いなどがおきそう。ケンカ別れの暗示がありますので十分に注意することが大切。勉強にしろ事業関係などにしろ、自分の能力以上にしすぎたり、拡張しないほうが賢明。頭痛、発熱、眼疾《がんしつ》などには気をつけよう。旅行などは平穏無事《へいおんぶじ》。

初爻

[運命の数と色]　2・7・赤

[総体運]　小さなことならばかなう運気。すべてにおいて自重を要するときで、落ち着きなく動くとかえって事を仕損じそうです。小さな利益を求めて大きな利益を失ったり、枝葉末節《しようまっせつ》のことにこだわって肝心かなめのことを忘れがちになりやすいときですから、注意する必要があります。細々としたことにも気を使わなければならないはめに陥《おちい》りがちな傾向。

[愛情運]　相手の歓心を買おうと変に動くとかえって悪い結果を招くだけ。こせこせと動き回らずに、チャンスがやってくるのをじっくり待つのが賢明。デートコースなどは前もって研究しておかないと、土壇場で窮《きゅう》することになりがち。口争いに気をつける必要。

[諸事運]　金銭的に不足になりがちな傾向。火難などにも注意することが肝要。神社やお寺にお参りするのが運気改善の鍵。ささいなことは気にせずに、誰に対しても温和に接することが吉運への道。生活する場所に変化があったり、移動したりする兆《きざ》し。

二爻

[運命の数と色]　3・8・青

[総体運]　平穏《へいおん》無事《ぶじ》の運。積極的に何かをなし遂げようとするには少し運気は足りませんが、分を知って止まっているにはよいとき。旅に出ているときのように、いささか必要なものに不自由することもあり、何か旅愁のような、もの寂《さび》しさに襲われることもありますが、人からの助けも得られ、金銭面でも融通がきいて吉運のとき。功をあせると凶。

[愛情運]　これはという異性との出会いがありそう。人により蝶《ちょう》が花から花へと飛び回っていたような生活を改めることになるかもしれません。似合《にあ》いのカップルと思われているのになんとなく当人たちの間に隔たりが生じてくる兆《きざ》し。二人の関係が噂《うわさ》になる予感。

[諸事運]　仕事やクラブ活動など、何事も部下や後輩の働きでよろしきを得る暗示。交渉や取引はうまくいきますが欲張りすぎは禁物。旅行に出ることで吉運を招くとき。従事している職務が変わったり、住居に移転の暗示。風邪《かぜ》、足痛などに注意。ギャンブルは吉。

成功への鍵　処理しなければならない問題を長くとどめておくことなく、敏速に処理しなさい。

成功への鍵 処理しなければならない問題を長くとどめておくことなく、敏速に処理しなさい。

三爻

[運命の数と色] 5・10・黄

[総体運] 正しいとされることを遵守《じゅんしゅ》するならば、吉《きっ》祥《しょう》が訪れる暗示。とはいえ自分よがりの判断は禁物です。世の中には、もっと大きな立場から見た場合には固執《こしつ》となることもあり、それは改めなければならないからです。積極的な策は失敗に終わりがちですから、何事も慎《つつし》み深く控《ひか》えるというのが賢明。信頼できる人を得てたがいに事を議して成功するとき。

[愛情運] 女性は年下の男性との交際が始まったり、終わったりしそう。あまりに自分勝手な行動はこれまでの愛情をぶちこわしやすいので注意。うまくいきそうでありながら、ちょっとしたことで行き違いを生じたり、相手の何かの都合でデートがダメになる憂《うれ》い。

[諸事運] 願い事は無理に実現しようとせず、思い切っていったんあきらめてみること。あとでかえってよい結果となる暗示。住居などの問題が起きがち。人を酷使しすぎると嫌気がさしてやめてしまう危惧《きぐ》。火難、病難に注意。何事も慎重にすみやかに処理して吉。

四爻

[運命の数と色] 5・10・黄

[総体運] いったん何かを得てもそれを保持するにはかなりの苦労が伴うときです。幸運好調を得てもそれが必ずしも永続的なものでないことを悟って程よいところで止まることが大切。また後日のための準備を怠《おこた》らないこと。何事も左右を顧《かえり》みて時の来るのを待って行動するようにすれば吉。過大な望みを無理になし遂げようと猪突猛進《ちょとつもうしん》すると凶災の憂《うれ》いあり。

[愛情運] 旅行先のホテルや散歩道でロマンスに出あう予感。でもそれは一時的な恋であり、永続的なものではなさそう。蝶《ちょう》が花から花へと飛び舞うように彼氏彼女を次から次へと換《か》えてきた人はこの辺で落ちついたほうが吉。待ち合わせの場所や時間などに注意。

[諸事運] 事業などは資力以上のことに手を出さないほうが賢明。思いがけなく金銭などが舞い込む暗示。交渉、取引などは強く出れば自分に有利にまとまりそうですが、一時的に損しても穏《おだ》やかに取り決めるほうが吉。勉強は一つの科目に集中して能率アップ。

五爻

［運命の数と色］　4・9・白

［総体運］　運気はかなり強いのですが、自分のことだけを考えて行動すると下降する恐れ。ある目的を遂げるためには少し犠牲が必要で、その気持ちであれば大きな成果を期待できるとき。内を守るよりは外に積極的に出ていくほうがよいとの啓示。他から厚く信用される兆《きざ》しが見えますが、その期待に背《そむ》かぬよう相手のためを考えて行動するようにして吉。

［愛情運］　相手のために、できるだけ時間を作ったり、思い切ったプレゼントをしたりということで、その心を射止めることができそう。もっともうわべだけで本当の誠意のない行動はあとあと凶。縁談があれば、良縁で、多少のゴタゴタはあってもまとまりそう。

［諸事運］　仕事とか取引は順調に運びそうですが、あまり自分のほうの利だけを考えると悪い結果になりがち。何か願望がある場合には他に心を移さずにひたすら目標を目指していけばかないそう。移転や旅行などはもし実行する気ならば急いだほうが吉。

上爻

［運命の数と色］　3・8・青

［総体運］　鳥を見て矢を射る暗示です。大きな獲物を得ることもあれば、また矢を失ってしまうこともあります。吉凶はその人の実力次第です。現在は調子よく進みますが、しばらくすると運気が低調になる恐れ。だれに対しても従順な態度で接し、高慢にならなければ運気が持続します。自分の力量の範囲内のことなら吉、自分の力量以上のことに手を出せば凶となりそう。

［愛情運］　あらゆる面で格上の相手でもない限り、本当に好きならば、もっと積極的なアタックをして吉。パーティーやイベントに誘《さそ》ったり、プレゼントを奮発してみましょう。遊び半分でつきあうと、ひどく後悔する暗示。容姿を鼻にかけた傲慢《ごうまん》な態度は凶。

［諸事運］　交渉や取引は強硬に出ると危険です。自尊心が傷ついても譲歩するほうが賢明でしょう。願い事はかないそうでかなわない暗示。ご利益が評判の寺社にお参りして吉。冷え込みや酒席のトラブルに注意しましょう。久しく治らない病気は医者をかえて吉。

旅功への鍵　処理しなければならない問題を長くとどめておくことなく、敏速に処理しなさい。

成功への鍵 上の者も下の者も、それぞれ納得して従うように工夫しなさい。

初爻

［運命の数と色］ 4・9・白

［総体運］ 先の見通しがつきづらいときですが、ドッシリと落ち着いて、無用の憂《うれ》いやあせりを捨て、自分の本分を尽くすことが大切だという啓示。独断専行は失敗に陥《おちい》りやすいときですから、上の人に相談して事を行うのがベター。一つのことだけを貫《つらぬ》いていくという気力に欠け、迷いがちなときですが、しっかりした信念を持つように心がけてこそ吉運が招来。

［愛情運］ せっかく相手があなたに好意をもって近づいてくるのにいろいろと迷ってそれを避けてしまう傾向。こちらが積極的にアタックすれば、思いがかないやすい吉兆。心に思っているだけでは想いは通じません。思い切って自分の気持ちを相手に伝えてみること。

［諸事運］ 金銭関係でトラブルの兆《きざ》し。旅行について考えることがありそう。遠方との通信、取引などは遅《ち》滞《たい》が生じがち。足の損傷、胃病に注意。仕事はあれこれ手出しせずに小さな利益でもそれを積んで大きくしていくという方針がよい。勉強は根気よく努力して吉。

二爻

［運命の数と色］ 5・10・黄

［総体運］ 繁栄発展の兆《きざ》し。人から認められたり、やっていることに進展が見られそうです。ただ徐々に好運に向かうときなので、それを忘れて急進するとあとになって災難をこうむることもあるので警戒が必要。麻の乱れたように身辺に紛《まぎ》らわしいことが起きて方策を誤りがちなときでもありますが、進むよりも守ることを主とし、隙《すき》をうかがう人物にも注意すること。

［愛情運］ 風のようにブラリと旅に出ると意外なめぐり合いがありそう。男性は女性のほうから言い寄られる暗示。結婚話などはまとまりそうでなかなかまとまりませんが、成立すればいい家庭が築けそう。恋人の欲しい人は出会う人出会う人に声をかけるのも手。

［諸事運］ 勉強などはこれまでの復習を終えてから次に進むのがよい。交渉などは自分のほうの方針を確定してから相手にあたること。意外なところにスパイがいるので注意が肝要。友人などと旅行して楽しい思い出が作れそう。試験は吉。勝負運もマアマア。

199 巽《そん》為《い》風《ふう》 三爻・四爻

三爻

［運命の数と色］ 1・6・黒

［総体運］ 正しい心をもって誠のことを行うならば、人の助けもあり、うまくいくのですが、嘘《うそ》とか偽《いつわ》りのある人は破綻《はたん》して、凶。よく考えずに行動したり、人に追随《ついずい》したりして失敗しがち。一般に方針が定まらずに、その時々に左右されてしまうことが多く、そのために次第に窮地《きゅうち》に陥《おちい》りやすいときです。その本分を悟り、他に目を移さないことが大切。

［愛情運］ 相手は表面だけをとりつくろって誠意がないか、またはあなたが相手に対して誠実さが欠けるとの啓示。相手をよく見定め、あるいは自分を反省すること。愛情運を上げるには、これはと決めた相手に誠意を尽くし、他の人には目をくれないことが肝心。

［諸事運］ 事業などはしっかりとした目的と成算があって始めるのが大切。さもなければ困難に陥りそう。取引、交渉などは、あまり手練手管《てれんてくだ》を用いるとかえって逆効果。散財することが多くなりそうな予感。遠方との取引とか、遠方からの手紙、連絡などがありそう。

四爻

［運命の数と色］ 4・9・白

［総体運］ 運気盛んな吉運のとき。上からも信任され下からも信頼されて何事もなし遂げることができるでしょう。棚《たな》からぼた餅《もち》を待っているだけではダメ。自ら積極的に動いて好機を作り上げていくときなのです。ただ人に従う心を忘れて独断先行するようですと、目上の人の咎《とが》を受けたり、突然の思いがけない事件に遭遇する羽目に陥りやすいので注意。

［愛情運］ 旅行先や盛り場、イベント会場などで魅力的な異性に出会う予感。男性は積極的に相手に働きかけていくことでチャンス増大。女性は柔和《にゅうわ》な態度で接することでチャンスをつかめそう。ただ男女共に発展しすぎるとあとあと悔《く》いることになりそうな気配。

［諸事運］ 幸運が思いがけなくやってくる暗示。仕事は自分で考えたことよりも依頼されてするもののほうがよい結果を得れそう。人の相談に乗ってあげることで吉運を得れるとき。口争い、訴訟などの兆《きざ》しが見られますので慎《つつし》むこと。試験運や勝負運はかなり順調。

成功への鍵 上の者も下の者も、それぞれ納得して従うように工夫しなさい。

成功への鍵 上の者も下の者も、それぞれ納得して従うように工夫しなさい。

五爻

[運命の数と色] 5・10・黄

[総体運] 時期を見計らって事をなせば予想外の成功を収めることができる啓示。ただし事をなすにあたってその前後によく心を配らないと思わぬ失敗をしやすいので注意が必要。人のために災難を受けやすいので用心すること。進退ともに誠実で正しい行動をしていれば一時的に不利な状況は起きても結果としては吉を得るとき。何かと多忙な兆《きざ》しが見えます。

[愛情運] 相手の反応を確かめつつ、じっくりとアタックすることで恋が成就《じょうじゅ》するとき。恋人同士はマンネリが生じないように気分を絶えず清新にする工夫が肝要。腐れ縁だけでつながっているようでしたら、人によって関係を清算して出直したほうが吉の暗示。

[諸事運] 継続は力。仕事にしろ勉強にしろ、あきることなく努力することで成果のあがるとき。財を散じやすい傾向なので、出費には注意が肝要。仕事相手の内情などよく調査してから行動するのが賢明。盗難に注意。交渉は途中であきらめず続けて功を得る暗示。

上爻

[運命の数と色] 1・6・黒

[総体運] 万事これまでのやりかたを踏襲するようにして吉。新たに何かをなそうとすれば凶。欲を出してかえって損をするときですから、できるだけ安静を保つように工夫すること。あまり頑固《がんこ》だと周囲の人から嫌《きら》われて、身の置くところにも困ってしまうことになりやすい。いまはとくに柔軟な対応が大切です。人におもねっての媚《こ》びへつらいは逆効果。

[愛情運] 素敵な人に出会ってもあまり深追いしないほうが賢明。美辞麗句《びじれいく》を並べ口先だけで相手を褒《ほ》め上げても好意を持たれるどころかかえって軽蔑されるだけ。縁談の話はまとめようと固執《こしつ》すると面白《おもしろ》くない結果に。相手の気持ちを考えてつきあうようにして吉。

[諸事運] 学問関係や宗教関係の人はその方面で吉《きっ》祥《しょう》を得るとき。高いところからの墜落《ついらく》や水難に注意。まただまされたり盗難にあいやすいので警戒すること。交渉、取引などは思い切って止めるほうが吉。退職勧告などは受け入れて吉。ギャンブルなどは控《ひか》えめに。

初爻

【運命の数と色】 1・6・黒

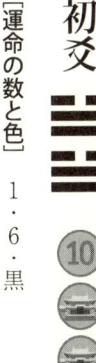

【総体運】 いまの時期の運気は比較的平安です。自分の分を守って他人のことには口出しせず、また外からの誘惑があっても本分を守っていれば難を逃れるときなのです。万一困難に遭遇するようなことがあっても、利己的な心は捨てて時を待つと必ず吉兆となります。何事も現状を固く守りむやみに変更しないようにするというのがポイントです。

【愛情運】 相手の喜びを自分の喜びとすることが大切。変なことで相手を疑い、疑心暗鬼になりますと凶。テニスとかダンスとか同じものを習うことは吉。自分の求めるものは少なく、相手に多くのものを与える気持ちでいれば良縁が訪れる兆《きざ》しも見られます。

【諸事運】 勉強にしろ仕事にしろ、堅実な努力があれば必ず大きな成果を得る吉兆。交渉や取引はたがいに私利私欲を捨てるようにすればうまくいくとき。病気は医者も大事ですが、自ら食事を節制したり、身体を損《そこ》なうような過激な運動を避けることのほうが大切。

二爻

【運命の数と色】 3・8・青

【総体運】 これまでゴタゴタしていた人も平穏無事《へいおんぶじ》な日々をすごせそうな傾向。いろいろと目移りがしやすいときなのですが、誠実に一つのことに専念していけば何事も成就《じょうじゅ》する吉兆のときなのです。ただし物事の善悪を見定めて行動するようにしないと人に欺《あざむ》かれて、迷惑をこうむりそうな懸念《けねん》。一般に人にあえて逆らうことなく短気を慎《つつし》めば吉。

【愛情運】 観光地などで魅力的な異性に出会いそうな予感。おたがい引かれるところもあり、話もあうでしょうが、表面的なつきあいで終わりそう。身近な女性と深い関係になりそうな気配。結婚話などは悪くないのですが、まとまりそうでまとまらないとき。

【諸事運】 海外、海、山などへの旅行の計画は吉。願い事などもあきらめることなく挑戦すればかなう暗示。交渉などは自分のほうからあまり積極的には出ず、先方から来たらまあまあとのところで取り決めること。仕事や勉強など周囲の雑音にまどわされないこと。

成功への鍵 友人とたがいに教えあい、知識を広め、徳を養い、友情を深め相喜ぶようにしなさい。

成功への鍵 友人とたがいに教えあい、知識を広め、徳を養い、友情を深め相喜ぶようにしなさい。

三爻

[運命の数と色] 4・9・白

[総体運] 堅実に正道を歩んでいくことが大切な時期。自分の力量をわきまえずに盲進するようですと、争論、災害、損失などをこうむって悔《く》いを生ずることになりがち。疑心暗鬼になって人を疑ったり、また人からも何かと疑われやすいときなので用心が大切です。自分の欲得勘定から人に媚《こ》びたりすると侮《あなど》られてかえって損するときなので気をつけること。

[愛情運] 恋の機会が増えそうな予感。ただし注意しないと見かけにだまされてつまらない人にまどわされそうな危険。人によっては水商売の人に溺《おぼ》れて身辺に波瀾を生じる恐れもあります。ともあれ男女共に異性問題でゴタゴタが起こりやすいときなので用心、用心。

[諸事運] 交渉などは一見順調に見えて相手を欺《あざむ》こうとしているか、あるいは相手に欺かれていることが多いとき。控《ひか》えて吉。不正な利益を得ようとすると思わぬ落とし穴が待つ暗示。勉強などは友人と教え合うようにすると効率よく進むとき。勝負事は避けて吉。

四爻

[運命の数と色] 1・6・黒

[総体運] 万事節度を守って行動するときは成就《じょうじゅ》する兆《きざ》しあり。ただしあまりに過大なことを企《くわだ》てるときは節度を過ぎていますから思いがけない過《あやま》ちなどが生じがちです。一般に物事に遅れがあったり、不安や危難の起こりやすいとき。またいずれにつくか迷うときです。情に迷って人の踏み行うべき道を誤るようですとあとあと大きな災《わざわ》いの降りかかる危惧《きぐ》。

[愛情運] 二人の異性のどちらを選ぶかということで迷いそうな気配。表面的なことで判断せずに内面的なことで判断すること。容姿を取るよりも人物を第一にすることがよりよい幸運への道。男女関係で問題を起こしやすいとき。節度なく手を出すようなことは厳禁。

[諸事運] 願望などは卑近なことは無視して目的に向かって専心すれば困難はありますが達成する暗示。飲食を慎《つつし》むことが大切。さもないと酒のうえでの口論やケンカをしたり、胃の調子を壊《こわ》して苦しむことになりそう。また骨折の暗示があるので危険に近寄らぬこと。

五爻

【運命の数と色】 3・8・青

【総体運】 運気は少し停滞気味。人のために計ってかえって自分だけが割りを食ってしまうことが往々ありそう。おべっかを使う人やうまいことを言ってくる人がいますが、十分に警戒することが大切。交際する人に注意しないと思わぬ困難に陥る暗示があります。守るべき正しい道はチャンと守り、人に対してはもの柔らかであれば吉運に向かうという啓示。

【愛情運】 頭の回転が早く言葉のセンスもある異性にめぐりあうチャンスが到来。しかし表面的なつきあいで終わってしまう可能性も大。恋人のいる人は、女難または親しくつきあってきた人と仲違《なかたが》いの暗示。婚姻は隠《かく》れた異性がいることが多いので十分な調査が必要。

【諸事運】 お金を使いすぎたり、思わぬ損失がありそう。契約などは注意しないと時期を失する憂《うれ》い。願い事はその大部分が不調の暗示。旅行は避けるほうが吉。事業はかなり有望と思われるものでも新しいことは見合わせて吉。勝負事は避けたほうが賢明でしょう。

上爻

【運命の数と色】 4・9・白

【総体運】 初めはよく、終わりは悪くなりやすい運気ですから注意が必要でしょう。すべてにおいて七、八分目で満足するという姿勢が大切です。深追いすると手痛い目にあいやすいのです。人に従って行動するのはよいのですが、自分が先頭に立ってやるのはこの時期はあまり好ましくありません。思いがけない引き立てがあって喜ぶ暗示もあります。

【愛情運】 甘《あま》い言葉をささやいて誘惑したり、甘い言葉を言われて誘惑される兆《きざ》しあり。相手のすべてを自分のものにしようなどと考えると失敗しがち。ある程度までの関係で満足しておくのがいまはベター。女性の場合この時期、ぜひにと請われての縁談は吉。

【諸事運】 遠方との取引、通信、あるいは遠くへの旅行などの兆し。仕事は積極的に押し進めるよりも消極策をとるほうが安心。話し合いは自分の考えを押し通すよりも相手の言い分を立てるようにすればよい結果を得れそう。喜びは努力のあとに自然と来るとき。

成功への鍵 友人とたがいに教えあい、知識を広め、徳を養い、友情を深め相喜ぶようにしなさい。

成功への鍵 いかなる難事困難をも恐れることなく、克服すると、まず心に強く思い努力すること。

初爻

[運命の数と色] 4・9・白

[総体運] 問題が解消され、前途に光明が見えてくるときです。ただあなたの地位や実力はまだ十分ではないので、自力のみで対処することは難しいでしょう。周囲の力ある人や地位のある人の助けを得るようにすべきです。またきめ細かい対応よりも拙速を重んじるときなので、躊躇《ちゅうちょ》して好機が逃がさぬよう素早い対応が肝心。万事、人の信義がポイント。

[愛情運] これまではっきりしなかった関係がいつのまにか相思相愛の関係に。人によりさまざまな人との出会いはありますが結局あと少しのところでまとまらない気配。もっとも結婚に縁がなかったような人はその悩みが解消して結婚への兆《きざ》し。婚約、婚姻は吉。

[諸事運] 願い事は目上の人の助けで成就《じょうじゅ》する機運。勉強などは一人でやろうとせず実力ある友人などの協力を得て向上する啓示。住居などは移ったほうが吉。勝負事は互角の人には勝ち。交渉、取引はよい仲介の人の力を借りて一気に解決する時期に来ています。

二爻

[運命の数と色] 5・10・黄

[総体運] 問題が解消し、生活に安定が見られるとき。ただ何事も成り行きに任せていると怠慢に陥りやすいとき。この好機を活用してしっかりと自分の地盤を固めることが肝要。思いがけない朗報が伝えられる兆《きざ》し。すべてのことにおいて即決即断、すみやかな処置が好ましいとき。他より出遅れてしまったことは目上の人の援助を得て行動すれば吉となるでしょう。

[愛情運] 人の集まるところで新しい出会いの予感。逞《たくま》しさや粗野な印象ではなく、爽《さわ》やかさや優《やさ》しい印象がいまの恋愛運のポイント。あなたの一挙一動が周囲の人の目を惹《ひ》きそうな気配。これまで障害があったカップルはそれが解消される暗示。ドライブなども吉。

[諸事運] 仕事にしろ、勉強にしろ基礎ができて安定する気運。新たにより大きな目的のためにプランを立て直すのもよいこと。旅行で神社仏閣を参拝して吉。住所移転を考えている人は移転して吉。病気などにかかったときは迅速な治療を心がけること。盗難に注意。

三爻

［運命の数と色］ 3・8・青

［総体運］ なりふりなどはかまっていられないとき。見《み》栄《え》などははらず、頼りになる人に相談して苦境を脱するべき。みだりに進んで、金をもうけようとしたり、名をあげようなどとするとかえって失敗して益を得ることはありません。運気をあげるためには、どんなことでも、人に逆らわないようにして、人に親しみ、和順するようにしなさいというのが卦の啓示。

［愛情運］ これまで進展しなかった二人の間に変化の生じるとき。女性なら、添い遂げるためには親などの反対を押し切って、相手と駆け落ちするようなことも起こりがち。デートなどは自分の考えは少し殺して、相手を立てることによってあとあとよりよい展開に。

［諸事運］ 船を水に浮かべる暗示がありますので、客船やボートなどに乗るようなこともありそう。事業などは社外の有力な人の援助を得るように努力して吉。勉強は自分一人でやろうとせず、少し自分より能力のある人の助けを得てやるようにすべき。旅行は吉。

四爻

［運命の数と色］ 4・9・白

［総体運］ 目上の信頼を受けたり、特別に抜擢《ばってき》されたりする兆《きざ》し。親しい仲間から離れて気苦労が多くなることもあります。競争者を一蹴《いっしゅう》して、何事かをなし遂げることができる吉兆もありますが、そのために争いを生じたり、恨みを受ける懸《け》念《ねん》もあるのでそれを防ぐ用意の周到さが大切でしょう。私利私欲に走るよりも公益優先の心づもりで行動して吉。

［愛情運］ 何人もの人とつきあってきた人は、そうした相手と別れて新たな相手とゴールインする暗示。恋のライバルがいた人はその人たちを蹴《け》散《ち》らして恋の勝利者になれそうな気運。ナカヤマとかノリコなどその姓名中に「ナニヌネノ」を音が入っている人が相性吉。

［諸事運］ 人の難儀を見てそれを救うとそれが自分に報《むく》いられる吉兆あり。交渉、取引は古い経緯を清算してから行えば吉。不正なことが見つかったり、訴訟に持ち込まれたりの暗示があるので警戒が必要。グループや企業などを合同していく試みは成功の兆し。

成功への鍵 いかなる難事困難をも恐れることなく、克服すると、まず心に強く思い努力すること。

成功への鍵 いかなる難事困難をも恐れることなく、克服すると、まず心に強く思い努力すること。

五爻

［運命の数と色］ 5・10・黄

［総体運］ 運気は盛んになろうとしているときです。自分の利益は捨てて、多くの人のために尽くすつもりで行動していると自然に吉祥《きっしょう》を招きます。大切な場面において、重要な働きをなして、その困難を解決するという兆《きざ》しも見られます。運気のまだ開けていない人の場合には、その才能を表に出さず、人に従うようにして、時節の到来を待つのが吉。

［愛情運］ 二人の仲がなかなか進展しなかった人はその難関を突破できそうな兆し。結婚などに障害があった人もその妨げが解消しそうです。これまであまり異性との交際が少なかった人は、食事をおごったり、プレゼントをしたりしてみるのもよいとの啓示。

［諸事運］ 仕事などはやり甲斐《がい》のあることですから困難にひるまず頑張ること。学問は自ら励《はげ》み、また人に教える、ともに成果が期待。取引、交渉は強く意見を貫《つらぬ》いて吉。移転をするかしないかで迷っているのなら移転して吉。就職にしろ受験にしろ、初志を貫いて吉。

上爻

［運命の数と色］ 1・6・黒

［総体運］ 悪いことが起きそうな予感。義理を欠くようなことや、不正なことには手を出さず、真心をもって生きるようにしていませんと逃れることは難しそう。邪な人からは遠ざかり、私情に溺《おぼ》れないようにすることが大切。何かと問題が起きても、むやみに進んでことをなそうとするのは禁物。かえって悪い結果に陥《おちい》りがち。進むことを控《ひか》えて退くべき。

［愛情運］ 高望みをすると手痛い目にあってしまう恐れ。また飛んで火にいる夏の虫で、相手の術中に陥る恐れがあるので注意が肝要。友人の恋人や、結婚している相手との交際などは悪い結果を生じそう。チャンスと見えてもいまは一歩退くのがベター。

［諸事運］ 仕事などは手を広げるようなことはせず、縮小するくらいが賢明。移転などは、田舎や郊外であれば吉。市街地は凶。水難とか盗難の恐れ。危険なところ、危険な人には近寄らないようにすること。うまい話には裏があることが多く、乗らないほうが賢明。

初爻

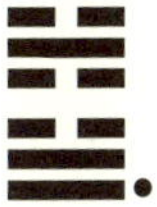

【運命の数と色】1・6・黒

【総体運】出処進退《しゅっしょしんたい》を考える意。何事も出るべきときと、出ないべきときをよくわきまえることが大切な時期です。才力があっても、それを慎《つつし》み深く隠《かく》して外に出さないほうが無難なことが多いときです。発展を考えるよりも、内を固めることを第一とするのがよいのです。万事がすらすらと運ぶような気運にはありませんから、力を蓄《たくわ》えつつ時期を待つこと。

【愛情運】こっそりとつきあっていたのがばれやすい兆《きざ》し。好きな相手にプレゼントなどはしても、愛の告白などを口に出してはまだ言わないほうがベター。もう少し時期を待つのがよいのです。釜田とか、鈴江など金の字が姓名に入っている人とうまくいく暗示。

【諸事運】密談や秘密事項が外に漏《も》れやすいとき。取引、交渉などは時期尚早《しょうそう》なことが多い。水難、盗難に注意。勉強は基礎を固めなおすことが大切。住居移転の気持ちがあっても、動かないほうが賢明。神社やお寺など機会があるのなら参拝するようにして吉。

二爻

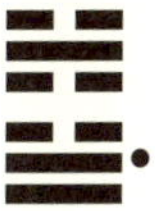

【運命の数と色】3・8・青

【総体運】進んで外に出ていくべきとの啓示。引っ込み思案であったり、既成の固定観念にとらわれて、従うべきときに従い、出ていくべきときに出れない憂《うれ》いがあります。躊躇したり、慎《つつし》みすぎたり、世俗を抜け出た気持ちで、お高くとまっていると損をするときなのです。不決断で時期を失したり、些事《さじ》にとらわれて重要なことを忘れがちなので用心のこと。

【愛情運】思いがけない相手でもプロポーズやプレゼントがあったらグズグズせずに決めてしまうのがよい。相手の真情を疑い迷ったり、あまりに慎み深いとチャンスを逸《いっ》することになります。家の中に閉じこもらず、積極的に集まりや、催《もよお》しなどに参加して吉。

【諸事運】仕事は体面にこだわらず思い切った整理をするほうがよい。未来に対する望みがあっても、それに対する実際的な行動に欠けがち。積極的に取り組む姿勢が大事です。住所移動が必要な人は思い切っていますするのがよい。交渉は相手がなかなか応じない形勢。

成功への鍵 節度を守り、自分の身分や地位にふさわしい装《よそお》いをし行動をとりなさい。

成功への鍵 節度を守り、自分の身分や地位にふさわしい装《よそお》いをし行動をとりなさい。

三爻

［運命の数と色］ 4・9・白

［総体運］ 万事急がずに時期の到来を待って事を謀《はか》れば吉運を招くときです。時を得なければいくら苦労しても整いません。ともすれば快楽にふけりすぎて、どうにもならなくなってから、後悔する兆《きざ》しも見られますので、誠実に自分の本分に尽くすよう努めるべきでしょう。万事、度を過ごすと、災《わざわ》いを生じやすいときですから慎《つつし》むことが大切です。

［愛情運］ 異性との交際が活発になりそうな予感。真《ま》面目《じめ》に生活しすぎて、異性関係の機微をあまり知らない人にとってはチャンスのときかもしれません。ただ、性が奔放《ほんぽう》になりがちな傾向。色情の不節制から災いを招きやすいときですから、心しなければいけません。

［諸事運］ 自分には少し重荷すぎる仕事を担当させられ苦労しそうです。独り決めでやらず目上の人の意見を求めて吉。また激務で健康を損《そこ》なう暗示がありますから、身体を少しいたわる心がけが必要。話し合いなどはこちらの思惑がはずれることが多い。水難に注意。

四爻

［運命の数と色］ 4・9・白

［総体運］ 何か喜び事がありそうな予感。人との折り合いもよく、信用なども増すことでしょう。わがままを慎《つつし》んで、目上の人の言うことをよく聞くようにすると幸運が舞い込みそう。出過ぎたことはしないようにし、分に応じたことをやるように心がけることが大切です。口は災《わざわ》いのもと、言語に気をつけて災いを避けるようにする必要がありそうです。

［愛情運］ 礼儀正しい態度が現在の鍵。あまりいい加減な態度で相手に接しますとせっかくのチャンスを不意にしてしまう恐れ。自分が楽しめるだけではなく、相手も楽しめるような場所をデートコースに選ぶことも大切。恋愛問題で大いに悩むようなことがありがち。

［諸事運］ 若い人はいい縁ができ、年配の人は子供のことでよいことがありそう。仕事は自分だけでそれをなし遂げようとせず、主となる人の意見をよく聞くことで達成しやすい。投機などに手を出すと大損する危《き》惧《ぐ》。交渉、取引などは礼を厚くすればうまくいくはず。

五爻

[運命の数と色] 5・10・黄

[総体運] いっさいの滞《とどこお》りは解消して万事成就《じょうじゅ》する兆《きざ》し。なんであれ嫌がらずに喜んで対するようですと運気は向上して、物事はスムーズに進んでいきそう。自分だけがうまくいくのではなく、あなたのまわりにいる人もともに満足を得られるときです。ただ勢いに任せてむやみに急進すると、思わぬ落とし穴に陥《おちい》りかねませんので、その点は注意すること。

[愛情運] 親しき仲にも礼儀ありで、甘《あま》えすぎることなく、節度を保つようにしていれば、二人の仲は順調。二人の仲がうまくいかなかった人も、次第にそれは解消しそう。これはいや、あれもいやと言わず、相手の話しにのってあげることがいまは大切との啓示。

[諸事運] 仕事にしろ学問にしろ、自分の本分を守って、それに専念して吉。願い事などは、大きなことは難しいですが、小さなことならかないそう。家を建てたり、土地を買ったり、新規のことを始めるなども吉。ただし細かいところまでチェックすること。

上爻

[運命の数と色] 3・8・青

[総体運] 誠意をもって対応している人は、周囲と親和して吉兆のあるとき。ただし、自分が正しいと信じたことに固執《こしつ》しすぎて窮地《きゅうち》に陥《おちい》りやすい兆《きざ》しもありますので注意すること。ささいな言葉の行き違いから問題が起きやすいので言葉を慎《つつし》むことが大切。あまりケチケチしたり、潔癖《けっぺき》すぎると人から敬遠されやすいので、思いあたる人は改めることが必要。

[愛情運] 一人の人だけを思い続けるのも悪くないですが、もう少し他の人にも目をやったほうがいいとの啓示。いまは自分の考えを相手に押しつけず、真心をもって相手の考えをよく聞いてあげることで恋愛運が向上しそう。こっそりと隠《かく》れた恋とか、口づけの暗示。

[諸事運] 旅行などは平穏無事《へいおんぶじ》に終わりそう。仕事や取引でつまらない義理立てをして馬鹿をみることがあります。願い事は無理やりそれを実現しようとすると災《わざわ》いを招きそう。火事とか、書類に気をつける必要。試合、競技などは度胸を出してやれば好成績が可能。

成功への鍵 節度を守り、自分の身分や地位にふさわしい装《よそお》いをし行動をとりなさい。

成功への鍵

私心を排除して誠心誠意まことの心を持つようにして万事に対処していきなさい。

初爻

[運命の数と色]　1・6・黒

[総体運]　自分がよく精通していることにのみ専念して、他に心を動かさなければ、万事うまく運んで発展するという啓示。これまでつきあってきた気心の知れた人を信じて、他の人の言葉にまどわされないことも大切なとき。新規のことを企《くわだ》てないようにし、何事も旧を守るようにすれば吉。自分の本務を忘れないようにして精進すれば吉運招来の気運。

[愛情運]　旅とか集まりなどでいろいろと誘惑がありそうですが、うかうかと乗ってしまうと後悔することになるかもしれません。結婚の話は急がずに着実にゆっくりと進めるのがベター。なぜか移り気な気持ちになり、あとで後悔するときですから気をつけて。

[諸事運]　遠方との取引とか、遠方への旅行などは吉。住居の移転などもその気持ちがあるのならいまがチャンス。金銭的な損失の兆《きざ》しが見えますから十分な注意が肝要。交渉、取引などは誠心誠意をもってあたればうまくいきそう。病気は医者や薬を変えないほうが吉。

二爻

[運命の数と色]　3・8・青

[総体運]　万事が成就《じょうじゅ》する幸運のとき。何かと気ぜわしいことなどもありますが、人と相和して相互に喜びを分け合い、利益をもたらすときなのです。ただし、事に臨んで性急に進むようですと後悔するような事態に陥《おちい》る兆《きざ》し。人の陰になって働き、人に施《ほどこ》しなどして、それが報《むく》いられて幸いを得る暗示。周囲の人の協力が得やすいときでもあります。

[愛情運]　男女関係が盛んになる運気に遭遇していますから、いままで異性運に恵まれなかった人は積極的にアプローチしてみましょう。結婚話などは多少の差し障《さわ》りがあってもまとめるように努力して吉。道ならぬ恋の暗示もあるので心あたりのある人はご用心。

[諸事運]　会社などを経営している人は得た利益を社員などに還元することでよい結果を得ることができる啓示。交際、交渉は相手に利益を与えることで自分のほうにも得が生じる暗示。試験勉強なども自分だけ成績がよければという考えを捨て友人の面倒をみて吉。

三爻

【運命の数と色】 4・9・白

【総体運】 感情に走ると事を破りやすいとき。思いつきで行動しますとすべて中途半端に終わりがち。万事進もうとしても遅滞《ちたい》が生じやすい暗示があるので、行動の時期を冷静に見定めることが必要。目の前の利につられて行動したり、頼りにならない人を頼んだり、楯突《たてつ》いてはならないような人に楯突いて後悔する傾向にありますから、しばらくは行いを慎《つつし》むこと。

【愛情運】 恋に陥《おちい》りやすいときですが悲喜《ひき》交々《こもごも》、その恋愛に引き回されそうな予感。親しくしていた人と疎遠になる暗示がありますから、ケンカ別れなどしないように言動には注意するが肝心。夫婦仲なども用心が必要。自分に真心があるのかどうかを反省すること。

【諸事運】 仕事や勉強はきちっとした方針を定めずにやっていると危《あや》うい。交渉、取引は途中でうやむやになることが多い。気分が不安定になりやすい。腹式呼吸などをして心を鎮《しず》めることが大切。サトウとかシズカなどその姓名に「サシスセソ」の音のある人に注意。

四爻

【運命の数と色】 4・9・白

【総体運】 人に対する礼儀を忘れず、自分の利益よりも全体の利益を考えるようにして行動するときは運が開け、出世し発展する兆《きざ》し。逆であれば危難の懸念《けねん》。自分の周囲によくないつながりなどがあったらそれを絶つようにするとあとあと幸いしそう。分に過ぎた大望を持って、それを実現しようと考えもなしに進むようですと進退きわまる羽目に陥《おちい》りがち。

【愛情運】 自分にとってベストの相手に出会いそうな期待。これまで交渉のあった人とはささいなことで別れやすい暗示。目上の人が紹介してくれた縁談などは従ったほうが吉。恋人がいるのに他から別な結婚話が持ち込まれやすいとき。不倫などの誤解を受けやすい。

【諸事運】 仕事のことで家族や親族などからクレームなどがあっても、志をかえず邁進《まいしん》することでともに喜びを分かち合う結果が将来されそう。勉強などは自分の成績や進歩ばかりにこだわらずまわりの人の面倒をみてあげることで吉。ギャンブル、旅行なども吉運。

成功への鍵 私心を排除して誠心誠意まことの心を持つようにして万事に対処していきなさい。

成功への鍵 私心を排除して誠心誠意まことの心を持つようにして万事に対処していきなさい。

五爻

[運命の数と色] 5・10・黄

[総体運] 温和で誠実な人は万事に吉運です。立派な人物とともに、志を同じくして努力するときには、どのような難局も乗り切り、成功に至る吉兆。とはいえ、実力もないのに無謀なことを企《くわだ》てて、盲進すると財を破ります。無駄を省き、小さなことをしっかりと積み上げていくことで成功が約束されるのです。至誠を貫《つらぬ》くようにして吉。反すれば凶となりそう。

[愛情運] 心の許せる相手に出会ったり、これまでつきあってきた人と深い関係に陥る暗示。ただし、男女の関係に没頭して他のことを忘れてしまう懸念《けねん》。三角関係などが生じやすいときですから、注意しなければなりません。あなたの真心が相手を動かすとの啓示。

[諸事運] 周囲の信望を得るとき。遅滞《ちたい》しそうな仕事も、よい協力者を得て、ことなく進みそう。意外な損失がありそうですが、人のためにする損は必ずあとになって益となります。自分の一存でことを決することなく、人にはかるのがよいのです。投機、勝負は吉。

上爻

[運命の数と色] 1・6・黒

[総体運] 運気は順調、高位、名声などをも得るかもしれません。とはいえ、それは自分の実力で得たものではなく、一時の虚名ですからそれに安住してはいけません。いわんや驕《おご》り高ぶるようではいっそう悪い。軽はずみに行動すれば、煩悶《はんもん》を招き、失敗に陥《おちい》る暗示があるので、いたずらに野望を逞《たくま》しくすることなく、節度を守って無事を願うのが賢明。

[愛情運] 遊び半分でいろいろなところで粉《こな》をかけてみても結局自分の一人芝居に終わりそうな懸念《けねん》。なぜかモテモテになる人もいますがそのまま続くと思うと間違い。二人の関係は節度あるものに保ったほうがいいまは吉。人により隠《かく》れた交際や不倫などが露顕《ろけん》しそう。

[諸事運] 仕事にしろ勉強にしろ、ややもすれば計画倒れに終わりそうな傾向。掛け声ばかりではなく、物事に対する誠実さと本気でやろうという意気込みが必要なとき。飲食による疾患の暗示があるので、暴飲暴食などは慎《つつし》むようにしたほうが安心。水難に注意。

213 雷山小《らいざんしょう》過《か》　初爻・二爻

初爻

［運命の数と色］　2・7・赤

［総体運］　自らの器量をわきまえて、退き守れとの啓示。分相応なことに甘《あま》んじていればよいのですが、それができずに、現在の立場では無理なこととか、能力以上のことをやろうとして失敗しがち。身の程知らずに地位や名誉を欲しがらぬこと。邪な気持ちでことをなし遂げようとして失敗したり、また邪な気持の人に出会ってひどい目にあいがちな恐れ。

［愛情運］　高望みばかりしている人は、まず自分を振り返ってみることが大切。身の程知らずに、あまり高《たか》嶺《ね》の花を追いすぎると恥《はじ》をかくだけでなく、警察などの厄介にもなりかねません。婚姻の話などは、いまは断ったほうが賢明。和合しないことが多いのです。

［諸事運］　仕事、取引、交渉などは目算が外れがち。自分の力を買いかぶり過ぎないことが大切。移り気な傾向にあり、このままではどれも成就《じょうじゅ》することは難しいでしょう。一つのことに専心して吉。住居に悩みがあっても留まるほうが無難。ケンカ、口論に注意。

二爻

［運命の数と色］　3・8・青

［総体運］　運気は好調なとき。小事は万事吉。目上の人の考えを尊重し、控《ひか》えめに事を行うことが万事順調に進ませるためのポイント。あまり新しいことには手を出さないようにして自分の分相応のことをなすようにしていればだいたいうまくいくのです。自分から人に親しむようにし、また素直に従うようにすることによって人から親しまれ用いられる暗示。

［愛情運］　Ａの人をねらっていて、その友人のＢの人とうまくいったり、姉のほうに気があったのに、妹のほうと関係ができるといったとき。本命外で満足しやすいとき。結婚話などは直接相手にもちかけるよりも、年長者に仲介を頼み込むことでまとまる可能性大。

［諸事運］　交渉などは直接本人にあたらず、その側近の人に頼むことで成功しやすいとき。水難、水あたりなどの兆《きざ》しも見えますので水には注意。また竹木などで手足を損《そこ》ないやすい暗示もあるので警戒が必要。勝負事などは実力が互角の相手なら勝てそうな気運。

成功への鍵　万事少し過ぎるくらいにしなさい。ただし行き過ぎないこと。

成功への鍵 万事少し過ぎるくらいにしなさい。ただし行き過ぎないこと。

三爻

［運命の数と色］ 5・10・黄

［総体運］ 柔和《にゅうわ》な態度で人に接することで吉運を招来できるときです。わがままに自分の考えを押し通そうとすると、たとえよい運気の人であっても、それを損《そこ》なって、終わりを保ちがたいでしょう。迷惑などを人からかけられやすい運気も見られるので、前もって予防しておくことも大切。他からの誘惑が多いときですが、それに乗るのは考えものです。

［愛情運］ 甘《あま》い言葉には用心すること。この時期は異性関係で問題が生じやすいときですから注意が必要です。友人などに誘《さそ》われて変なところに出入りしないほうが賢明です。仲違《なかたが》いしていた人はそれが解消する兆《きざ》し。かたくなな態度を改め、柔軟な態度をとって吉。

［諸事運］ 願い事などは再三努力することでかないそう。よくない仲間とつきあっている人は手を切ることが肝要。そうでなければ、仕事にしろ学問にしろ、だめになってしまう恐れ。遊び興じて人の忠告を聞かないとひどい目にあいそう。水難、火難に注意すること。

四爻

［運命の数と色］ 5・10・黄

［総体運］ 可もなく不可もなしという運勢。もっとも人によっては信頼していた人に欺《あざむ》かれたり、思わぬ誤解を受けがち。いまは積極的に何かをなし遂げようとあせるとかえって災難を招くもととなります。この卦を得た人は慎《つつし》み深く謙虚に行動することによってあとあと幸運がやってくるのです。行き過ぎなければ間違いはないと覚えておくこと。

［愛情運］ すれ違いが多くてなかなかデートもままならないとき。わずかな意見の違いで口論になりそう。おたがいに相手を理解するように努力が必要。相手が積極的でも、どうもこちらが乗れない気分。あまり高望みをせず、相手に対して大きく心を開くことも大切。

［諸事運］ 仕事にしろ勉強にしろ、長く現在のやり方を続けることはよくない。徐々に変更する心づもりで計画を練り直すこと。目下の人に何かを頼むのは避けたほうが賢明。ギャンブルなど負けが込みそう。林、橋など木偏のついた人に用心しないと難にあう暗示。

五爻

［運命の数と色］ 4・9・白

［総体運］ 何かと思うことが滞《とどこお》りやすい運気。時期を得ていず、力も乏《とぼ》しいため、なかなか信望が得られず、やりたいと思うことも実現できない憂《うれ》いもあります。自分のことはさておいて人のためになることをするようにして吉。正しいこと、中身のあることであれば、共感を得られる暗示がありますので、よい協力者を得られるように努力してみること。

［愛情運］ 結婚の話が舞い込んだり、素敵な相手に出会いそうな予感。もっとも結婚話はすぐにはまとまらないかもしれません。目標を上にばかりおいていた人は、足元にも注意してみること。意外なほどに素晴らしい相手を見出すことがあります。

［諸事運］ 仕事などは独力でやろうとするよりよいパートナーを見つけてするほうがよさそう。勉強も成績のいい友人などとやるほうが能率のあがる気運。願望などはあまり大きすぎるとかないそうでかなわない暗示。遠方との取引とか、旅行は得ることがありそう。

上爻

［運命の数と色］ 2・7・赤

［総体運］ 鳥が山を高く過ぎて飛び上がった意。鳥は空の上には休むところがない。下にこそ宿するところがあるのです。ガムシャラに上を目指せば羽が疲れて苦しむことになります。その実力もないのに自分一人が高しと驕り高ぶるようですと人の憎しみを受け、災《さい》厄《やく》を作り出すことになります。自分を低いものとし、謙譲の美徳を発揮することが大切。

［愛情運］ モテることにいい気になって、蝶《ちょう》が花から花へと飛び回るような行動をしていると、本当に愛する人とは行き違いが生じそう。女性はなぜか誘惑が多くなる傾向にありますがウカウカと危険な花火に近寄らないほうがベター。考え方の違いでケンカの危惧《きぐ》。

［諸事運］ 何かと損失の多いとき。親族のことなどで憂《うれ》いを生じるようなこともありそう。ギャンブルなどには手を出さないことが賢明。仕事、勉強などは自分では少しやりすぎと思うくらいにやってちょうどよいとき。旅行は泊まり先を決めておかぬとひどい目に。

成功への鍵 万事少し過ぎるくらいにしなさい。ただし行き過ぎないこと。

成功への鍵 よく情勢を判断し、先の禍《わざわい》を見通し、前もって防ぐ手だてを打つようにすること。

初爻

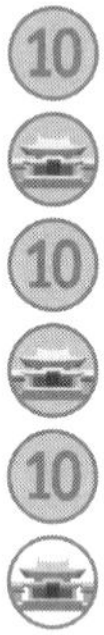

[運命の数と色] 5・10・黄

[総体運] 運気の勢いは一段落を迎えるとき。これまでの余勢を駆《か》ってさらに多くを得ようとすると進退極《きわ》まることになりがちです。ここまでの骨折りで心身ともに疲れているときですから、新たな進出、改革、拡大などは慎《つつし》むのが賢明。あまりに何かに熱中して、身体を損《そこ》なう暗示もありますので、無理せずここで休息して心気を養うようにするのがベター。

[愛情運] 二人の恋も一区切りの時にさしかかっています。あとは無理せずに自然の成り行きに任せるのがよい。その場の雰囲気に流されてあまり過激に行動しますとあとで問題を引き起こしそう。黄色の小物とか装身具を身につけた人が大きなかかわりをもつ予感。

[諸事運] 身体を損なう暗示がありますので、仕事にしろ勉強にしろ、あまり無茶をしないことが大切です。交渉などは強気で押すと意外な波瀾が生じそう。旅行などは無理な計画を立てたりして苦労する兆候。思わぬ失費がありそう。着々と準備をしておくことは吉。

二爻

[運命の数と色] 4・9・白

[総体運] ささいなことにこだわらずこれまでどおりにやっていくことで吉運が招来されるとき。小さな支障や失策はかえって大きな安泰への道につながります。悪そうに見えることが結果的にはよい結果をもたらすのです。ただし失策を取り返そうとして無理に努めますとかえって大きな災難をこうむります。あせらずにゆったりと構《かま》えているよう心がけるのが幸運の鍵。

[愛情運] いまする失恋はもっと素晴らしい恋愛への道。二人の関係が壊《こわ》れても悩む必要はなし。近いうちにもっとよい恋愛の兆《きざ》しが見えるからです。女性はちょっとした失策から彼に自分の短所を露呈しそうなので注意。男女とも誘惑に簡単に負けてしまいがち。

[諸事運] 仕事にしろ勉強にしろ、性急に結果を求めないこと。いま力を充実させていくことで、あとで大きな成果を得ることができるのです。人間関係、仕事などで思わぬ行き違い、手落ちが生じがちですが、あせることなく対処すれば、かえって好機ともなります。

三爻

［運命の数と色］ 3・8・青

［総体運］ 平穏《へいおん》、単調な生活にあきて、変化を求めやすいとき。しかし、無用なことをすると非常に苦労する暗示があるので慎《つつし》むことが大切。簡単だと思ったことで意外と手間取ってしまうことがありがち。欲に迷うと人に利用され、災《わざわ》いをこうむることになるので注意が必要。自分のなすべきことを誠実に実行することで吉事が将来されるとの啓示があります。

［愛情運］ 二人の間がマンネリになってしまい、他に刺激を求めがち。気をつけないと溝《みぞ》ができそう。短いつきあいでもいいと思うのなら、即座に意気投合するような相手に出会える予感。永遠にと思う相手に言い寄ってもうまくいくまでには時間がかかりそうです。

［諸事運］ 新規の仕事には手を出さないのが賢明。欲張ったり、野心を出すと財を破りそう。不相応なことに手出しせぬこと。よい部下とか、協力者がなかなか得がたいとき。親しい人と争いが生じる恐れ、気をつけること。願望は無理押しすると苦境に陥《おちい》る懸念《けねん》。

四爻

［運命の数と色］ 4・9・白

［総体運］ 何かを改め、新たになすことは吉となることでしょう。ただ災難が降りかかってくる兆《きざ》しがありますので、そうした危機を未然に察知して対策を講ずることが大切です。表面は華やかでも内面は醜悪《しゅうあく》ということがままありがち。永い間に積もってきたいろいろな矛盾や弊害が大きくなってきて、なんとか変革しなければならない時期でもあります。

［愛情運］ 陰陽の調和した卦なので、男女間の関係は発展しそうな兆し。ただし、美人だと思ったら整形だったり、エリート社員だと思ったら見かけ倒しだったりなど表面と内実の相違することが多いときです。つきあう相手には十分なチェックが必要かもしれません。

［諸事運］ 住居にしろ、仕事にしろ古いものを捨て新しいものにするのは吉。願い事も再三努力すればかなうでしょう。取引などは相手にだまそうという傾きがありますから注意。勝負事などは一見もうかったようでよく計算してみると損しているような傾向。

成功への鍵 よく情勢を判断し、先の禍《わざわい》を見通し、前もって防ぐ手だてを打つようにすること。

成功への鍵　よく情勢を判断し、先の禍《わざわい》を見通し、前もって防ぐ手だてを打つようにすること。

五爻

【運命の数と色】　5・10・黄

【総体運】　これまで誠実に慎《つつし》み深い行動をしてきた人ですと棚《たな》ぼた式の思いがけない幸いが期待できますが、逆の人ですと意外な災《わざわ》いに出あったり、病気にかかったりしがち。行いが正しければ一時的に難にあってもあとあと吉運が舞い込みます。物入りが多く、そのわりには収入が少なくなりがちですから、見栄《みえ》を張るのを止め、質実を旨《むね》とすることが大切。

【愛情運】　恰好《かっこう》をつけて見栄《みえ》を張りすぎるとあとで悔《く》いる兆《きざ》し。また華やかな相手を求めて失敗する暗示。ありのままの自分で相手に接するようにし、また外見よりは性格や内面的に優れた人と交際して吉。人から求められてもあまり深い関係に進まないほうが吉。

【諸事運】　願い事は誠実に対処するとかなう啓示。仕事は積極的展開よりも少し消極的に。取引は自分が直接出るよりも信頼できる人物にさせたほうがうまくいくとき。神仏を祭祀《さいし》したり、社寺などに詣《もう》でることは吉。自分ですべてやろうとせず目下の人に任せて吉。

上爻

【運命の数と色】　3・8・青

【総体運】　万事、邪な手段や術策などを用いず、踏むべき道を踏むんで行動するように心がけるならば吉。ただしやみくもに考えもなく進むようだと凶。人によりますがせっかく招来していた好運が手から漏《も》れ出て、期待していたことがすべてちぐはぐになり、手のくだしようもない状況に追い込まれそう。いまは利欲を捨ててまず自分の安全を図《はか》ることが賢明。

【愛情運】　二人はべた惚《ぼ》れの関係になりそう。家庭などを持つ話まで出そうです。おたがいに相手を大切にする気持ちが欠けると破綻《はたん》の危険もあり。知り合いなどから持ち込まれた結婚の話などは、一方に隠《かく》れた異性がいることが多いので、十分な調査が肝要でしょう。

【諸事運】　人とあまり争論などするとそれが原因となって災難をこうむる暗示。女性ですと男性に代わって自分が切り盛りするような立場に。交渉などはさっぱりあきらめて撤退するほうが賢明。つまらない望みは早めに断念したほうがよさそう。水難、火難に要注意。

初爻

[運命の数と色] 4・9・白

[総体運] 自分の力の限度をよくわきまえて、功をあせって猛進するようなことは慎《つつし》しむこと。さもなければ事態を悪化させたり、思わぬ災難をこうむることでしょう。人との争いも生じやすいので気をつける必要があります。自分があるべきところにあり、またなすべきことをやり、いっさいのものをそれにふさわしい正しいところにおく心がけが吉運を招きます。

[愛情運] 様々な集まり、旅行会など積極的に参加して吉。初めはうまくいきそうになくても、辛抱《しんぼう》強く接触するようにすれば、次第にいい関係になれそうな暗示。これはと思う相手の人が結婚していたり、すでに恋人のいることが多いとき。色情に溺《おぼ》れがちな暗示。

[諸事運] どこかでその雰囲気に馴染《なじ》みがたいときは、近くの人との交際を円滑にすることで好転。気に食わないと思われる仕事や勉強もあせらずにやれば次第に面白《おもしろ》くなってきます。一攫千金《いっかくせんきん》をもくろむと大失敗する恐れ。軽率な行動は人のそしりを受けやすい兆《きざ》し。

二爻

[運命の数と色] 5・10・黄

[総体運] たいていのことはなし遂げられそうな気運。身を正して、温和な態度で、ことを行うようにしていれば、安心なばかりでなく、大きな発展の機会をとらえることができそうです。困難のなかにいる人も、耐え忍び自重してことを一つ一つ処理していくようにすれば、まもなく好転します。人を欺《あざむ》き、不正なことを行っている人は危難の恐れ。

[愛情運] 何かの集まりなどで素敵な人に出会いそうな予感。ただ親しみ過ぎて初めからあまり乱れないように。親の反対があったり、三角関係だったりといった事情で結婚に踏み切れなかった人などはそれが解消。一度別れた相手とよりを戻すこともありそう。

[諸事運] 仕事、取引などは光明が兆《きざ》し始めるはず。願い事は、人の助けを借りるようにするとうまくいく気配。会社などで抜擢《ばってき》されそうな気運。商売をしている人も、かなりの売り上げを期待できそう。勉強、あるいは他のことでも結果を急ぐとよくないとき。

成功への鍵 身を慎《つつし》み、明確に判断し、左にあるべきものは左に、右にあるべきものは右にしなさい。

成功への鍵 身を慎《つつし》み、明確に判断し、左にあるべきものは左に、右にあるべきものは右にしなさい。

三爻

[運命の数と色] 3・8・青

[総体運] まさに幸運が訪れようとしているとき。自分の才能をわきまえ、よくその機会をとらえるときには大いに発展しそう。その時期を待ちきれずに妄動すると問題を生じる恐れ。新たに事を図《はか》り、あるいはものを改めるにはよい時期です。人から思いがけない援助の手が差し出される暗示。良くなるのも悪くなるのも言うに言えない機微のなかにありそう。

[愛情運] 躊躇逡巡《ちゅうちょしゅんじゅん》しているとせっかくのチャンスを逃す恐れ。あせってみだりにアプローチするのはよくありませんが、相手を見定めたら思い切って行動することが恋の勝利者になるためには必要。相手から家に招待されて訪問するよりこちらから家に招待して吉。

[諸事運] 仕事は人手を多くしてやろうとするよりも機械力に頼っていくほうがベター。病気はうっかりすると急変する恐れがありますから注意。願い事は怠《おこた》らずにそれを求めていけばかないそう。遠くに行くのには陸行よりも船、飛行機のほうが吉。賭《か》け事《ごと》、成績吉。

四爻

[運命の数と色] 5・10・黄

[総体運] 運気進展のとき。万事積極的に出て結果をあげることのできるときです。運のよさに甘《あま》えることなく、奮起してこれまで蓄積してきた自分の才能や知識などを発揮するのがよいのです。ただあまりに功を急いだり、まぐれあたりでの成果をもとめるようですと失敗の憂《うれ》い。何事も誠実になすように努力すれば必ず大きな報《むく》いを期待できましょう。

[愛情運] いままで是でもなく非でもなく滞《とどこお》っていた二人の関係がハッキリしたものになりそう。男性は思い思われる相手のほかにも年上の女性から誘惑を受けそうな暗示。恋は積極的に、粘り強く、また知り合いの助けをうけてアプローチすれば成就《じょうじゅ》しそうな予感。

[諸事運] 勉強にしろ、仕事にしろいままでの努力が実ってくるとき。油断することなく、頑張れば望外の成果を期待できそう。住居など移転する予定の人は、移転することによっていままでの悩みが解消の暗示。試験、ギャンブルなど好成績を得られそう。旅行も吉。

五爻

【運命の数と色】 4・9・白

【総体運】 運気は盛んでますます上昇していくとき。物事が成就《じょうじゅ》して名誉などを得る兆《きざ》しが見られます。身近にいる人などの協力も得られて成功しやすいときなのです。自ら動くよりも信頼できる人に任せておくことですべてが順調に進むはず。人からの信望も厚くなりそう。ただ不正な人ですと人から疑われ、自分も相手を疑い、訴訟などが生じやすい。

【愛情運】 自分のほうは気がないのに、相手が自分にお熱になる暗示。もっもと、年齢とか環境などの違いから結局は別れることになるかもしれません。好きな相手には自分で直接に愛を告白せず、友人なり、後輩なりに間を取りもってもらうことでうまくいく啓示。

【諸事運】 ぶらりと旅に出ることで幸運が舞い込みそうな予感。仕事や交渉などは目下の人を信頼して任せるとよい結果がもたらされそう。試験やギャンブルなどもかなりツキがありそう。移転なども好都合に運ぶとき。探し物は思いの他のところを捜《さが》して発見。

上爻

【運命の数と色】 3・8・青

【総体運】 何事も間をおかずにすぐになし遂げるようにとの啓示。時間をおいたり、躊躇しているとなし遂げられない恐れがあります。すでになし遂げたときでしたら、ここで油断しないことが大切。これまでの苦労が解消したという心の緩《ゆる》みから、大きな失敗をしたり、つまらないことに溺《おぼ》れたり、病気になったりしがちな傾向がみられるからです。

【愛情運】 集まりでも、人からの紹介でも、チャンスと思えば、すぐさまアプローチすることでいい縁を結ぶことができそう。ぐずぐずしていると他の人に取られてしまいます。婚姻の話は、すでに整ったものは吉ですが、これからのものはまとめないほうが賢明。

【諸事運】 仕事とか、取引などは一段落したり、するとき。しばらくは他のことに手を出さないほうが賢明。宴会とか、お酒の席での過《あやま》ちが生じやすい暗示。気をつけること。旅行は水とか、盗難に十分注意する必要。遠方からの便り、遠方との取引などがありそう。

成功への鍵 身を慎《つつし》み、明確に判断し、左にあるべきものは左に、右にあるべきものは右にしなさい。

【著者プロフィール】

大宮司朗（おおみや・しろう）

幼少より霊学・古神道にかかわりのある環境に育ち、研鑽を重ね、太古真法（斎宮神法）、幽真界の各種神法に通じ、現代日本における玄学の第一人者として論文著作は多数にのぼる。その一方、大東流合気術師範、また同流の総合的な研究者としても知られている。玄学修道会および大東流合気柔術玄修会を主宰する。著書に古神道の最終奥義である斎宮神法を開示した『太古真法玄義』、神道的立場から大東流技法を分析し、その口伝をまとめた『真伝合気口訣奥秘』のほか、『古神道玄秘修法奥伝』『言霊玄修秘伝』『神法道術秘伝』（以上八幡書店）、『実践講座１　呪術・霊符の秘儀秘伝』『実践講座２　古神道行法秘伝』『実践講座３　まじない秘伝』『実践講座９　書写霊符秘伝』『古神道の身体秘伝』（以上ビイング・ネット・プレス）、『霊符の呪法』（学研）、『古武術と身体』（原書房）、共著に『古神道と古流武術』（八幡書店）など多数がある。

イラスト・木村襄之
装幀／矢野徳子＋須藤康子＋島津デザイン事務所

実践講座10　神易占い術
2009年 6月11日　初版第1刷発行

著　者　大宮司朗
発行者　野村敏晴
発行所　株式会社 ビイング・ネット・プレス
〒151-0064 東京都渋谷区上原1-47-4
電話 03-5465-0878　FAX 03-3485-2004
印刷・製本　モリモト印刷株式会社
Copyright © 2009 by Shiro Omiya
Illustration copyright © 2009 by Joji Kimura
Printed in Japan
ISBN 978-4-904117-30-9　C2011

ビイング・ネット・プレスの
実践講座シリーズ

実践講座 1　大宮司朗　定価＝本体 1600 円＋税

呪術・霊符の秘儀秘伝 **［特別付録］切って使える霊符 100**

神秘力を発揮するお札・能力を高める歩行術・邪を斬る神秘の指刀・印と真言　他。

実践講座 2　大宮司朗　定価＝本体 1600 円＋税

古神道行法秘伝

石上鎮魂法・伯家行法・言霊行法・布瑠部の術・切り火の秘事・太古真法「神折符」。

実践講座 3　大宮司朗　定価＝本体 1700 円＋税

まじない秘伝 **［特別付録］切って使える霊符 50**

開運、護身、諸願成就、妖魔排除、人間関係…まじないの秘術公開。

実践講座 4　正木晃　定価＝本体 2200 円＋税

チベット密教 図説マンダラ瞑想法

チベット密教の秘儀を豊富な図版と詳細な解説で導く初めての実践的修行法。

実践講座 5　鮑黎明　定価＝本体 1800 円＋税

タオ風水術

地運に応じた最新の風水術を紹介。さらに六壬、吉祥用物で運勢強化。

実践講座 6　J・アンジェロ／井村宏次監訳　定価＝本体 2200 円＋税

スピリチュアル・レッスン

チャクラを開く、波動調整……癒しと自己実現の 98 のエクササイズ。

実践講座 7　サラ・バーカー／北山耕平訳　定価＝本体 1600 円＋税

アレクサンダー・テクニーク入門

心身の無駄な緊張をやめることで抑えられていた能力を解放する。

実践講座 8　鮑黎明　定価＝本体 1800 円＋税

紫微斗数精義

人生をピンポイントに読みとる、人生の羅針盤、中国古典占星術。

実践講座 9　大宮司朗　定価＝本体 1600 円＋税

書写 霊符秘伝

よりパワー・アップにお手本をなぞって簡単に書けるご利益霊符 60。